阅读文化育人丛书(2023卷)

书架上的指南针

孙莉玲　李爱国　主编

东南大学出版社
SOUTHEAST UNIVERSITY PRESS
·南京·

图书在版编目(CIP)数据

书架上的指南针. 2023 卷 / 孙莉玲，李爱国主编.
南京：东南大学出版社，2025.3. -- ISBN 978-7-5766-2052-8

Ⅰ.I106

中国国家版本馆 CIP 数据核字第 2025HA9294 号

责任编辑：许　进　责任校对：子雪莲　封面设计：王　玥　责任印制：周荣虎

书架上的指南针 2023　Shujia Shang de Zhinanzhen 2023

主　　编：	孙莉玲　李爱国
出版发行：	东南大学出版社
出 版 人：	白云飞
社　　址：	南京市四牌楼 2 号（邮编：210096　电话：025 - 83793330）
经　　销：	全国各地新华书店
印　　刷：	广东虎彩云印刷有限公司
开　　本：	700 毫米×1000 毫米　1/16
印　　张：	14.5
字　　数：	300 千字
版　　次：	2025 年 3 月第 1 版
印　　次：	2025 年 3 月第 1 次印刷
书　　号：	ISBN 978-7-5766-2052-8
定　　价：	78.00 元

本社图书若有印装质量问题，请直接与营销部联系。电话（传真）:025-83791830

《书架上的指南针》编写委员会

顾　　问：黄大卫
主　　编：孙莉玲　李爱国
副 主 编：裴　锋
编委会成员：孙莉玲　李爱国　裴　锋　李瑞瑞
　　　　　　卢欣宇　李晓鹏　武秀枝　艾雨青
　　　　　　刘珊珊

CONTENTS 目 录

序言 ………………………………………………………… 001
前言 ………………………………………………………… 001

文学与文化

以史明镜 以文修身——《史记》导读 ………… 杨 青 003
《四世同堂》——书写抗战中的普通人 ………… 陈文静 010
细雨与呼喊 ……………………………………… 李瑞瑞 017
在孤独中前行——论余华《在细雨中呼喊》 …… 焦春雨 024
世界以痛吻我,我要报之以歌 …………………… 黄霞丽 032
致敬两弹元勋邓稼先 …………………………… 刘珊珊 039
春蚕到死丝方尽——"两弹一星"元勋钱学森 … 艾雨青 045
追梦赤子心 ……………………………………… 洪 程 052
时间、记忆与自我欺骗 …………………………… 杨映雪 059

哲学与人生

智慧与对话:《西方哲学十五讲》导读 …………… 孟祥保 069
人生的意义,究竟是什么? ………………………… 武秀枝 075
最好的关系是相互成就 …………………………… 胡曦玮 082
疗愈"有毒"原生家庭的创伤 ……………………… 刘丽娟 089

历史与社会

置身事内,躬身入局——中国政府与经济发展 …… 卢欣宇 099
敬畏生命的正义与自由——《圆圈正义》的启迪 … 陶锦良 108
是"房间"而不是"钟罩"——《一间只属于自己的房间》的时代意义
……………………………………………………… 袁曦临 115
天空的另一半——当阴影逼近,却更见星光 ……… 宋云云 122
政治社会的由来和未来——读《社会契约论》 …… 华苏永 129
米尔斯与社会学的想象力 ………………………… 范文洁 136
黑天鹅:如何应对不可预知的未来 ………………… 何菊香 143
今日简史:人类命运大议题 ………………………… 申艺苑 151

科学与科普

做不到半秒看透本质,至少可以读《直击本质》 …… 洪 诚 161
架起沟通的桥梁——金字塔原理 …………………… 陈亚杨 169
好习惯是如何养成的 ……………………………… 王学琴 176
读懂"上帝的语言" ………………………………… 王琳琳 183
抗病毒疫苗的前世今生 …………………………… 唐 权 190
探秘量子生物学——神奇的量子生命 …………… 常 娥 199
星海探索之旅——《宇宙》导读 …………………… 王旭峰 206
科学的宇宙漫游指南——关于《极简宇宙史》的二三事 … 罗 亮 213

序 言

黄贤金

诗书耕读是中华民族的传统,我国历代都有倡导阅读的"四时读书"诗文或歌谣。尤其是《四库全书》收录的元代翁森《四时读书乐》,更深刻地介绍了人类社会的阅读之乐与自然生态四时更替的相容相通,如:"读书之乐乐何如?绿满窗前草不除"(春);"读书之乐乐无穷,瑶琴一曲来薰风"(夏);"读书之乐乐陶陶,起弄明月霜天高"(秋);"读书之乐何处寻?数点梅花天地心"(冬)。由此可见,阅读不但是我们认知人类社会发展的阶梯,也是认知自然界、实现人与自然和谐共生的阶梯。这进一步说明,个人的读书可以增长知识、应用知识乃至生产知识,而一个崇尚读书的民族一定是一个重视知识获取与生产的社会,一定是一个充满创新希冀和无限活力的社会。

阅读,作为人类获取知识、增长智慧、创新发展的重要方式,更是一个国家、一个民族精神发育、文明传承、复兴发展的重要途径。党的十八大以来,党中央、国务院高度重视全民阅读工作。特别是2014年以来,全民阅读已经连续十一次被写入政府工作报告,并列入了国家"十四五"发展规划和2035年远景目标纲要。为推进全民阅读,建设书香社会,习近平总书记也率先垂范、亲自倡导,致信首届全民阅读大会"希望全社会都参与到阅读中来,形成爱读书、读好书、善读书的浓厚氛围",推动全民阅读上升为国家战略。

"立身以立学为先,立学以读书为本",读书之于青年大学生的意义不言而喻。那么如何读书,读哪些书,便显得尤为重要。"旧书不厌百回读,熟读深思子自知""读书之法,在循序而渐进,熟读而精思",从众多诗词中可见读书在于熟读,在于循序渐进。而在茫茫书海中怎么选择适合自己的书,却一直是困扰大学生的重要难题。

高校图书馆作为大学生阅读的重要阵地,一直重视校园阅读文化建设,引导学生读思结合、学用相长、知行合一。东南大学图书馆也致力于为读者推荐优秀的书籍,引导大家在阅读中不断成长。今年的《书架上的指南针》同样汇聚了众多经典之作,涵盖了文学、科普、艺术、哲学等多个领域,包括文学与文化、哲学与人生、历史与社会、科学与科普4大板块,共29篇精选导读文章。丛书自2020年起,已连续出版3卷,凝聚了馆员、学生的智慧与心血,旨在通过深入浅出的方式,引导读者深入理解经典名篇,并激发读者探索更多相关著作的兴趣。

应东南大学图书馆李爱国馆长之邀请为本书作序,不胜荣幸。从春夏秋冬四时读书的美景中,深感我们中华民族的阅读传统源远流长,阅读文化静水流深。《书架上的指南针》是东南大学师生爱读书、读好书、善读书浓厚氛围的一个缩影,从中我们深刻地体会到阅读增智、阅读育人,尤其是阅读对于高校文化创新、知识创新的重要价值,更深刻地领悟到阅读文化育人是高水平大学"三全育人"的重要内涵,更深刻地感受到书香校园建设对于书香社会建设的引领和示范。

PREFACE 前 言

阅读是人类获取知识、启智增慧、培养道德的重要途径，可以让人得到思想启发，树立崇高理想，涵养浩然之气。自2022年的4月23日世界读书日，我国召开首届全民阅读大会以来，一场场春雨接续播撒在神州大地上。历届大会紧紧围绕"阅读新时代 奋进新征程"等主题，开展了一系列展览、论坛、读书等活动，持续地有力推进了全民阅读走深走实。习近平总书记在致首届大会的贺信中指出中华民族自古提倡阅读，讲究格物致知、诚意正心。他希望全社会都参与到阅读中来，形成爱读书、读好书、善读书的浓厚氛围。

图书馆是国家文化发展水平的重要标志，是滋养民族心灵、培育文化自信的重要场所，在弘扬优秀传统文化、推动全民阅读方面发挥着重要作用。

作为图书馆体系中重要子系统的高校图书馆有责任为广大青年学子推荐经典好书，助力全民阅读。近年来，各高校普遍开展了丰富多彩的校园阅读推广活动，通过诸如推荐书目、精炼精选好书等多种方式积极引导广大师生成为"读者"，让每一位读者在阅读中汲取精神力量。东南大学图书馆是全国"全民阅读示范基地"和"江苏省书香校园建设示范基地"，策划并实施了诸多有益的尝试。自2020年起，东南大学图书馆每年都会精选一批中外经典著作，汇聚一批优秀的图书馆馆员和阅读推广人，按照统一体例对这批著作的基本信息和价值内涵等做出系统概述，撰写成导读文章并汇编为阅读文化育人丛书。

在这些导读文章中，我们坚持忠实于原著，尽力客观准确地展现原著的思想精华和时代风貌；我们也努力追求以导读人独到的眼光和评价尺度对原著做出富有新意的解读和阐释；我们更期望尝试突破作者本人的某些局限，助力作品引发更广泛的情感共鸣；我们将始终大力推进馆员和阅读推广人的导读成果固化，努力扩大成果的受益面。

丛书名为"书架上的指南针",寓意是期望通过我们的导读,为读者们在浩如烟海的书籍中确立导向坐标,找寻到适合和适宜阅读的那本书/那些书。我们也希望通过这些"导读"的引路,在青年学子和经典书籍之间架起亲密的桥梁,拉近彼此间的情感距离,为读者在心中埋下一颗渴望阅读的种子。盼望广大读者通过阅读"遇见"自己更好的未来,在"悦读"中畅游美好世间!

最后,要诚挚感谢于本丛书撰写和出版过程中付出辛劳、贡献和智慧的各位馆员、阅读推广人、出版社编辑,正是因为各位的鼎力支持和齐心协力,《书架上的指南针》2023卷才能如期结集出版,诸位辛苦啦!让我们再接再厉,在习近平文化思想指引下,为书香校园、书香社会建设再续新功!

《书架上的指南针》编委会
2024年8月31日

以史明镜 以文修身

——《史记》导读

导读人：杨青

估计很多人和我一样,认为《史记》是本鸿篇巨作,非我们平常人读的书。一个偶然机会我接触到了《史记》这套书,随便翻翻后发现它并没有想象中的"高大上"和难以读懂。其实书中很多文章和所写的故事之前我们曾经读过,或多或少了解过,比如我们中学语文书上的《廉颇蔺相如列传》《荆轲刺秦王》等。《史记》中的文言文也并非晦涩难懂,静下心来大部分能轻松读懂,少量不理解的字词可以借助白话文翻译。同时《史记》的文笔优美大气,读起来十分淋漓畅快。恰好碰上这次导读机会,非常想推荐一下这部历史巨著,期望更多人能够了解它、走进它。

一、认识《史记》

《史记》是西汉著名史学家司马迁撰写的一部纪传体史书,是中国历史上第一部纪传体通史,被列为"二十四史"之首。《史记》一开始并没有固定书名,司马迁完成这部巨著后曾给当时的大学者东方朔看过,东方朔非常钦佩,就在书上加了"太史公"三字("太史"是司马迁的官职,"公"是美称),由此"太史公书""太史公记"都曾作过该书书名,也有的简称"太史公"。"史记"本来是古代史书的通称,但从三国开始,"史记"由通称逐渐成为"太史公书"的专用书名。

《史记》全书130卷,52万多字,记载了从黄帝到汉武帝太初四年(公元前101年)共3000多年的历史,被公认为中国史书的典范,是后世编列的"二十五史"之首。其内容涉及面非常之广,包含政治、军事、经济、民族、文化及风俗等多个方面,较详细地记述了黄帝以来的传说、商周的史迹、春秋战国时期的动荡等。

谈论《史记》,一定要论及其作者司马迁,因为这部历史著作是和作者命运息息相关的。司马迁(前145或前135年—?),字子长,西汉史学家、文学家,左冯翊夏阳(今陕西韩城南)人。司马迁家学渊源,少年时代跟随其父司马谈读书,后来又跟随名师董仲舒、孔安国等学习《春秋》《尚书》等,获益匪浅。司马迁在二十岁左右开始游览天下,足迹遍布今天的长江中下游和山东、河南等许多地方。他沿途浏览各地的名胜古迹,了解各种历史故事,调查民间风俗,为后面撰写《史记》打下了坚实的史料基础。司马迁在元封三年(公元前108年)沿袭其父司马谈的职位,担任太史令,并开始继承其父的遗志撰写《史记》。后来因为替李陵败降之事辩解,被汉武帝打入大狱,受到腐刑。出狱后司马迁在肉体和精神的双重打击下,忍受了别人无法忍受的耻辱,发愤著述,用了整整18年时间,50岁时终于以顽强的意志完成了这部52万多字的辉煌巨著《史记》。这部前无古人的著作,几乎耗尽了他毕生的心血,可以说是他用生命写成的。

那么《史记》到底记录了哪些内容?

《史记》是中国第一部纪传体通史,采用了一套新的体例:包括十二"本纪"、三十"世家"、七十"列传"、十"表"、八"书",共五个部分。它的主体部分是本纪、世家和列传,其中列传是全书精华。

本纪:实际上就是帝王的传记。记载先秦史的有5篇,依次是五帝、夏、殷、周、秦;记载秦汉史的有7篇,依次为秦始皇嬴政、楚霸王项羽、汉高祖刘邦、吕后吕雉、汉文帝刘恒、汉景帝刘启、汉武帝刘彻。本纪的记事形式采用编年体例,以事系日,以日系月,以月系年,该部分实为全书的总纲。

世家:记载诸侯王国之事,因为诸侯开国承家,子孙世袭,所以他们的传记叫作世家。记载对象是在政治、文化领域有重大影响的人物,包括西周、春秋、战国的诸侯,西汉前期的将相、功臣、诸侯、宗室、外戚,还有儒家创始人孔子、秦末农民起义领袖陈涉等。在体例上,有的类似本纪,如诸侯部分;有的接近列传,如萧何等人物部分。

列传:记载历史上各个领域中的重要人物及其事迹,共54篇,如管仲、老子、韩非、商鞅、苏秦、孟子、吕不韦、李斯、韩信、叔孙通、贾谊、霍去病、司马相如等,主要讲述他们的生活背景及其对社会的影响与贡献。有专门记一人的单传,如《伯夷列传》;有两人一篇的合传,如《孙子吴起列传》;有多人一篇的众传,如《仲尼弟子列传》。9篇为类传,即将某些相同社会阶层、职业的特殊人物聚为一传,题目分别是循吏、儒林、酷吏、游侠、佞幸、滑稽、日者、龟策、货殖,每一篇都反映了历史的一个侧面。6篇记述了少数民族及邻国历史,分别是匈奴、南越、东越、朝鲜、西南夷、大宛。自序是列传中的最后一篇,全名是《太史公自序》,作者自述了他自己的身世及事迹,撰书的宗旨、写书的过程,以及全书的篇目等。

表:按世代年月分别记载历史大事,分为"世表""年表""月表"三种,以表格形式分门别类记录帝王、诸侯、功臣、将相等的主要事迹。其中有3表记载先秦人物,如《三代世表》《十二诸侯年表》《六国年表》;有7表记载秦汉人物,如《秦楚之际月表》《汉兴以来诸侯王年表》《高祖功臣侯者年表》《惠景间侯者年表》《建元以来侯者年表》《建元以来王子侯者年表》《汉兴以来将相名臣年表》。表和本纪相对应,互为印证。司马迁在《太史公自序》提及"并时异世,年差不明,作十表",意思是古代一些典籍,由于年月不明给编撰历史带来许多不确切的记录,感到非常惋惜因而作此10表。

书:对各种重要制度及问题的分类记载。在这一部分里,对古代社会的经济概况、文物制度、风俗习尚以及山川水利等,都做了专门的记载和系统的论述。《礼书》讲礼仪、人生修养及社会等级观念;《乐书》论音乐与治国的关系;《律书》道五音六律及军事、刑法;《历书》记历法;《天官书》载天文资料;《封禅书》录历代君主在泰山等地祭祀天地诸神的活动,兼及山川形势;《河渠书》述天下主要河流及水利工程;《平准书》记盐铁政策、钱币制度及粮食、商业问题。

二、为何要读《史记》

首先,《史记》具有非凡的历史价值。

俗话说,"读史使人明智,鉴以往而知未来",历史是最好的教科书。通过阅读历史,看到过去,知晓历史发展的脉络,了解一个民族、国家乃至世界的发展和变迁;以古鉴今,吸取历史教训,甚至预知未来。看《史记》就仿佛在做一次足不出户的历史旅行,领略了那个时代的一切,回顾了各种令人难以忘怀的历史事件。

《史记》记录了中国上下五千年的半部历史,从它所能追溯到的中华文化最早的始祖黄帝开始,一路写到作者身处的时代为止。在历代的史书中,《史记》是正史的开山鼻祖。宋代史学家郑樵在《通志》中形容《史记》"使百代而下,史官不能易其法,学者不能舍其书,六经之后,惟有此作",尤其是"六经之后,惟有此作"这句体现了《史记》在郑樵心中崇高的地位。《史记》首创了纪传体,之后大部分的史书都沿袭了此种纪传体体例,内容都或多或少受到其影响。作为中国历史上的第一部通史,司马迁在《本纪》中反映了从黄帝到汉武帝2300多年的时势发展和朝代变迁,"体大思精"观察古今之发展。《史记》真正实现了司马迁自己所说的"究天人之际,通古今之变,成一家之言"(司马迁《报任安书》),通过记述史实现象揭示了本质,探究了人类社会的发展规律。他把通史划分为春秋、战国、秦楚及汉代四个阶段,记录了夏商周秦汉国家的兴亡变化,并且做了理性的剖析,揭示了兴亡的原因。比如司马迁这样评论秦王:"秦失其政,而陈涉发迹,诸侯作难,风起云蒸,卒亡秦族。"其意思是秦朝实行暴政,因此秦失去了为政之道,也便有了陈涉揭竿而起发起反秦义举,诸侯也因陈涉的崛起而相继造反,此后天下风起云涌,最终秦朝消亡。

其次,《史记》具有极佳的文学欣赏价值。

《史记》不仅仅是一部史书,还是一部优秀的文学著作。它集史学文学于一炉,是中国传记文学的开创性著作,对古代的小说、戏剧、传记文学、散文都有广泛而深远的影响,在中国文学史上有着重要地位。我们耳熟能详的鲁迅先生的评论——"史家之绝唱,无韵之离骚",前一句高度评价了《史记》的史学价值,后一句则高度评价了《史记》的文学价值。

初读《史记》,感受最深的是其行文结构紧凑精妙,堪称没有一处闲笔、没有一字废语,语言也非常凝练简洁、生动形象。司马迁用独特精练的文字描述和记载了一幕幕复杂的历史事件,文字功底相当深厚。因为所描写的人物不同、时代不同,每一篇的文风也完全不相同,篇篇都有它的独到之处,可以说一篇就是一个风格。《秦始皇本纪》的文字风格就和《五帝本纪》是不相同的,《刺客列传》和《孔子世家》又是另外一个风格。

从语言文字角度看,历史著作以客观记录为主,语言一般客观平实;但《史记》不同于一般的历史书籍,语言"极具情意性和形象性"。如《项羽本纪》中记载项羽"瞋目镇敌"的典故:"汉有善骑射者楼烦,楚挑战三合,楼烦辄射杀之。项王大怒,乃自被甲持戟挑战。楼烦欲射之,项王瞋目叱之,楼烦目不敢视,手不敢发,遂走还入壁,不敢复出。"这一细节描写入木三分,充分体现了项羽的英雄豪杰气概,使得人物富有张力和个性。《项羽本纪》中鸿门宴描述了一幅表面很平静、实际暗藏杀机的鸿门场面,让众多人物在彼此争斗中展现了各自鲜明的个性:刘邦的圆滑奸诈,项羽的率直寡谋,张良的深谋沉着,范增的偏狭急躁,樊哙的忠诚勇毅,项伯的善良愚昧,都被描绘得淋漓尽致。

  《史记》的另一个独到之处是史中有人,也就是把历史与人物命运关联在一起。《史记》130篇,几乎篇篇都在塑造人物和描写时代。河北大学过常宝教授认为,《史记》是我国古代传记文学作品的一道分水岭。"在此之前的史书中,包括《战国策》《左传》《春秋》等,都是简单地记述人物在事件中的活动内容,但对人物的性格与命运的关系没有进行关联和记叙。在《史记》中,司马迁首次关注个人命运,将人物个体放入塑造历史人物的手段,以人的体验来完成这部伟大的作品。"《史记》也成功地塑造了一大批悲剧人物,从悲剧的视角来刻画人物形象。这些悲剧人物,有的是叱咤风云的英雄,有的把献身于济世、治平作为自己一生的理想和追求,并甘愿用生命去维护自己的这种理想和信念,比如那些"士为知己者死"的刺客们,乱世英雄项羽,身居高位的李斯,宁死不食周粟的伯夷、叔齐,以生命来殉道、怒投汨罗江的屈原,等等。这些人物颇具悲情色彩,为全书营造了浓郁的悲剧气氛。司马迁通过这些悲剧人物揭开了那个时代的残酷内幕,将人物的性格和命运与社会历史的发展变迁联系在了一起,同时也借助这些人物抒发了自己心中的悲愤之情。

  《史记》并不只是简单地叙事叙人,在全书的各篇中作者夹叙夹议,加进了一些自己对历史有感而发的评价,这些都以"太史公曰"字样标明。比如:《屈原贾生列传》篇末,他赞美诗人屈原的爱国之志,"未尝不垂涕,想见其为人";《越王勾践世家》篇末赞叹"范蠡三迁,皆有荣名"。

三、怎样阅读史记

  首先应选择合适的阅读方法。

  《史记》是部鸿篇巨制,如果通读全篇则需要耗费相当多的精力与时间。因此,选择合适的阅读方法是很重要的前提。我们无需从第一页开始读,也没有必要全部读完。我们可以试着通读,将全篇一气呵成、浏览而过,"宜提高眼光,鸟瞰全书,不可徒拘拘于寻行数墨",大处着眼,不拘于一些细节。部分可以精读,选择自己喜爱或需要研读的章节,用自己眼光品味时代的精华。

我们可以按照题材、主题来进行选择性阅读,也可以选择人物来读。《史记》的纪传体体例使得它的每个故事都是相对独立的,也就是你无需从头开始读,可以从任意一篇自己感兴趣的传记开始读。从熟悉的人物故事开始读,比如《刺客列传》《荆轲刺秦王》的片段我们高中课本上有,《李斯列传》《伍子胥列传》《项羽本纪》《魏公子列传》《廉颇蔺相如列传》中的这些人物我们已经耳熟能详,读起来应该不费劲。我们也可以从《太史公自序》和《报任安书》读起,了解司马迁的想法和切身遭遇,然后再进入《史记》,穿越两千年的时空距离去接触那些历史事件,通过文本去接近司马迁那不可思议的复杂的、精密的心灵。

我们也可以根据自身阅读偏好,从不同阅读角度入手选择本纪、世家、列传、表、书的阅读顺序。喜欢用制度史、经济史、历史地理学思维思考历史的,可以先读或重点读"书";喜欢用时间列表思维的,可以先读或重点读"表";喜欢从人物事件角度思考历史的,可以从"本纪"入手;喜欢欣赏《史记》文风的,可以先读或重点读"列传";喜欢从历史评论角度读史的,可以重点阅读每篇的"太史公曰"。

推荐一些名篇,如《项羽本纪》《魏公子列传》《廉颇蔺相如列传》《鲁仲连邹阳列传》《淮阴侯列传》《魏其武安侯列传》《李将军列传》《匈奴列传》《货殖列传》《太史公自序》,这些都是《史记》中极负盛名的经典名篇,值得我们仔细品读。

其次选择适合自己的阅读版本。

《史记》有多种不同的版本,我们可以根据自己的阅读需求和文学水平选择适合自己的版本。

如果个人文言文水平一般,建议选择原文后面带翻译的版本,如《史记:文白对照全本无删减》(精装全4册),可以参照着白话文来阅读。

如果你对自己的古文水平比较有信心,可以选取中华书局的点校本来看,例如,《史记》(全10册)平装繁体竖排中华书局点校本二十四史修订本。

如果接受不了竖排繁体的排版,可以选择《史记》(全4册)中华国学文库精装简体横排标点版。

如果不想做全篇的通读,我们可以选择一些精读版本,比如张大可的《史记精编本》等等。由于原版《史记》体量庞大,张大可根据梁启超先生推荐的十大篇目进行了精编,提炼出《史记》的精华部分,同时严格按照《史记》原著,进行了原汁原味的翻译,能让读者快速地领悟《史记》中的精华。

《史记》并非只能作为一本史书,由于书中展示了一个个深邃意蕴的故事和众多生动鲜活的人物,我们更可以把它当作小说、戏剧等文学作品来读。正如一千个读者就有一千个"哈姆雷特",每个读者心中的《史记》都是不一样的。司马迁呕心沥血留下的巨著,是宝贵的精神财富,值得我们每一个人去欣赏去领略它的独特魅力,让我们穿越千年时空去理解并融入历史吧。

参考文献

李良益.言为心声　文如其人:再探《史记》的语言内质特征[J].中学语文教学参考,2022(19):32-34.

导读人简介

　　杨青,东南大学图书馆馆员,工作生活之余偶尔会读些书,之前喜欢读文艺类书籍,后来喜欢读历史类、战争类书籍。

《四世同堂》

——书写抗战中的普通人

导读人：陈文静

《四世同堂》是老舍先生的著名长篇小说。老舍，这位经常出现在语文课本中的文学巨匠，以其经典作品《骆驼祥子》和《茶馆》广为人知。他的其他作品，如《母鸡》《猫》《北京的春节》《济南的冬天》等，也为我们的童年带来了丰富的文学体验和乐趣。看到这些熟悉的文章标题，大家肯定恍然大悟，想起了曾经的语文课堂上，跟随老舍先生的笔触，想象着到处"嘎嘎"惹人厌却又爱护雏鸟的母鸡、抱着花枝打秋千的小猫、老北京人人都会泡的翡翠腊八蒜、山上的矮松树尖一圈细细的白雪和日本看护妇……老舍先生是京味文学的代表，这不仅体现在他使用的语言上，更体现在他对北京这座城的感情上。生于斯长于斯，对于北京，老舍先生自然有着最细致的观察和最深沉的感情。他的作品也总离不开北京，《骆驼祥子》《茶馆》都以北京为故事背景，《四世同堂》也是如此。

从《四世同堂》的书名中，便可以窥见中国传统的大家庭结构。然而，它并非仅是讲述大家庭的故事，而是将背景设定在抗日战争时期的北平，聚焦于小羊圈胡同中的居民生活。这里没有激烈的战场，没有所谓的"小羊圈胡同战役"，就像它的名字一样，小羊圈胡同是个挺安全的居民区。同样，《四世同堂》这本书中也没有对战场上的正面描写，而是细致地刻画了普通民众面对侵略的生活与抗争状态，与我们在提到抗日战争时联想到的上阵杀敌、冲锋陷阵有所不同。我们看过许多抗战题材的影视和文学作品，深深地为英雄们的精神和事迹所感动，但不得不承认，少有作品深入地去描写普通民众在战争中的经历。

正如古语所说:"兴,百姓苦;亡,百姓苦。"在抗战背景下,大多数民众处在怎样的水深火热之中,又有着怎样的觉醒和反抗,这正是《四世同堂》的可贵之处——书写抗战中的普通人。

一、到小羊圈胡同去

《四世同堂》近百万字,分三部,是老舍先生作品中篇幅最长的一部。小说时间线开始于1937年夏秋,结束于1945年。这样的一部现实主义作品,其实是老舍先生在他人叙述的基础上创作的。在抗战期间,尽管经济拮据、健康受损,老舍先生始终坚持在后方进行抗战宣传。直到1943年,他的妻子和孩子从北平来到重庆,他才从妻子的口中得知了日本人是如何蹂躏和奴役沦陷区的人民,特别是北平的人民的。妻子的述说让老舍先生陷入久久地沉默与思考当中,就这样,他在心中构建了一个宏伟的作品框架——"一百段,每段约有万字,所以共百万字。三部。第一部容纳三十四段,二部三部各三十三段,共百段"。老舍先生要写,他是一定要写不可的。1945年末,他完成了《四世同堂》的前两部,并于1949年完成了最后一部。仅凭他人的叙述和想象,创作出一篇百万字的现实主义小说,堪称是一个奇迹,而整个故事又包括了一众有血有肉、活灵活现的人物形象,不得不感叹于老舍先生深厚而细腻的创作才华。

《四世同堂》讲述了在日本侵华背景下,北平小羊圈胡同里的人事变迁。而在这胡同里,尤以"四世同堂"的祁家为核心。祁老太爷,将近80岁,是全胡同的最长者。祁老太爷的儿子祁天佑,50余岁,经营一家布店。老太爷的儿媳体弱多病,长年卧床。祁老太爷有三个孙子,分别叫瑞宣、瑞丰和瑞全。如果说整个故事是以祁家为重点,而祁家又有自己的核心,那就是瑞宣。长孙祁瑞宣是一名中学英语教师,也是祁家的当家人。瑞宣的妻子唤作韵梅,操持着一家十口人的衣食茶水。瑞宣和韵梅育有一儿一女,也就是祁老太爷的曾孙和曾孙女——小顺子和小妞子。次孙祁瑞丰和他外号"胖菊子"的妻子,虽然也是故事中的人物,但他们的行为并不值得称道。三孙祁瑞全是一名学生,与大哥关系最为要好,抗战爆发后,他便离开北平,投身于战场。

把祁家人说清楚后,再说说其他人家和小羊圈胡同。这胡同位于当时北平西城的护国寺西侧,它不像寻常的胡同那样笔直,而是蜿蜒曲折,颇像一个葫芦。既然是葫芦,就有"葫芦胸"和"葫芦肚"之分。书中讲的是"葫芦胸"里的六户人家。每户人家都有门牌号。祁家人是 5 号。祁家的紧邻是 6 号,是个杂院,住着三户人家。1 号是钱家,住着钱默吟老人、钱太太、他们的两个儿子和大儿媳妇。2 号院住着李四爷和四大妈。3 号院住着冠晓荷和他的夫人——外号"大赤包",还有二太太尤桐芳。冠晓荷和大赤包有两个女儿,大女儿高第,二女儿招弟。4 号院也是个杂院,住着四户人家。鉴于人物众多,为免冗长并减轻记忆之负担,除必要时,不再一一详述。后文若提及上述人物,将另行补充相关细节。

二、老街旧邻,北平陷落了

1937 年 7 月 7 日,卢沟桥事变爆发,标志着全面抗战的开始。北平的城门紧闭,但战火还是很快蔓延至城内。北平,还是乱了。小羊圈胡同也陷入了一片慌乱与压抑之中。大家终于意识到,这次的战事似乎不同往前,不是三天,不是三个月,而是一场生死存亡的较量。越是在民族危难之时,英勇之士越显得英勇,而那些贪生怕死、卖国求荣的小人的丑态也愈发叫人瞧得清楚。在这危难当头的时刻,小羊圈胡同居民们的面孔也变得更为清晰。但如果有可能的话,无论是英雄还是小人,都希望他们不必露出深藏的可敬或可憎的面孔而平安至终老。但历史就这样来了,无情地碾压着爱好和平的中国、爱好和平的北平。北平的老百姓怎么也想不明白卢沟桥有什么好,值得动刀动枪。他们也没得罪日本人,为何要受到欺侮呢?但无论如何,身处其中的人们不得不盘算着未来的日子,国破家何安,该怎么办呢?这时候,小羊圈胡同各形各色的人物开始展露自己本来的面目了。

有年轻人决定去战场上!北平陷落的消息传来,祁家的老三瑞全和钱家的老二不约而同,都毅然决然地选择离开北平,投身战场。如果说百年前的青年还不知道国家为何物,那么如今的青年看到国家危亡,就是头破血流也要用自己的身体和意志捍卫国家的尊严。然而,对于瑞宣这样一个大家庭的顶梁柱来说,想要立刻奔赴国难却前后为难。在心底最真实的想法上,瑞宣无时无刻不想要上阵杀敌,他是多么羡慕瑞全,可以无后顾之忧地为国家献出自己的生命。但瑞全之所以能够如此,是因为有瑞宣在后方照料家庭。若是离开了瑞宣的照顾,妻小、父母和老太爷该怎么生活下去呢?因此,瑞宣是连死都无法自己决定的。忠孝两难全。他无数次地纠结,却只能在心中默默忍受这份痛苦的煎熬。

老人们已至暮年,本可以在家国太平中度过风烛残年。然而,侵略者的铁蹄踏破了这份宁静,将他们的晚年变成了遥不可及的梦境。即便是在生命的终章,他们也无法安详地离去,因为连墓地也已被敌人所占。他们身衰气败,无能为力,剩下的只有忍受。像钱默吟这样的文人雅士,平日里不问国家大事,与人也少有来往。他们的生活充满了种花、看书、作画和吟诗的雅趣。国家无事的时候,他们只管按照自己的理想去生活,就算挨饿、受穷也不出一声。可是,一旦国家沦陷,他们便如无根之树上的闲花,到了即将凋零的时候。他们等待着命运的降临,发誓即使到了日本人将锁镣加之于身的那一天,也绝不失节。

还有一部分人唯恐天下不乱。住在3号院的冠晓荷就是其中的代表。对于他们来说,只要自己能生活得滋润,这国家是谁的又何妨呢?"国家""民族"不过是一个个名词罢了,如果出卖这些名词可以使饭食更好,衣服更漂亮,权势更大,那么冠晓荷便可以眼睛不眨一下地出卖国家。他讨厌民国政府,因为正是这个政府叫自己丢了官。如果日本人到来,能给他个官做,那么日本人就是他眼中最可爱的人。于是,在全城人还在对未来感到迷茫和惶惑的时候,冠晓荷已经打好了算盘——迅速投靠日本人,寻求一份差事!

还有这样的一些人,他们平常就是最乐于助人的人。在紧张的时局下,他们也能将大家联系和团结起来,形成互相安慰和支持的力量。2号院的四大爷和四大妈就是热心人的代表,他们不仅接济断粮的邻里,还帮助办理丧事,绝不多要一分钱。他们总是愿意伸出援手,是真正的仗义之人。至于杂院里为了生计而辛勤劳作的底层人,他们虽为北平沦丧感到揪心,可日复一日的温饱问题同样迫在眉睫。他们坚决不愿为日本人服务,更痛恨给日本人做走狗的汉奸。一旦他们下定决心,就会义无反顾地奔赴战场,成为英勇地和敌人厮杀的士兵。

虽然小羊圈胡同规模不大,但在中国,有无数像瑞全这样勇敢的青年、像瑞宣这样面临困境的中年人、像钱老者这样有风骨的文人、像祁老人这样默默忍耐的老年人,还有像冠晓荷这样利欲熏心的人……有多少人和他们怀着一样的心思。而这之中,谁又最痛苦呢?是瑞宣。在阅读《四世同堂》时,每每窥见瑞宣的内心世界,都能深切感受到他的绝望和压抑。每当广播中宣布中国的国土再次沦陷,他都恨不得立即奔赴战场;每当听到前方打了胜仗,他便激动得夜不能寐。你可能会想:作为一个男人,为何如此优柔寡断?何不直接投身战场!可是,家中的妻儿,多病的母亲,年事已高的老太爷,不争气的弟弟,哪一个不要他操心?为了一家生计,他仍要到学校里教学,这更加深了他的痛苦。国家沦陷,他有何颜面去学校呢?又要到学校里教孩子们什么呢?难道要教孩子们像他一样做亡国奴吗?他爱自己的国家和文化,可这些文化却让他变成了一个瞻前顾后和软弱的人。瑞宣的痛苦,正是源于此。

在老舍先生笔下,每个人都栩栩如生。他们痛苦,读者便也痛苦;他们高兴,读者便也高兴。书中的人和事,无不牵动着读者的心弦。阅读《四世同堂》,就仿佛在战火漫天的北平走了一遭。我们如同幽魂般在故事中游走,一会在这儿,一会在那儿,无处不在寻找自己的影子,拷问着自己:如果我是他(她),我会怎么做呢?

三、故事之外

《四世同堂》这部创作于80年前的经典著作,生动描述了当时北平民众的生活景象。对比当下,其中仍有很多值得借鉴也值得反思的地方。首先就是"四世同堂"大家庭的秩序。祁老人年事已高,很多事情他已经搞不明白了。然而他的子孙们面对老人,总是保持温和与恭敬的态度,哪怕是迫不得已做出样子。老人也从不跟孩子们真生气,总是以慈爱之心相待。作为一个胡同的最长者,新搬来的人家,必定先到祁老人这里拜街坊;邻居有婚丧嫁娶,他也必定坐首席。老者有老者的样子,少者有少者的样子。这样和睦的邻里关系离不开人们骨子里尊老爱幼的传统。当今社会,随着流动性的增强,即使有"四世",也无法"同堂",年轻人为了生计远游他乡,也逐渐与年迈的长辈疏远。阅读《四世同堂》,便可知道传统的孝道和人际关系到底该是怎样,更促使我们思考,是否继承了其中的精华,又该如何摒弃其中的糟粕。

其次,老舍先生对普通妇女也有许多描写和思考。瑞宣的妻子韵梅,平日里大家只是叫她"小顺儿的妈",仿佛生下了小顺儿才有了"小顺儿的妈"。韵梅是最传统的中国妇女形象,相夫教子,主持家务,孝敬长辈,凡事想着息事宁人最好,一辈子都围着一大家子转个不停。除了勤劳、贤惠,似乎想不出别的词语去形容她。她们所做的事还能得到什么别的评价呢?但是在国家危亡时刻,老舍先生却揭示了普通女人身上蕴含的智慧和迸发出来的力量。为了老人、孩子和整个家族,她们能把磨难嚼碎了往肚里咽,用心计算着粮食、积蓄。因为有了吃的,就还有希望。在日本人的控制下,日子一天天坏下去,粮食也都被他们攥在手里。尽管韵梅胆子小,可为了一家人活命,也敢天不亮就上街,迎着寒风去领日本人分发的难以下咽的粮食。更有胆大者,像杂院中的妇女,生活本就不宽裕,她们竟然敢突破日本人的检查,逃出北平城,到张家口、石家庄做生意换取活命的粮食。她们肩负着一家子最不起眼却也最重要的担子,彼此体谅,互相帮助,是最柔软的,也是最刚强的。

除了传统女性,老舍先生还描写了像尤桐芳、大赤包、胖菊子等丰富的女性形象。尤桐芳是冠晓荷的二太太,曾唱奉天大鼓红过一时。在这世上,她举目无亲,虽很小便失去了贞洁,但她的灵魂无人可以玷污。她暗中接济受冠家举报的钱家,对丈夫巴结日本人出卖女儿而愤愤不平。她试图通过行动改变惨淡的现状,却不幸"误伤身亡"。大赤包和胖菊子则代表了另一类女性,她们比自己的丈夫还有胆识谋略。然而,她们的胆识谋略没有一颗爱国的心作为基底,也全都是在做自掘坟墓的努力。

老舍先生和鲁迅先生,一位生于北方,一位长于南方,他们都是中国现代文学史上杰出的作家,都以普通人为题材,展现了那个时代的中国社会和中国人的命运。鲁迅先生文风犀利,直指时弊,他通过孔乙己、祥林嫂、阿Q等人物,无情地批判和揭露了社会的黑暗和人性的弱点。而老舍先生则不同,他同样描写普通人,但他更注重表现普通人身上的朴素美德和先进分子心中的激情。对于那些心术不正之人,老舍先生的讽刺往往带有幽默感,让人在发笑中领悟到深刻的道理。老舍先生对普通人的生活有着极其细腻的观察,他的内心像明镜一样,清楚是非善恶。然而,由于他对朴实百姓的深情与爱护,他不忍心直接批评,而是选择以真实而委婉的方式呈现出来。这样的笔触让读者既看到了普通人的真实面貌,又感受到了他们有些愚昧的想法中透露的一丝可爱。

阅读老舍先生的作品,对提升文学修养大有裨益。《四世同堂》百万余字,老舍先生按照时间发展顺序一步步向前推进,可见其对文字的把控能力。书中对于晨昏变化、四季交替以及各种节日的细致描写,都让人仿佛置身于那个时代,感受到了生活的真实与鲜活。老舍先生的写景功力深厚,让人不禁怀疑他是否亲历过那些景象,否则怎能如此生动地再现于笔端。这种将亲眼所见的景象转化为文字,又能让读者产生深刻印象的能力,正是老舍先生独特的文学魅力所在。老舍先生对语言的运用也非常巧妙。他在北京方言中融入幽默与讽刺的手法,使得文本既有地方特色,又不失幽默感。通过阅读老舍先生的作品,读者不仅能够领略语言的魅力,还能够深入理解社会与人性的复杂关系。

  老舍先生在北京出生和长大,《四世同堂》也是他依托出生和成长的小羊圈胡同创作的现实主义小说。在这部作品中,我们可以看到老舍先生对于文艺和花草的热爱,这也体现在了书中的人物上,如祁老人和钱老人对花草的喜爱。这种情感的投射,让读者不禁联想到老舍先生是否在书中融入了自己的影子,《四世同堂》因而也成为了解老舍先生的一个重要窗口。老舍先生曾说:"反封建使我体会到人的尊严,人不该做礼教的奴隶;反帝国主义使我感到中国人的尊严,中国人不该再做洋奴。这两种认识就是我后来写作的基本思想与情感。"这种对尊严的坚持和对自由的渴望,贯穿了他的写作生涯,也在《四世同堂》中得到了深刻的体现。阅读《四世同堂》,每一段文字都能让人感受到老舍先生对北平和生活在那里的人的深情。希望这篇导读能够激发更多读者的兴趣,促使大家打开这本书,去探索那个时代的北平,去了解那里的人们,以及去感受老舍先生通过文字所传达的深厚情感。

参考文献

[1]老舍.四世同堂[M].南京:译林出版社,2022.

[2]刘明,石兴泽.人民艺术家·老舍[M].济南:山东画报出版社,2001.

导读人简介

  陈文静,东南大学本科生,就读于哲学与科学系。阅读可以帮助我们理解自己,理解他人,理解世界。

细雨与呼喊

导读人：李瑞瑞

余华的书总是让人不忍卒读却又割舍不下，《在细雨中呼喊》也不例外。《在细雨中呼喊》发表于1991年，是余华的第一部长篇小说。作为一个掌控故事的高手，余华这部十分典型的成长小说并没有采用线性叙述，而是以江南少年孙光林的成长经历为主线，通过时间的自由穿梭和往返更替，以倒叙的方式在孙光林的成长主线中不断融入他周围的人物和事件。每一个人物像是一个个独立的系统，然而在合奏中却展示了共同的生存环境；每一个事件好比一个个碎片，但最后拼接在一起，连缀成一个完整的故事。余华一向擅长描写苦难的生活，他那诡秘的目光从来不屑于注视蔚蓝的天空，却对那些阴暗痛苦的角落沉迷不已。在孙光林的童年和少年时期，交叉出现的人物：父亲孙广才和母亲、养父母王立强和李秀英、爷爷孙有元、兄弟孙光平和孙光明、国庆、刘小青、苏宇、苏杭、郑亮、曹丽、鲁鲁等等。一代代人生活经历不同，却拥有相似的苦涩命运，从中折射出异常广阔的历史画卷。

一、《在细雨中呼喊》的故事梗概

主人公孙光林，是孙家的第二个孩子。1958年他出生在南门，他的出生缘于父亲孙广才对母亲的一次暴力折磨。6岁那年，因为家庭贫困，最不受待见的他被送给了居住在孙荡的一对没有子女的夫妇。1971年的深秋，随着养父王立强自杀、养母李秀英弃他而去，12岁的孙光林不得不重新回到南门。1977年，孙光林高中毕业去北京上大学。整部小说形成了一个"离开—归来—离开"的内部完整的圆形叙事模式。

小说分为四个章节，每个章节由几个零碎的小故事组成，看似凌乱、跳跃却又有一条主线——结构来自作者对时间的感受，确切地说是对已知时间也就是记忆中的时间的感受。小说第一章主要是"我"对南门生活和原生家庭的回忆。让"我"印象深刻的事件有：在一次兄弟争执中，哥哥和弟弟恶人先告状，导致父亲将"我"绑在树上殴打；在与王跃进家关于自留地的争端里，由于"我"的旁观无所作为，导致"我"和家人间产生了永远无法消除的隔膜，甚至也成为村里人口中最坏的人；"我"和哥哥同时憧憬着青春洋溢的冯玉青，冯玉青却爱上了王跃进，被抛弃后跟一个货郎私奔了；弟弟孙光明为了救村里的落水男孩，成为这个家庭中第一个走向死亡的人，父亲却幻想着做"英雄的父亲"，渴望着政府的表彰；父亲与哥哥先后爬上了邻居寡妇的床，母亲却忍气吞声竭力维持着这个家；无赖父亲调戏儿媳妇被孙光平割去了耳朵；1958年秋天，在罗老头家，父亲急不可耐地与母亲"长凳之交"生下了"我"；等等。

第二章主要是"我"对中学生活和友情的回忆，青春期朦胧的性心理是这一章节的主线。青春期的生理欲望对有些人来说只是一场恼人的青春痘爆发，而对有些人来说却是一场混乱、惨烈而漫长的殊死搏斗。关于青春期的欲望，在"我"的回忆中显得栩栩如生：同学苏杭的性变态，调戏女同学，糟蹋农村老太太；"我"在处理自己的欲望时，一发不可收拾却又感到慌乱、自卑、厌恶乃至罪恶；朋友苏宇因难以抵挡欲望的猛烈冲击在巷子里抱住一个少妇而入狱；音乐老师和同学曹丽的师生恋；苏宇因为脑血管破裂而去世；"我"与鲁鲁建立起了友情，并发现他的母亲是身陷困境、开始做皮肉生意的冯玉青；等等。

第三章主要追忆了孙家的家族史。"我"的祖父孙有元年轻时是一位石匠，有技术，有力气，满怀理想、走南闯北。晚年摔坏了腰以后丧失了劳动能力，成为累赘的祖父，只能靠两个儿子轮流供养，他和"我"一样在这个家里不受待见，他总是躲在无人注意的角落，只有吃饭时才出现。祖父只能用回忆把生活填满：他曾跟着曾祖父到处建石拱大桥，曾祖父因造一座官桥失败入了狱，但祖父却靠着自己的聪明才智把这座官桥重新修好了；战乱中他背着曾祖母逃难，野狗残忍地夺去了曾祖母的生命，他在悲恸中遇见了祖母，重新燃起了对生活的希望。对于祖父，让"我"记忆犹新的还有：他打落了一只碗，为了保护自己逃避父亲的责骂，诬告是弟弟孙光明打碎的；他怂恿孙光明锯断过高的桌子腿从而方便自己吃饭；他在最后的时光里预知并安排着自己的离去等。

第四章主要讲述"我"在孙荡的生活。养父王立强是一个强壮的武装干部，最后因为婚外情被抓了现行，一时激情犯罪后畏罪自杀。养母李秀英是一个脸色苍白终日有气无力的病秧子，对阳光有着强烈的渴望，在"我"被老师诬陷时也是唯一一个信任"我"的人。国庆和刘小青是"我"这一时期的朋友，国庆是一个把自己安排得十分妥当的孩子，被再婚的父亲抛弃后成了孤儿，靠亲人的接济过活，在 13 岁的时候，国庆开始自己干活挣钱。当"我"再次被抛弃时，也是国庆借钱给"我"乘轮渡回到了南门的家。我们的老师有着令人害怕的温柔，随时都会突然给予我们严厉的让人意想不到的惩罚。

余华有意安排了其中两章以呼喊或喊叫结尾，第二章结束于鲁鲁的喊叫，第四章结束于我在火焰中的呼喊，与开篇"在细雨中呼喊"的梦境相呼应。鲁鲁的喊叫，是对正常家庭关系的明确诉求，是全书在精神上的高点。全书也是一系列呼喊的合集，在第一章节，"我"的母亲，这个一生沉默的女人在临终前开始大喊大叫，她的喊叫罗列了所有被孙广才拿到寡妇家的物件，所有的喊叫都针对孙广才而去，也证明了她耿耿于怀，这是一生卑微者最后的反抗。养母李秀英在拒绝接收王立强的遗体时也发出了喊叫，这是面对爱人的背叛所发出的不满。这些呼喊，是诉求的表达，是自救的呼吁，更是痛苦的释放，是对亲情的渴望，更是对美好生活的向往。每个人在细雨中的呼喊，表面上微弱，却又如绵绵细雨一般，漫无边际。

二、失落错位的父子关系

在中国传统文学作品中，父亲是天，是权威的代名词，"严父施令，教敕子孙"，严父是中国最传统的父亲形象，但在《在细雨中呼喊》这本小说中，余华却有意识地颠覆了经典的父亲形象。

"我"的父亲孙广才是一个彻头彻尾的无赖。他从未尽到父亲的责任和义务，孩子对他来说是生活的绊脚石、发泄的工具与彰显家长权威的对象。"我"哥哥孙光平起初对父亲是崇拜的，但随着孙广才勾搭上邻居寡妇、第一次定亲也因为父亲对未过门的媳妇要流氓而以失败告终，导致媒婆再也不愿上门，哥哥对父亲逐渐开始感觉到耻辱和怨恨。后来，哥哥作茧自缚，跟媒婆同样不愿意光顾的英花结婚，父亲却当着孙子孙晓明的面猥亵了英花，孙光平一怒之下砍掉了父亲的一只耳朵。相较于哥哥孙光平，父亲将"我"视为多余的人，他形容"我"的出生像母鸡下蛋一样,6岁那年就将"我"送了人。在南门的日子里,"我"经常遭受父亲的毒打,印象最深的一次是将"我"绑在树上殴打。当"我"考上大学后,他并没有感到光宗耀祖,但当明白"我"将永久地从家里"滚蛋"时却感到十分高兴。对于弟弟孙光明,父亲更是动辄打骂,当祖父诬告4岁的弟弟打碎一只碗时,父亲"粗壮的巴掌打向了弟弟稚嫩的脸,我弟弟的身体被扔掉般地摔出去倒在地上"。弟弟9岁的时候为了救一个孩子溺水身亡,尸骨未寒,却成了父亲谋求"英雄的父亲"称号的筹码,父亲期待着政府的表彰,甚至幻想可以混个一官半职。作为父亲和丈夫,他对这个家庭最大的贡献是将本来就贫困的家搞得一团糟,孙广才最后的结局是永远地留在了村口的粪坑里。这种畸形的父子关系,对"我"的影响一直持续到成年,"一位年轻女人用套话询问我的童年和故乡时,我竟然会勃然大怒"。

小说中占了颇多篇幅的另外一个父亲是"我"的养父王立强。在"我"6岁的时候,"我"这个别人婚姻的产物,成了王立强和李秀英的孩子,他们选中"我"的理由是"我"能干活了。王立强搬开沉重的木箱,找出压箱底的全新的草绿色军用挎包给"我"做书包,然后送"我"到学校;在"我"因为挨揍绝食抗议不回家的时候,他会背着"我",带"我"去吃最贵的三鲜面。当"我"第一次发现王立强的婚外情时,他给"我"买了三根冰棍要求"我"保密,这是"我"童年的幸福时刻。后来,"我"在做错事要遭受处罚的时候,便利用此事要挟他,那时候他叹息地对我说"人不怕穷,就怕苦啊"。总的来说,王立强是一个温和的男人,但有时他也会用语言恐吓人,他警告"我"如果打破了他心爱的酒盅,会拧断"我"的脖子。面对老师对"我"的诬告,他也没有表现出信任。公正地说,他是准备一辈子都把"我"当儿子对待的,让"我"吃饱穿暖,和别的孩子一样拥有上学的机会。虽然责骂和殴打过"我",但比起孙广才,王立强在很多地方都更像一位父亲。从孙荡的王立强家回到南门的原生家庭后,面对随着父亲的无赖化而日益崩坏的家庭,"我只能长久地去怀念在王立强家中的生活"。很久之后"我"才发觉王立强的死已经构成"我"冗长持久的忧伤,也正是这段温暖的经历和父爱的滋润,使"我"想要逃离南门这个家庭的欲望要远远胜于哥哥孙光平,我们也拥有了完全不一样的人生轨迹。

国庆的父亲与"我"的父亲是同一类型的,显得那么不堪入目。为了追求自己的幸福,他将国庆像垃圾一样遗弃了,并拒绝承认是国庆的爹。国庆对于父亲的抛弃和冷漠无能为力，于是9岁的他就必须掌握自己的命运了。苏宇的父亲苏医生是一个皮肤白净、嗓音温和、有头有脸的人。在南门生活的时候，苏医生会骑着自行车带着他的两个儿子在田间小路上驰骋，这情景让村里的孩子们羡慕不已。在"我"16岁第一次试图去理解家庭这个词时，最终确定下来的便是对这一幕情景的回忆，这也是"我"对理想家庭的想象。但苏医生最后却同样出轨了村里的寡妇。不仅如此，作为一个父亲，苏医生却没有发现苏宇因为脑血管出血而陷入昏迷的异常，直到最后所有人离开家时，苏宇失去了任何生的希望，在黑暗中迅速下坠。

我们可以看出，《在细雨中呼喊》里的父子关系，并没有传统文化中"父慈子孝"的伦理画像，而是试图揭开仁义道德的遮羞布，将现实的冷漠与残酷展现于读者面前。或许，在更广大的底层平民世界中，这种紧张对立、黑白相掺的家庭关系，才是生活的常态。余华通过文学上的"弑父"，完成了对父子关系的"异化写实"。在这种不寻常当中，以往文学叙述里被忽视的家庭伦理得以补缺。

三、温暖淳朴的朋友情义

被家庭排斥、缺乏家庭关爱、面对家庭危机的少年们，开始对新的社会关系进行探索，尝试在探寻友谊的过程中学习自我保护。幼时和少年时期的友情因为家庭关系的破碎而显得弥足珍贵，这也是少年们对绝望的生活世界的反抗以及在孤立无援的日子里对幸福和温情的追求。

"我"对友谊的探索是多元而丰富的：在孙荡与国庆、刘小青的友谊，在中学与苏宇、郑亮的友谊，在校外街头与鲁鲁的友谊。回到南门后的中学时期，害怕孤独、强烈渴望友谊的"我"，最开始注意到的是头发梳得十分光滑、双手插在裤袋里向女同学吹口哨的苏杭，但"我"和苏杭的友情是似是而非的，是"我"强行去融入不喜欢的圈子，结果只能是对友情的失败探索，因此没过多久"我"就和苏杭分道扬镳了，不再装模作样地拥有很多朋友，而是重新回到了孤独之中。"我"和苏宇的亲密友谊是在苏杭之后建立起来的。当"我"面对自身的欲望无所适从时，"我"选择直接疏远苏宇，可在池塘边当"我"终于向苏宇坦白自己的肮脏和丑恶后，苏宇却认真地告诉"我"这是正常的生理现象；当生理上趋向成熟、难以抵挡欲望冲击的苏宇在胡同里抱住了一个少妇而被送去劳教所教养后，作为好朋友的"我"和郑亮被要求反思，郑亮迫于他父亲的压力写了检查，而

"我"却坚定地说"我永远不会写";当苏宇劳动教养回来,在潺潺流淌的河水旁,在斑斓的夜空下和皎洁的月光下,苏宇说抱住那个女人的感觉"其实不是抱住郑亮的肩膀,是抱住你的肩膀"。在那个夜晚,苏宇的微笑和羞怯的声音"给予了我长久的温暖",这无疑是两个孤独、敏感、缺爱的孩子的共情。"我"和苏宇之间是一种彼此惺惺相惜、彼此照顾理解的友情,我们互相渴望着爱,成为彼此生命里为数不多的微光。苏宇的死,使友情不再成为即将到来的美好期待,"我"重新孤单一人。

在南门的最后一年,"我"认识了鲁鲁。鲁鲁在同龄人中的孤立无援让"我"想到了自己,也让"我"看到了昔日友情的影子。"我"和鲁鲁建立友情之前的互相试探和对峙,与两年前"我"和苏宇确定友谊前的试探如出一辙。两个孤单而又渴望爱的人就这样自然而然地走近了彼此,"我"像苏宇当初对待"我"一样对待着鲁鲁,用手搭在他的肩膀上开始亲密地行走。"我"试图保护鲁鲁、给予他友情的温暖,就如同"我"在苏宇那里体会到的一样。

"我"幼时在孙荡的友情是稚嫩纯洁的,这一时期的朋友是国庆和刘小青。国庆使"我"的童年变得多姿多彩,他会带领"我"和刘小青在河边等待轮船驶过后掀起的波浪一层层爬过我们的脚背,会带领我们爬上他家的楼房眺望远处的田野,他也会多偷拿父亲五分钱请"我"吃冰棍。当然我们也有过争吵,争吵的话题是如果将世界上所有的原子弹绑起来爆炸会不会把地球炸碎,"我"认为不会,国庆和刘小青则持相反意见。国庆被父亲抛弃后,每个月靠亲人补贴的16元生活费过活,慷慨大方的国庆也会同样给我们分享糖果和橄榄。当成人世界的尔虞我诈介入我们的友情,即当国庆和刘小青受老师诱导,合谋诬陷教室墙上的标语是"我"写的时候,我们的友情遭遇了重要挫折从而中断了。但当养父自杀、养母悄然离去后,当成人的世界都将"我"遗忘时,却是国庆和刘小青借钱给"我",送"我"踏上了回南门的归途。对于国庆和刘小青,现在的"我"想起他们时内心依然充满了甜蜜。

国庆对友谊的探索则富有传奇色彩。当"我"离开孙荡回到南门后,"被活人遗弃"的国庆则与楼下被"被死人遗弃"的老太太相互扶持,建立了友谊。老太太是个深受男尊女卑思想迫害的女人,在丈夫死去十几年后,吃螺蛳的时候还要把肉留给挂在墙上的丈夫,自己心满意足地吃螺蛳屁股。她帮助国庆通过回忆母亲来安慰自己受伤的灵魂,国庆则以勇敢的行为在现实生活中保护她不受巷子里的那条黄毛狗骚扰。国庆13岁辍学后开始干送煤工作,他学着大人的模样去社交、去揽活,诚实和精于计算让他的生意兴隆,几乎败了那位在这个职业里干了二十多年的同行。但两人却建立了友谊,亲密无间却没人听到过他们交谈。国庆和老太太、同行的友谊,是孤独的社会边缘人对信任、对温暖的探索和追求。

《在细雨中呼喊》是一部关于回忆的小说。回忆的动人之处在于可以重新选择,将过去的世界重新排列组合,从而获得一个全新的过去。"我"用童年敏感的眼光记录了两个故乡的人和事,生命中出现的每个人物都拥有自身的命运和生存境遇。面对生活中的苦难,他们的处理方式却不一样,这也正是社会底层人物的命运和人类普遍的生存状况,如此种种构成了"我"的人生初体验。虽然整个童年和少年时期是孤独的、苦难的,但仍然有许多温暖的时刻闪着光亮,穿过漫长的时光,给予"我"无尽的安慰,这就是记忆的力量。当"我"不再纠结于反复无常的命运,"我"的记忆依然在细雨中呼喊,这呼喊背后,藏着真正的自由。

参考文献

[1] 余华. 在细雨中呼喊[M]. 北京:北京十月文艺出版社,2018.

[2] 洪治纲. 余华研究资料[M]. 天津:天津人民出版社,2007.

[3] 张翔. 超越孤独感的历史叙述视野:重读《在细雨中呼喊》[J]. 中国现代文学研究丛刊,2023(5):200-222.

[4] 罗秋香,赵文敏. 被解构的家庭伦理:论余华小说《在细雨中呼喊》的家庭叙事[J]. 凯里学院学报,2021,39(4):49-53.

导读人简介

李瑞瑞,东南大学图书馆馆员,热爱生活,也向往诗和远方。

在孤独中前行

——论余华《在细雨中呼喊》

导读人：焦春雨

  阴雨绵绵，如丝如缕，将一切浸润得深邃而又神秘。这正是我对《在细雨中呼喊》的初印象。这部作品由余华所著，以其深沉的笔触、细腻的情感，构建了一个令人感慨万分的世界。

  第一次阅读这部作品时，它在我心中留下了难以磨灭的印象。不仅仅是精彩的故事情节和鲜明的人物形象让我着迷，更重要的是它让我深刻地感受到了生命的苦痛和坚韧。小说中的主人公在成长的道路上遭遇了无数的挫折和磨难。这些困难和挫折，仿佛是那细雨中的呼喊，透露出无尽的哀愁和无奈。然而，在这无尽的苦难中，主人公并没有放弃，反而更加坚定了自己的信念，以无比的勇气面对生活的种种挑战。这种坚韧的精神，让我感受到了生命的顽强与不屈。

  在阅读的过程中，我深刻感受到了作品中人物鲜明的形象和丰富的情感。余华以细腻的笔触描绘了每个人物的内心世界，让我能够清晰地看到他们面对生活的苦痛和无奈，同时也感受到他们对生活的执着和追求。这种对人物情感的深入描绘让我更加关注自己和他人的内心世界，也让我更加珍惜身边的人和事。

  总的来说，《在细雨中呼喊》是一部让人深思的作品。它以细腻的笔触、深刻的情感、鲜明的形象和精湛的艺术表现力，展现了一个充满苦痛却又充满希望的世界。它让读者深刻体会到生命的坚韧与美好，同时也激发读者对人生更深的思考和理解。每一本书都富含独特的意义，但我相信《在细雨中呼喊》会使你成长更多。

一、雨中的人生

要想读懂一本书,首先需要深入了解作者的生平以及创作经历,只有通过时代背景才能看到作者的思想。像《在细雨中呼喊》的作者余华,他便是"弃医从文"的一大典型。

1977年余华中学毕业时,恰逢中断十年的高考恢复,可惜事不如愿,余华并未金榜题名,无奈只能在父母的安排下成为一名牙医。那时的牙医和如今的牙医不一样,在二十世纪七八十年代,它和修鞋、理发的职业差不多。从18岁到23岁,这份工作余华做了5年,他看了数以万计张开的嘴巴,拔了1万多颗牙。他曾在一篇散文中写过对这份工作的评价:"我实在不喜欢牙医的工作,每天八小时的工作,一辈子都要去看别人的口腔,这是世界上最没有风景的地方,牙医的人生道路让我感到一片灰暗。"

每日烦琐的工作让余华苦不堪言,这并非生理上的痛苦,而是对自己未来的迷茫,他并不喜欢这份工作。在与朋友闲聊过程中,他发现文化馆工作人员的工作时间与地点并不固定,于是便有了进入文化馆工作的念头。但进入文化馆是需要特长的,余华发现自己并不会作曲与绘画,想着自己高中毕业,写作应该只需要认识汉字,于是便决定学习写作。自余华拾起第一本《人民文学》杂志,命运的齿轮便开始转动,从最简单的符号运用开启了他的创作之路。

文学创作并非一马平川,特别是对于他这么一个初出茅庐的小子,甚至连投稿都很难被杂志社看到。直到1983年底,余华才收到了《北京文学》的电话,按要求修改后,他终于迎来了第一部短篇小说的发表。1987年接连在《北京文学》发表短篇小说《十八岁出门远行》和《西北风呼啸的中午》,同年又在《收获》杂志发表《四月三日事件》和《一九八六年》。就这样,他逐渐走入大众视野,从此确立了自己在中国先锋作家中的地位。而后又发表了多部成名代表作,例如《在细雨中呼喊》《活着》《许三观卖血记》等。独具一格的文风不仅在国内掀起潮流,在国际上也声名大噪。

二、细雨的印记

20世纪80年代的余华,对文学的创作还处于试验期。作为最具代表性的先锋作家,余华在叙述死亡时,往往聚焦于死亡过程和场面本身,而且为了追求效果,对细节进行放大,细化步骤,详尽地展现生命毁灭的悲剧。这些在余华80年代后期的小说中都有很集中的表现。《一九八六年》《现实一种》等小说致力于对暴力、死亡的描述,是余华暴力美学特征体现得最为具象的两部作品,冷漠、残忍的描述在《现实一种》中达到了极致。之后,余华企图创造出一些新花样,所以有了《世事如烟》与《偶然事件》,特别是后者成为余华笔下最富有形式意味的一部小说。在这部小说中,读者能看到的不只是暴力,也能看到暴力背后的故事,余华开始考量造成暴力的各种因素,不是人人都会实施暴力,它与人的个性相关,这便是一种"偶然"。

早期的余华受西方现代主义及后现代主义的影响,执着于表达暴力、血腥、死亡,揭示人性的丑陋,叙述人生无尽的苦难与不幸。但是随着时间的推移,他的内心逐渐平静,开始想要表现人对苦难的承受能力,《活着》与《许三观卖血记》这两部长篇小说就是余华风格的巨大转折点,它们几乎走向了先锋的对立面。

余华在叶立文的访谈录中说:"八十年代,我在写作那些'先锋派'的作品时,我是一个暴君似的叙述者,那时候我认为小说的人物不应该有自己的声音,他们都是叙述中的符号,都是我的奴隶,他们的命运掌握在我的手里。因此那时的作品都没有具体的时间和空间描述,因为这些人物没有特定的生活环境。可是到了九十年代,我在写作自己的第一部长篇小说《在细雨中呼喊》时,我发现笔下的人物开始反抗我叙述的压迫了,他们强烈地要求发出自己的声音,我屈服了,然后我的文学世界出现了转变,我成为一个民主的叙述者。"在这两部小说中,余华把所有的暴力都归于命运,人物走出"符号化",被赋予血肉,呈现出了返璞归真的艺术追求。从这两部小说中可以看到余华以前从未展现出的文学才能,但就"先锋小说"而言,这是余华的一种倒退。

《在细雨中呼喊》作为余华的首部长篇小说,由多个短篇故事综合构成,是余华对于传统长篇小说形式的一次大胆尝试。从某种程度上来说,它可以被看作余华向世俗妥协的开端,在传统与先锋之间进行了适当的调整,达到了一种平衡。一如往常,暴力在这部小说中仍然存在,但已不像之前的小说那样为了暴力而暴力,暴力或死亡已与生存的现实背景联系在一起。

正因为现实背景的存在,暴力的发生似乎在人的预料之内,余华的叙述也显得不再那么冷酷。也有很多人指出小说中表现出的是一种"苦难中的温情",

就连死亡也被赋予了诗意。苏宇突发脑出血,他在灰暗之中长久地躺着,感受着自己的身体缓慢地下沉,在濒临死亡之时,他像是进入了另一个富有诗意的世界:

苏宇的身体终于进入了不可阻挡的下沉,速度越来越快,并且开始旋转。在经历了冗长的窒息以后,突然获得了消失般的宁静,仿佛一股微风极其舒畅地吹散了他的身体,他感到自己化作了无数水滴,清脆悦耳地消失在空气之中。

在这个孤独可怜的孩子生命的最后时刻,作者的内心被触动,想要对他做最后的一点补偿,使他最后的生命具有美感。

另一个人物祖父孙有元的死,也同样具有诗意,人的灵魂竟然像小鸟一样从张开的嘴里飞了出去:

孙有元在张嘴吼叫的那一刻,吃惊地感到体内有一样什么东西脱口而出,那东西似乎像鸟一样有着美妙的翅膀的拍动。然后他惊慌地转过身去,哀哀地叫唤着:

"我的魂呵,我的魂飞走了。"

这是在余华以前所描绘的世界里从未出现过的诗情。

三、呼喊的背后

在世人眼中,余华的作品总是被苦难的外衣包裹,用刀割般的现实揭开内里,让人感受到的是一层一层的苦涩。或许只有当读者放下书本,蓦然回首时方才明白:原来人这一生竟是这般孤独,命运竟是这般不公。

小说主人公孙光林的人生就是在这样的苦难中展开的,但余华的特殊之处就在于他并没有简单地去罗列那些"苦难的"生活事象,而是去刻画孤立无援的儿童生活的绝望感。开篇追忆童年时以"我"即孙光林为第一视角,透过少年纯真的眼睛观察世界,使以前冷漠残酷的叙述变得温和,用这种语言讲述了"我"不幸的童年生活:主人公孙光林,孙家的第二个孩子,他的出生不甚光彩,也不受人期待。六岁时因为家庭贫困,遭父母抛弃,随着养父母从南门到孙荡,十二岁时又因养父自杀、养母离去再次回到南门。亲人之间在久别六年后完全没有重逢的喜悦,有的只是物质压力带来的厌恶与嫌弃,他成了孙家的累赘,父亲视他不祥,母亲忽视他,兄弟们疏远、欺负他。他的性格孤僻,像是寄居在他人家里的过客。被家庭成员排斥的孤独感过早地吞噬了纯粹天真的儿童心理,强烈的渴望同情的心理与被无情驱逐的现实构成冲突,饱受排斥的他只能用拒绝来反击,他也曾尝试从孤独中逃离,希望回到自己内心深处:

一直以来我都担忧家中会再次出现什么。我游离于家人之外的乖僻,已被村里人习以为常。对我来说被人遗忘反而更好,可是家中一旦出事我就会突出起来,再度让人注意。看着村里人都向河边跑去时,我感到了巨大的压力。我完全可以遵循常理跑向河边,可我担心自己的行为会让家人和村里人认为是幸灾乐祸。这样的时刻我只能选择远远离开……

这个年幼的孩子,不断地逃离外部世界,逃离父亲的统治,执拗地回到了自己的内心。上了中学,他开始寻找友情。很快在学校遇到了曾经的邻居苏宇和苏杭。苏杭人缘很好,整日被同学簇拥。孙光林硬着头皮加入苏杭为首的团体,苏杭也默认了孙光林的存在。就当孙光林庆幸自己得到了苏杭友情的时候,苏杭却为了在女生面前逞能,用树枝抽打孙光林。孙光林狼狈不堪,终于放弃了这段自作多情的友谊。他说:

有时我也会因为寂寞而难以忍受空虚的折磨,但我宁愿以这样的方式来维护自己的自尊,也不愿以耻辱为代价去换取那种表面的朋友。

后来,他与和他有同样处境、可以相互慰藉的苏宇成为朋友。苏宇在他年少时光里留下了重重的一笔,为他带来了难得的友情,但是随着苏宇的早逝,他再次变成了孤身一人。

他好像是一个孤独的反叛者,又好像现实悲剧生活里的一个幸存者、旁观者,用略带讽刺的口吻叙述着所有经历,以自身的孤独为唯一线索。正如《十一种孤独》里写道:"人都是孤独的,没有人逃脱得了,这就是他们的悲剧所在。"整部书中孤独的,何止孙光林一人。他长大后的朋友鲁鲁,被同学欺侮、被母亲斥骂,在母亲被送进劳改场后成了一个孤儿;少年时的朋友苏宇时常受到父母冷嘲热讽、打压;儿时的伙伴国庆,母亲去世、被父亲抛弃,靠给人送煤挣钱养活自己,他常在黎明时和自己死去的母亲交谈,他的孤独感在一定程度上远远超过了孙光林。

在这场暴力背后,我们看到的是无尽的绝望。这里的它早已不是主体,真正主导人物思想行动的是人类本能的欲望,每个人心中的欲望如野草般肆意生长。孙有元晚年在病床上苟延残喘的时候,孙广才觉得自己的父亲拖累了自己,在这个老人生命的最后时刻羞辱他、斥责他,他的恶性与他贫困的生活或许

有关,但是并不是必然,自私贪欲才是他恶性的根源。在孙有元多次没有死成时:

孙有元的笑容使孙广才勃然大怒,他还没有从祖父屋里出来就叫骂起来:"你死个屁,你要是真想死,就去上吊,就去跳河,别他娘的躺在床上。"

在孙有元死后:

我父亲如释重负地笑了,他向外走时连声说:"总算死了,我的娘啊,总算死了。"

孙广才的自私心理已经走向了一种极端,使他对自己的父亲不断实施精神暴力,父子间没有丝毫该有的关心与照顾,浓厚的血脉亲情被冷漠与仇视替代。在这个思想扭曲的时代,人们因为欲望互相攻击,充斥着语言、肉体暴力,但是他们又表现出了对生命的渴望,在他们的潜意识里,是不愿也不求死的,最终还是因为时代的命运而悲剧收场。

整部作品弥漫着绝望的气息,遍布对死亡的描述,揭示了社会底层人物的悲惨命运,展示了生命从诞生到忧伤、挣扎,再到幻灭的整个过程,其中对生命悲剧意象的刻画直击人类内心最深处的恐惧。祖父孙有元的临终情形,是绝望的典型。年轻时候的孙有元是一个石匠,不仅有力气有手艺,整个人更是生机勃勃,而晚年的孙有元,不仅腰部永久僵硬,还丧失了劳动能力,只能在两个儿子家轮流住。在面临生命终结的时候,他还受着情感上的巨大打击。为了得到一口饭,他用小聪明利用孙子;遭到子辈的羞辱,他只能微笑面对;当儿孙们假装为他制作棺材时,剩下的就只有绝望了:

那时的祖父在心理上已经死去,正期待着自己的生理也进入一劳永逸的境地。

他甚至让儿子扎稻草人放在他房间周围,希望把他的灵魂吓走。再后来,他在被埋葬的过程中醒来,给了他最后致命的一击,之后的他就表现出了彻底的弃世念头:

他像是一袋被遗忘的地瓜那样搁在那里。我们听到了他垂头丧气的嘟哝:"还没死,真没意思。"

在此之外,余华又从另一角度加强了这种绝望,孙有元的绝望让他的孙子们想到了村里即将被宰的"水牛":

刚开始我和弟弟一样无知地认为,水牛并不知道自己的命运。可是我看到了它的眼泪,当它四脚被绑住以后,我就看到了它的眼泪,掉落在水泥地上时,像雷阵雨的雨点。生命在面对消亡时,展现了对往昔的无限依恋。水牛的神态已不仅仅是悲哀,确切地说我看到的是一种绝望。还有什么能比绝望更震动人心呢?后来我听到哥哥对别的孩子说,水牛被绑住时眼睛就红了。我在此后的岁月里,会战栗地去回想水牛死前的情景,它对自己生命的谦让,不做任何反抗地死去,使我眼前出现了令人不安的破碎图景。

这种绝望感,让读者认识到自己存在的意义,让其体验日常生活中不愿面对的困境,同时又具有人性批判的意义。

孙光林的养父王立强,也是一个绝望者。他是一个武装部干部,工作稳定,家庭还算和睦,因为妻子病弱不能生育,二人收养了孙光林五年。王立强有婚外情,但还没有伤及家庭关系。之后,他的婚外情被同事妻子揭发,事情逐渐不受控制,他在报复对方时不小心炸死了对方的两个儿子,背负两条人命的他在穷途末路之下选择了拉下手榴弹,自杀身亡。有些时候,人所处的情境到了无法收拾的地步时,便会走向绝望。

四、时间的跳跃

余华在这次尝试中将小说结构设为封闭的圆形,通过四章小故事构成一篇完整的长篇小说,实现小说的连贯性。一方面是叙事的循环,从南门到孙荡再到南门,以成年的"我"对往事的回忆展开。另一方面的封闭性主要表现在情节的重复上,遗弃、报复、死亡、绝望等不断地出现在小说人物身上,"我"作为主人公就被遗弃了两次。类似的事情发生在不同的人身上,所产生的结果也不尽相同,极大程度地提升了故事框架的完整性。

其"碎片化"的特征体现为在时间上打破了一般的时序,将事件"随意"拼接,以片段形式闪现在人的大脑里,将过去、现在与未来交织在一起。但这种零散的拼接带来的不是小说叙事和抒情上的扩散与漫无章法,而是形成了一种时空上的封闭。这种特殊的结构使得读者感受到时间的错综复杂和不可掌控性,进而引发其对时间和命运的思考。正如作者所言:"时间固有的意义被取消。十年前的往事可以排列在五年前的往事之后,然后再引出六年前的往事。"这种创新的故事叙述方式将突破传统的线性叙事,使每个故事完整且独立地存在于小说之中,同时可以增加更多零碎的内容,使得读者需要主动地解读和组织故事片段,从而更深入地理解主题的复杂性和深度。主题如人性的脆弱性、家庭关系的破裂等在不同时间段和情节中得到了多角度的展示和探索。

细雨不像狂风暴雨般短暂摧残过后就雨过天晴,它连绵数月不见天晴,就像人们生活中的苦难,永远没有尽头。但是人们在这绵绵细雨中的呼喊正是对苦难生活的挣扎,这时你会庆幸,幸好不是狂风暴雨,它能听到一丝回响,让人在悲惨的生活中看到一丝希望。就如书中所言:"再也没有比孤独的无依无靠的呼喊声更让人战栗了,在雨中空旷的黑夜里。"这句话揭示了人在困境中的无助和孤独,同时也暗示了在无尽的苦难中寻找希望的力量。

生活中总会有困难和挫折,但正是这些困难和挫折让我们更加坚强,让我们学会如何在困境中寻找希望,如何在黑暗中寻找光明。就像细雨中的呼喊,虽然孤独、微弱,却有着强大的力量,因为它代表着对生活的渴望、对希望的追求。

最后,笔者想说,无论生活有多么艰难,我们都要勇敢地面对,不放弃希望。在细雨中呼喊,空旷的黑夜里就有了回响,希望这回响能激励我们继续前行,勇敢面对生活的挑战。

参考文献

[1]余华.余华作品集:3[M].北京:中国社会科学出版社,1995.

[2]耶茨.十一种孤独[M].陈新宇,译.上海:上海译文出版社,2010.

[3]叶立文,余化.访谈:叙述的力量:余华访谈录[J].小说评论,2002(4):36-40.

[4]叶楠.论《在细雨中呼喊》的叙事封闭性[J].剑南文学(经典教苑),2012(8):83-84.

导读人简介

焦春雨,东南大学本科生,就读于仪器科学与工程学院。喜欢在闲暇时阅读,尤其爱长篇小说,喜欢它丰富的情感、跌宕的情节和广阔的世界观。

世界以痛吻我，我要报之以歌

导读人：黄霞丽

  史铁生说："一个人，出生了，这就不再是一个可以辩论的问题，而只是上帝交给他的一个事实；上帝在交给我们这件事实的时候，已经顺便保证了它的结果，所以死是一件不必急于求成的事，死是一个必然会降临的节日。"经过十余载在地坛的沉思，史铁生找到了关于生命问题的三个答案：第一是要不要去死？第二是为什么活？第三是干吗要写作？他从地坛中获得了深刻的启示，并汲取了顽强生活与不懈奋斗的力量。

  史铁生（1951—2010），生于北京，1967年毕业于清华大学附属中学，1969年至延安插队落户。1972年，他因双腿瘫痪回到北京，在街道工厂工作，后因急性肾损伤回家疗养。他的生活充满了挑战，但他并未屈服。1979年后，他的文学作品如《我遥远的清平湾》《命若琴弦》《我与地坛》《务虚笔记》等相继发表，并荣获全国优秀短篇小说奖、鲁迅文学奖、华语文学传媒大奖等多项全国文学大奖。即使1998年病情恶化，转为尿毒症，需要透析治疗，他依然笔耕不辍，出版了随笔集《病隙碎笔》、散文集《记忆与印象》、长篇小说《我的丁一之旅》等作品。

  史铁生充满神奇魅力的文字，具有穿透时光与心灵的力量，对命运有着诗意的把握，引领我们重新思考活着的意义。《我与地坛》（湖南文艺出版社博集天卷插画珍藏版）一书，收录了《我与地坛》《记忆与印象》《秋天的怀念》《合欢树》《黄土地情歌》等史铁生最为经典的散文，配以吴冠中先生的画作，图文并茂，将读者瞬间带回到老北京那段特有的时光中去了。史铁生以自己的亲身经历为基础，叙述了他多年来在地坛公园的沉思与流连，以及对人生百态和命运的感悟。正如罗曼·罗兰所言:"世界上只有一种真正的英雄主义,那就是认清生活真相之后,依旧热爱生活。"史铁生就是这样的英雄,在面对生活中数不清的苦和难时,依旧积极乐观、无所畏惧。

一、东西方文学中的生与死

生与死的永恒主题在东西方的文学作品中有着不同的表达和态度。"世界以痛吻我,我要报之以歌",这句话展现出的人类面对苦难时的坚韧与乐观,与我国作家史铁生的经历十分贴切。史铁生的一生命途多舛,用他自己的话说,他的职业是生病,业余时间来写作。不必描述这种痛楚,阅读他的文章便可以看到他的无奈。但他在文章中没有喋喋不休的抱怨,没有灰心丧气的言语,他展现的精神如同泰戈尔的诗句,让我们懂得要对世界报以宽容之心。一个纯粹的作家,摇着轮椅,于地坛公园中倾诉与感悟。史铁生先生的真实人生是如此沉重,可是他笔下的文字,却毫不悲情。

在西方,英国作家莎士比亚也曾经借他笔下的丹麦王子哈姆雷特之口,反复询问上帝。哈姆雷特,一个出身高贵的丹麦王子,自幼受人尊敬且接受了良好的教育,无忧无虑的生活使他成为一个单纯善良的理想主义者和完美主义者。他生活在一个理想化的世界中,相信并追求生活的真善美。但是,一系列悲剧性的事件,包括父亲的死亡和母亲的冉婚,以及父亲托梦告知的真相,很快打破了他的理想,让他看到了现实的黑暗和丑陋。在理想与现实之间,哈姆雷特陷入深深的矛盾中,他开始对亲情和爱情产生疑问,变得彷徨和绝望,最终走向了悲剧的结局。这是西方文学中面对命运捉弄的一种暗黑态度。

而在东方,我们所了解的史铁生的生活经历是这样的。在1969年前,《我与地坛》中的史铁生还是一个在北京胡同里无忧无虑玩耍的少年,生活在母亲和奶奶的关爱之下。在《记忆与印象》一文中,他的生命开端于北京的一个四合院里,简单而温馨。慢慢长大,学会走路,去探索高高的门槛外的世界。有老师,有朋友,有亲人,更有无限可能的美好未来。突然间,社会风起云涌的变化也影响到了他。1969年,他前往延安插队落户,在《黄土地情歌》和《归去来》这两篇文章中,都讲了那段经历中的人和事。曾经,史铁生也怀揣与他人一样的奋斗梦想,但在1972年,命运给了他最致命的一击,因双腿瘫痪,他被迫回到北京。生病之初的史铁生无法接受这样的命运安排,心情难以平静。在《我与地坛》的第二章节中,他详细地描述了这段心路历程。从他书中阐述出的经历,我们可以知道,有一种困难,是在我们最充满野心和狂妄的年龄降临的,我们不是被梦想抛弃,不是被他人嘲笑,而是在命运的征途上被捉弄,然后,被重重绊倒。最后,无论我们能不能接受,那已成的事实,就真真切切地摆在眼前。史铁生痛苦,而陪伴他的母亲则更加痛苦。这份来自母亲的深沉关爱,是史铁生在母亲离世后的漫长岁月中逐渐体会出来的。

生存还是毁灭,这是每一个自我意识觉醒的人在面临不可更改的命运时,内心深处反复自问的主题。它是思考人生的永恒主题。命运是每一个作家最好的题材。史铁生的命运比莎士比亚笔下的虚构人物哈姆雷特还要悲惨得多,他连一个健康的体魄都没有,也没有足够的物质生活基础,他的生活不必"为赋新词强说愁"。然而,我们在他的字里行间没有看到偏激和悲愤,只有坦荡与勇气。这勇气是他在人生的低谷中,在无数个沉浸于地坛的日子里,通过与内心深处的多次对话获得的。他做到了哀而不伤,面对命运的重重打击,依然保持内心的平和与坚韧。

二、地坛——史铁生的心理医生

地坛,又称方泽坛,位于北京市东城区安定门外大街地坛公园内,与天坛遥相对应,始建于明嘉靖九年(1530年),是明清两朝帝王祭祀"皇地祇"神的场所,是旧时北京城"五坛八庙"之一。地坛占地面积42.7万平方米,建有两重坛墙,将坛域分为内坛和外坛两部分。内坛墙四面开门,北门三间,东、西、南各一间。外坛墙仅西面开门。布局以北向为上,三组主要建筑集中在内坛,即中轴线上的方泽坛建筑群、皇祇室建筑群和方泽坛西北部的斋宫。此外,地坛内还有神库、宰牲亭、钟楼、神马殿等附属建筑。地坛在规模上仅次于天坛,是北京的第二大坛。其建筑设计充分体现了中国古代对大地的认识和象征,以"方""阴""黄"等元素来表达大地的属性和特征。与天坛的圆形设计和阳数象征形成鲜明对比,地坛的方形设计和阴数象征突出了古代中国人对大地的敬畏和认知,体现了天圆地方的传统宇宙观。

为什么说地坛是史铁生的心理医生,那是因为在最初得病的几年里,他还没有发现写作可以为自己探寻一条生路,而地坛的广阔宁静,包容了想要逃避喧闹世界的史铁生,让他得以从白天到夜晚不受打扰地与自己的内心对话。他可以一连几小时专心思考生存还是毁灭的问题,并逐渐接受自己的命运。从地坛四季更替的自然景观、穿梭其间的行人以及生活其中的动物身上,他获得了启迪,洞察了自己对生活的渴望、对生命的向往。"为了让那个躲在园子深处坐轮椅的人,有朝一日在别人眼里也稍微有点色彩,在众人眼里有个位置,哪怕那时再去死,也就多少说得过去了。"这是史铁生对于为什么要写作的回答。

当史铁生遇到无法过去的坎儿,即肉体疾病、困坐于轮椅、不良于行,以及对于未来生活困难的恐惧时,如果他困守于北京的小院,没有逃避到地坛这样一个广阔、荒僻,带有神秘祭祀色彩的地方,没有地坛给他的暗示与抚慰,那么他也是有像哈姆雷特一样钻牛角尖的可能性的。地坛的祭祀属性在无形之中默默抚慰了史铁生的心灵,让他从最初对疾病的不可接受和无法排遣的痛苦中恢复理智,接受命运的安排,去找寻人生的出路。虽然这个过程漫长而痛苦,但当史铁生内心以地坛为精神支柱时,地坛的精神已融入他的骨血。正如他在《想念地坛》的最后所写,当地坛的现实模样在今天已经面目全非,"那就不必再去地坛寻找安静,莫如在安静中寻找地坛。恰如庄生梦蝶,当年我在地坛里挥霍光阴,曾屡屡地有过怀疑:我在地坛吗?还是地坛在我?现在我看虚空中也有一条界线,靠想念去迈过它,只要一迈过它便有清纯之气扑面而来。我已不在地坛,地坛在我"。

三、地坛中的母子深情

史铁生经常在他的散文中提到母亲,因为他的母亲是一个既疼爱孩子、又懂得理解孩子,具有传统中国母亲特有的自我牺牲精神的女性。他的母亲是一个会计,在史铁生因双腿瘫痪回到北京后,尽管她一直努力申请调回北京,但命运总是捉弄着她。一次又一次的请求调回都被冷漠地拒之门外。她只好一再请假,用身体的力量去照顾儿子,去守护这个家。然而,这些请假最终导致了她的工资被停发,生活的负担变得更加沉重。而这一切,都是当时被命运击昏了头,一心以为自己是最不幸的史铁生不知道的。尽管如此,母亲对他的关心从不曾有丝毫减弱。即使医生告诉她史铁生的病症无法治愈,她仍然不愿轻言放弃。她四处求医问药,试图寻找任何可能的希望,不管是饮食治疗还是外用药物,都成了她眼中的珍宝。尽管儿子时常因绝望而发怒,认为这些举措都是徒劳,母亲却总是小声但坚定地说:"再试一回,不试你怎么知道有用没用?"

当史铁生长时间躲在地坛荒僻的园子里自怨自艾,母亲也在家中心神不宁,无法安心。她会来到地坛,一次又一次地寻找他,她的脸上充满了痛苦和惊恐,就像大海上的一名海员,寻找着一艘迷失的船只。史铁生看见了母亲,却依然保持沉默,不敢呼唤母亲。他不知道她已经找了多久,也不知道她还要寻找多久。他的倔强和羞涩使他无法表达出内心的歉意。多年后,当他回忆起这段经历时,悔恨之情涌上心头。"如果我能再回到那个时光,我一定会告诫所有年轻的男孩们,不要跟母亲来这一套顽固和羞怯。我终于明白,但已经来不及了。"

这样一个母亲,注定是活得最苦的母亲,在史铁生小说发表获奖之前,她已经无法坚持下去,四十九岁便匆匆离世。这让史铁生长时间无法释怀。母亲为他付出了担忧,却没有分享他的荣耀与一点点欢乐。最终,正如《合欢树》中所写,史铁生在地坛中想通了母亲的离去:她太苦了,是要受不住的。地坛不仅容纳了史铁生的轮椅轨迹,也留下了母亲寻找他时的焦灼脚印。母子之间深沉的情感,都融入了这默默无言、四季更替的地坛之中。这里见证了他们的痛苦、他们的坚持,以及他们之间无法言喻的爱。

四、在苦难中品尝生活的甜

阅读的意义在于,可以用作者阐述的多彩世界和乐观精神,照亮我们内心深处日渐暗淡的地方。每个人都处于时代的洪流之中,身不由己,随波逐流。在当今社会的快速节奏和激烈竞争中,即使是那些投入了青春年华、用知识充分武装自己的硕士生和博士生,也难免会遇到瓶颈和挑战。他们把大量的时间用于学业,可能会缺乏人生的历练和生活的磨砺,就像前文所言的丹麦王子哈姆雷特。当他们的命运出现重大的挫折时,他们难免会彷徨和绝望。我衷心希望他们能够静下心来,读一读史铁生的《我与地坛》。让这位作家用他的人生经历和智慧,慰藉因命运突变而遭受创伤的心灵。

特别是史铁生用一篇幽默诙谐的《好运设计》告诉了我们,应该以怎样的态度对待命运给予我们的伤痛。好运设计实际是好命设计,是对来世的妄想。史铁生将自己拔高到命运大手的高度,自说自话地安排起一个在世人眼中看来是走运的人生应该是什么样的。首先,先天要聪明、漂亮、健康。降生地也很重要，不能贫困，因为贫困会束缚一个先天聪明、漂亮、健康人的后天发展，磨钝梦想，一生碌碌无为，但也不能在一个豪门贵第，因为太一帆风顺的环境会造就蠢材。史铁生说要在两者之间，在一个普通的知识分子家庭，有着一些普通的小挫折，过着万事如意的生活，在什么年纪有什么样的发展。但这样的人生就是好运吗？史铁生设计着就突然有了疑虑，有了困惑，有了阴影。太顺利的人生没有痛苦的比较，哪里来强烈的幸福感？"没有痛苦和磨难你就不能强烈感受到幸福。"史铁生写到这里，发现他作为命运之手的好运设计只是产生舒适与平庸，不能产生好运与幸福。那可以调整吗？那就要添加必要的痛苦和磨难。没有痛苦的反衬就不会有强烈的幸福感？读到这里，对大多数平凡的读者而言，要记得一句老话"身在福中要知福"。我们不想体会像史铁生那样磨难后所收获的幸福感，也不要因为个人成长的顺利而觉得生活平淡无趣。在史铁生眼中，我们这些看似平淡无奇的生活，实际上已经是命运的一种优待，是一种精心设计的幸运。

"就命运而言，休论公道"，对于早已成为现实的不幸，除了坦然地去面对，还有什么更好的方法吗？一切都是最好的安排。史铁生的苦难成就了他作为作家的后半生，一切苦尽甜来。每个人的命运就像生命方程随机设立的一串字符，不管怎么好运设计，都会有各种挑战和磨难。然而，生命的意义到底是什么？史铁生说："生命的意义就在于你能创造这过程的美好与精彩，生命的价值就在于你能够镇静而又激动地欣赏这过程的美好与精彩。"我们不应怨天尤人，而应像史铁生那样，勇敢地面对痛苦，走出困境。

《我与地坛》是史铁生先生以生命的苦难为基石，展现出的一个被命运击倒但仍能重新站起的人与一座古老园林之间的故事。史铁生的一生，如同他的文字一样，是一幅充满智慧和坚韧的画卷。虽然他的身体被小小的轮椅束缚，但他的思想却在辽阔的宇宙中自由飞翔，俯瞰着尘世的点滴。他用自己的坚强与毅力，向世人证明了生命是无法被囚禁的。即便生活充满挫折和痛苦，他也从中找到了支撑生命的那根坚韧之弦。在《我与地坛》的字里行间，看不到他对命运的抱怨，有的只是他的坚韧与智慧，以及对生活的满足。他的文字展现的是一种与众不同的智慧和快乐。他所经历的一切，换做任何普通人都难以忍受，可他却坚持到了最后。

生活在当代的我们,生活富足,不愁吃穿,与他相比,已是非常幸运。然而很多人却不知足,费尽心机去追逐金钱、名利和地位,让自己活得苦不堪言。殊不知"知足常乐",知足的人才会常快乐,才会活得轻松自在。如果你觉得生活太苦,不妨读一读这本书。你会发现,有些人,光是活着,就已经花光了所有力气。而你自己的那点苦,又算得了什么呢?正如俄国著名文学家普希金的诗句:

> 一切都是瞬息,
> 一切都将会过去;
> 而那过去了的,
> 就会成为亲切的怀恋。

参考文献

史铁生.我与地坛:插图珍藏版[M].长沙:湖南文艺出版社,2016.

导读人简介

黄霞丽,东南大学图书馆技术支持部馆员。

致敬两弹元勋邓稼先

导读人：刘珊珊

1964年10月16日，中国成功爆炸了第一颗原子弹。1967年6月17日，中国成功爆炸了第一颗氢弹。这些日子是中华民族完全摆脱任人宰割时代的新生日子，让世界重新认识了一个全新的站起来的中国！这是许许多多可歌可泣的英雄人物创造出来的结果，其中有一位做出了巨大贡献的科学家，他就是邓稼先！

《邓稼先传》是共和国科学拓荒者传记系列中的一部珍贵作品，出自邓稼先的妻子许鹿希及其儿女之手。在邓稼先逝世后，许鹿希开始用她的余生去追寻丈夫隐姓埋名、攻坚克难的28年足迹，她走遍全中国，采访了一百多位丈夫的同路人，在28年后出版了本书。书中字里行间充满了对亲人深深的怀念与追忆，充满了对生活朴实的热爱与温情。

一、盖世英雄要问出处

邓稼先，生于安徽怀宁，出生8个月便随家人至北京生活。父亲邓以蛰为清华大学、北京大学哲学系教授，学贯中西的父亲不仅要邓稼先熟读中国的四书五经，而且也要他读国外的文学名著。在这样一个思想开明的家庭环境内，邓稼先幼时虽淘气顽皮，却天性纯良，守礼有矩。邓稼先在崇德中学时，杨振宁高他两个班，自此他与杨振宁成为终身挚友。

邓稼先13岁时，北京发生了震惊中外的"七七"事变，从此年轻的邓稼先一方面仇恨日寇，热爱中华，关心社会，另一方面认真读书，刻苦用功，心怀抱负。后迫于形势，16岁的邓稼先跟随大姐邓仲先转移至昆明。临行前父亲嘱托："稼儿，以后你一定要学科学，不要像我这样，不要学文。学科学对国家有用。"

他一下子就印在脑子里了,深沉地对弟弟说:"毛弟,现在我只有仇恨,没有眼泪。"到了昆明后,他插班高三,于国立九中高中毕业。中学毕业后,邓稼先到重庆考大学,他走在临江的路上,正遇日军轰炸,正是这番经历让他亲身体会到国家的脆弱和强敌的威胁。

  后来,邓稼先考上西南联合大学物理系。当时的生活条件极为艰苦,住的是类似工棚的土墙茅草屋,40名学生共用一间宿舍,昆明雨季一到,在宿舍里都不得不打着伞;睡得是木板床,还经常有蛇虫鼠蚁上床为伴;吃的是平价米掺沙子饭,如果刮风又加一层"胡椒面"。这种环境对静心读书的莘莘学子来说就是一座考验意志的钢铁炉。经过考验的邓稼先,毕业后在昆明两个中学教授数学一年,后北京大学物理系聘任他为助教,这才返回了北京。

  在北京大学任教期间,邓稼先深感国内学术资源的不足,北京大学作为中国最高学府,涵盖的知识量和先进程度依然远远不够。为了学习到更先进的知识,他选择前往美国进修。当时的美国科技先进、人才济济,已经成功研制出世界上第一颗原子弹。邓稼先勤奋学习,一次就通过了美国研究生考试,赴美来到印第安纳州普渡大学(Purdue University)读物理学博士。我国过去就有"清华认麻省,交大认普渡"的说法,足见这所大学在中国学术界的地位之高。邓稼先在导师的指导下只用了1年零11个月,便修满了学分完成了博士论文。1950年,年轻的邓稼先毕业时仅26岁,因而被称为"娃娃博士"。邓稼先的导师有意带他去英国继续深入研究,但是他没有任何思想上的犹豫,婉言辞谢了教授的好意,坚定地选择归国。

  如果邓稼先当年选择留在美国,他不仅能享受到优渥的生活条件,还能在最先进、设施最完善的科研基地工作,也许他会获得和杨振宁一样的国际成就,甚至是诺贝尔奖。杨振宁曾说:"我在西南联大有不少杰出的同学,他们如果有机会从事物理理论研究,也有机会获得诺贝尔奖。"可是没有如果,他在拿到博士学位后的第9天就立刻准备行装登船归国,因为他始终坚信:"将来祖国建设需要人才,我学成一定归来。""千秋耻,终当雪;中兴业,须人杰。"回到祖国的邓稼先必当有一番作为。

二、隐姓埋名二十八载

  归国后,邓稼先被安排到中国科学院近代物理研究所工作,从1950年开始他大约在这里工作了8年。1953年,邓稼先与许鹿希女士结婚。许鹿希毕业于北京医学院,专工神经解剖学,也是当时不可多得的人才。1956年,邓稼先光荣地加入了中国共产党。1958年,在邓稼先34岁这一年,他的人生道路发生了一次重大转折,这不仅深深影响了他的事业和家庭生活,甚至关乎他的寿命。

抗美援朝初期,中央政府高瞻远瞩,毅然做出了发展核试验的战略决策。核工业创建之初,我国积极寻求苏联的援助,需要选出一个科学家和苏联专家打交道,学习苏联的技术和经验。这个总负责人必须专业对口,并有相当高的科研能力,但是名气又不能太大,便于和苏联专家相处;必须国外留过学,最好还懂俄文,会和洋人交往;必须政治觉悟高,组织观念强,但是处事灵活,会变通一点。最终,核物理学家钱三强教授推荐了邓稼先,并得到第二机械部(简称"二机院")和中科院主要领导的认同。钱三强教授将邓稼先喊至办公室,故意不直接点破地问道:"稼先同志,国家要放一个大炮仗,调你去做这项工作,怎样?"邓稼先立马明白这是原子弹,虽有迷茫疑惑,但他服从了组织的调动。

当晚,邓稼先与妻子进行了一次深夜谈话。

"我要调动工作了。"

"调到哪里呢?"

"这不知道。"

"干什么工作?"

"不知道,也不能说。"

"那么,到了新的工作地方,给我来一封信,告诉我回信的信箱,行吧?"

"大概这些也都不行吧。"

"真奇怪。"

一阵沉默。

"我今后恐怕照顾不了这个家了,这些全靠你了。"

又隔了一会。

"我的生命就献给未来的工作了。做好了这件事,我这一生就过得很有意义,就是为了它死了也值得。"

从此,邓稼先走上了踽踽独行的道路,这种秘密工作必须隐姓埋名,上不告父母,下不告妻儿,不能发表学术论文,不能公开做报告,不能出国,不能和人随意交往,不能说在什么地方,不能说在做什么。这对于性格开朗、爱交朋友的邓稼先来说，无疑是一种打击。

邓稼先到二机部九局（后改为"九院"，即中国工程物理研究院）报到，第一件事是盖房子，第二件事是与苏联科学家打交道。结果，苏联并未提供任何技术支持，反而耽误了宝贵的两年时间。没有外援，没有帮助，邓稼先成为中国原子弹理论设计的总负责人。作为负责人，首先要选择主攻方向，邓稼先夜以继日地努力工作，最终选定了中子物理、流体力学和高温高压下的物质性质这三个方面作为主攻方向。这一决策为我国原子弹理论设计工作作出了极为重大的贡献，具有里程碑意义。

最初，研究人员少之又少，邓稼先领着28个平均年龄不超过23岁的新毕业大学生。确定主攻方向后，国家又调来近百名大学生，但是他们学什么专业的都有。邓稼先得先给他们上物理课，读物理书，普及基本物理原理。邓稼先全面负责三个研究小组的工作，还要分身参加各组的讨论，给予指导。工作上一方面要推公式，搞粗估，求近似值，另一方面要利用手摇计算机、计算尺等简陋的工具，进行精确的计算。

粗估要有很高的学术水平，要求物理概念也极为清晰，这种科研方法并不拘泥于具体数字，而是把各种条件综合起来，从理论上估量出一个数量的幅度，一切工作都必须准确地控制在这个幅度之间。这种科研方法到底有多厉害？妻子曾问他：你没在计算机上演算，怎么能否定别人的计算结果呢？邓稼先自豪地告诉妻子："我在这张纸上粗估了一个范围，他们用计算机算出来的结果就不能超出这个范围。"

精确计算是枯燥乏味的，要求又极为严格，关键参数必须准确无误，否则差之毫厘失之千里。他们计算的是常人难以想象的大量数据，算完的纸带子和计算机的穿孔带一扎扎一捆捆地放入麻包中，从地板堆到天花板，堆满一间间屋子。著名数学家华罗庚曾把他们所计算的问题称为"集世界数学难题之大成"。

就是这样苦干了3年，他们终于叩开了原子弹理论设计的大门，拿出了原子弹的理论设计方案。仅从勾画出的轮廓和搭建好的框架便可以看出，第一颗原子弹完全是中国人自己摸索出来的结果，它和其他国家的第一颗原子弹都不一样。1971年，杨振宁第一次访问中国，在北京他见到了阔别22年的邓稼先。杨振宁问邓稼先：当初是否有一位美国人参加了中国原子弹研制工作？邓稼先请示了周总理后，托人带了一封信给杨振宁，在信中写道："无论是原子弹，还是氢弹,都是中国人自己研制的。"多年后,邓稼先主持编写的《我国第一颗原子弹理论研究总结》成为一部重要的绝密文献,至今未能公开。

三、卓越功绩举世瞩目

1964年9月,美国与苏联等国外的侦察卫星严密监视着新疆罗布泊,这里静静矗立着一座120米高铁塔,正是我国原子弹发射基地。但是,赫鲁晓夫认为,中国单靠自己是研制不出来原子弹的,这一低估使得中国抓住机会顺利在10月完成了第一颗原子弹的爆炸。这一巨响、这一朵蘑菇云引起了世界的强烈反响,中华民族的精神为之振奋,港澳同胞及海外侨胞都感到扬眉吐气。美国人捕捉到原子弹爆炸后的云层,经过测试和分析之后,终于信服中国的第一颗原子弹比美国投在日本广岛的原子弹设计得更完善,威力更巨大。

1964—1965年间,毛主席谈到核武器发展的问题时,明确指出:"原子弹要有,氢弹也要快。"于是,邓稼先领导理论部的科学家们又继续夜以继日地工作。氢弹不是常人所想象的在制造原子弹的基础上提高一步就行了。原子弹是核裂变,氢弹是核聚变,二者从原理上根本不同。打个通俗的比方,点燃香烟要用火柴,点燃氢弹要用原子弹,所以只有造出原子弹,才能制造出氢弹。在这项伟大的事业中,邓稼先与他的老伙伴、老搭档于敏共同提出了著名的"邓-于理论方案",这一方案最终取得了圆满成功。

邓稼先和他的战友们创造了令世界匪夷所思的"中国速度",从第一颗原子弹爆炸到氢弹试验获得成功,中国只用了2年零8个月,而法国用了8年零6个月,美国用了7年零4个月,英国用了4年零7个月,苏联用了4年,中国创造了世界上最快的速度。之后,邓稼先醉心于新一代核武器的研究。1984年,第二代核武器中子弹核试验成功,成为他一生事业上的第三座里程碑。

原子弹—氢弹—中子弹都是经过核科学家们无数次冷试验、局部试验以及缩小比例的试验而成的,而邓稼先作为负责人都是一马当先、身先士卒,经常接触放射性物质,身体深受核辐射的伤害。在1979年的一次核试验中,意外发生了,由飞机空投的核弹,因降落伞未能打开而从高空直接坠落。一百多名防化兵始终没有发现核弹碎片,邓稼先亲自前往戈壁滩,多番找寻,终于亲手找到了碎弹。然而,这次事故使邓稼先本人受到放射性钚的严重损害,最终不幸患上了直肠癌。

在经受癌症晚期的痛苦中,邓稼先不顾重病,向中央提出一份建议书。他认为,核大国设计技术的水平已经接近理论极限,美国等国已经完全可以依靠实验室来模拟、取代实际的爆破试验。也就是说不用到空中、地下去搞核爆炸了,依靠计算机就能得到通过实际爆炸试验所需要的一切。核大国到了这个水平,他们就会采用禁止他国进行核试验等手段来维持其核强国的优势地位。因此,我国必须加快赶超。这可不是一般的建议书,实际上是一份具体的实施计划,一份在此后若干年我国追赶核大国的可行路线图。

党中央按照这份建议积极进行核试验,终于赶在1996年9月10日联合国大会通过《全面禁止核试验条约》前,完成了各项核武器试验的研究工作。不夸张地说,邓稼先等人提出的这份建议书,其战略价值是不可估量的。纵观人类历史长河,能够以其智慧指引后人的先贤被誉为伟大的思想家和科学家,他们所发明的理论、所创立的学说,通常能长久地指导后继者解决科学难题、推进科学发展。名垂青史的英雄、科学名世的伟人,邓稼先当之无愧。

此为真国士,世上乃无双。为了中国的强盛,为了中国国防科研事业的发展,邓稼先甘当无名英雄,默默无闻地奋斗数十年。他的生平挚友杨振宁曾问他,研究两弹的奖金是多少。邓稼先淡然地回答:"原子弹十元,氢弹十元。"杨振宁大吃一惊,根本不敢相信,他始终高度评价:"邓稼先是中国几千年传统文化所孕育出来的有最高奉献精神的儿子。"所以我推荐给大家这一本《邓稼先传》,在今日这个高速发展的时代,我认为有必要也必须将他的事迹广为传播,传承并赓续伟大科学家精神,引领更多青少年投身科技事业,使当代年轻人勇挑重担堪当大任。

参考文献

许鹿希,邓志典,邓志平,等.邓稼先传[M].北京:中国青年出版社,2015.

导读人简介

刘珊珊,东南大学图书馆馆员。"读书之乐乐无穷,春夏秋冬乐其中。"在图书馆工作如同在天堂一般,因为对喜欢阅读的人来说,看书就是一种享受。

春蚕到死丝方尽

——"两弹一星"元勋钱学森

导读人:艾雨青

在江苏淮安的古淮河北岸,有一栋庄重典雅、朴素沉静的小楼,那是美国华裔女作家张纯如纪念馆。张纯如,祖籍江苏淮安,1968 年 3 月 28 日出生于新泽西州普林斯顿,1989 年获得伊利诺伊大学厄尔巴那校区新闻学学士学位,后获得约翰斯·霍普金斯大学写作硕士学位,曾担任美联社、《纽约时报》《芝加哥论坛报》记者。2004 年 11 月 9 日,她以手枪自杀身亡,将生命永远定格在了 36 岁。在她并不漫长的一生中,共有三本著作问世,分别是 1995 年的《蚕丝:钱学森传》、1997 年的《南京大屠杀:第二次世界大战中被遗忘的大浩劫》和 2003 年的《美国华裔史录》。仅有的三部作品,全都是她身为华人的自豪、认同以及对故土的眷恋。

翻阅《蚕丝:钱学森传》,这本介绍科学家钱学森的人物传记,正题名"蚕丝"首先映入眼帘。深究其含义,不得不钦佩作者取名的巧妙。首先,蚕丝是浙江杭州的名产之一。书中有这样一句话:"杭州自古便是商埠。蚕丝、棉花和龙井茶源源不绝地从这里的工厂向外流出。"借蚕丝为题,隐晦地表明了钱学森的祖籍——美丽富饶的杭州,让人联想到其童年的成长环境。然而,为何不选用棉花、龙井等特产为题呢?这大概是出于其中的第二层含义,即钱学森主持研制的"春蚕"反舰导弹。以蚕丝为题,将钱学森的故乡和他取得的瞩目成就巧妙结合在一起。再者,李商隐《无题》中的名句"春蚕到死丝方尽,蜡炬成灰泪始干",赋予了这个题目更深一层的内涵,即以春蚕比喻钱学森,赞扬了他一生勤奋刻苦、埋头苦干、无私奉献的科学家精神。最后,跳出钱学森个人的生平经历,蚕丝这个题名或许还有一层含义,即作者为撰写此传记,搜集了大量档案资料,并开展了诸多采访,较好地把握了钱学森的生平经历,故而对其过往历程进行了抽丝剥茧的叙述。这简单而深刻的四重含义,赋予了这本人物传记更深的韵味。

一、选择:时代造就的人生际遇

在交代钱学森个人成长经历的过程中,作者条分缕析地梳理了当时的社会背景,比如辛亥革命后的政权更迭,在西学影响下的中国教育改革,北伐战争、抗日战争、学生运动等政治革命,以及社会阶级的划分和贫富差距的悬殊。这些看似无关的政治、经济和社会状况,无不对钱学森的人生走向产生过重要影响。在对时代背景的点滴描述中,逐渐引出钱学森的人生选择。

自古道"上有天堂,下有苏杭"。20世纪初的杭州西子湖畔,湖光山色、粉墙黛瓦,一片富饶景象。然而在这宁静祥和的表面下,却隐藏着即将爆发的冲突和战乱。1911年10月10日,以孙中山先生为代表的革命党人发动了辛亥革命,推翻了清朝政府,结束了在中国延续几千年的君主专制制度。1911年12月11日,也就是辛亥革命爆发后的那个冬季,钱学森出生在杭州城一个世代簪缨的书香门第。钱家富足的物质条件为钱学森创造了相对宽松安全的成长环境,但动荡不安的社会环境,让他注定要去面对属于那个时代的风雨波澜。辛亥革命的胜利果实很快被袁世凯窃取,孙中山流亡海外。成为中华民国总统的袁世凯,虽然在政治上大玩权术,却大力推动中国教育改革,要求所有男性国民都接受免费基础教育。这场教育领域的改革,使钱学森的父亲钱家治得到了国民政府教育部的任命,与此同时,钱学森也到了受教育的年龄。1914年,钱家治举家搬迁至北京。当年幼的钱学森随家人踏入北京城的一刻,他或许不会意识到,自己的成长道路已随中国教育改革的进程发生了改变。

北京是一座属于读书人的城市。在几个世纪的时间里,络绎不绝的科考学子直接或间接地丰富了这座城市的文化生活。正是在这种尊崇学问的环境中,钱学森开始了他寒窗苦读的求学生涯。不过,钱学森的求学道路似乎比常人顺利得多,凭借自身的聪颖睿智和后天的勤奋努力,他逐一通过了小学、初中和高中的入学考试,并一直以成绩优异著称。在北京生活的15年间,钱学森得以汲取这里积淀千年的文化,同时也目睹了古老中国现代化的转型变化。假如北京的社会环境一直这样稳定下去,钱学森或许会在这座千年古都继续生活下去,或许会在兴趣的感召下成为一名艺术家,这将是截然不同的命运。然而,军阀割据的战乱状态让北京陷入衰败之中,破败不堪的街市和因贫困沦为苦力的学生、教授、官员,给钱学森留下了不可磨灭的印象。1928年,当蒋介石率军取得北伐战争的胜利并迁都南京时,进入高三年级的钱学森也开始思考上大学的问题。走到人生十字路口的钱学森,这次选择告别北京,进入上海国立交通大学攻读铁路工程。

进入上海国立交通大学后,钱学森主要修习的是包括物理、化学、数学在内的基础科目,以及机械设计、机械和电子工程等课程,并在大学最后一年完成铁路设计方面的课程和实践。对于钱学森这样善于思考的好学者而言,即使是在这所以工学闻名的顶尖学府,他依然可以从容应对学业并拔得头筹。当钱学森于1934年从上海国立交通大学毕业时,他本可以万无一失地在国民政府交通部谋得一职,并成为一名优秀的铁路工程师。然而,他的人生道路似乎注定要与中华民族的兴衰命运捆绑在一起。1932年,猖狂的日本侵略者发动"一·二八"事变,向上海闸北发起猛烈轰炸。日军呼啸而来的飞机和中国空军不堪一击的局面,让钱学森思绪万千,他仰望天空,在内心立下航空强国的志向。为了习得最先进的航空学专业知识,钱学森参加了庚子赔款奖学金选拔考试并顺利入选。1935年8月,当完成对中国航空工业基础设施的考察后,钱学森与同期庚款留学生一起启程前往美国。对于钱学森而言,这次由铁路转向航空的选择,或许只是专业方向的一次调整。然而,这段人生轨迹转变的重大意义,却将在未来中国航天事业的发展中得以印证。

二、卓越:天资聪颖的优等生

钱学森的父亲钱家治,生于杭州一户丝绸商人之家;母亲章兰娟,也是门当户对的大家闺秀。富裕的家庭条件并没有让他们沾染不良习气,反而提供了得天独厚的学习条件,并让他们受到中西两种文化思想的熏陶。他们深谙教育之道,并希望唯一的儿子能够成为一名学者,为社会作出长远贡献。他们为其取名"学森",是"好学而睿智"的寓意,投射出他们对独子未来能够出类拔萃、成就一番事业的殷殷期待。纵观钱学森的一生,他没有辜负这份期待,更将这份来自父母的祝福化作了他步履不停的前进动力。

尚年幼时，钱学森便展现出了一种异于常人的天赋。从参加小学入学考试开始，他好像就自带光芒，总能克服重重困难、直面激烈竞争，过关斩将，拥有从普通人群中脱颖而出的能力。在北京第二实验小学就读期间，钱学森一直是班级的模范生，课业上永远超出同学一筹。当老师发现他的过人天资后，甚至特意为他安排了跳级。在课业取得优异成绩的同时，钱学森也多方位地探索自身的兴趣爱好，音乐、绘画、自然、数学……这样德智体美劳全面发展，也难怪老师会为他写下"学业上、身体上和精神上都出类拔萃"的评语。因此，当钱学森的同学在为高年级入学资格相互竞争时，他早已被老师列为保送生之一，免试进入高年级，并于两年后的1923年考入国立北京师范大学附属中学。中学时代的钱学森，依旧是老师眼中的完美学生，他埋头苦读、勤学不辍，因专注和刻苦的品质成为同学们的榜样。在学业上，他遥遥领先，而在生活中，他也总能保持按部就班、井然有序的良好习惯。

毫无疑问，凭借这样严以律己的生活和学习态度，钱学森自然会以第三名的优异成绩被全国顶尖的工学院——上海国立交通大学录取，并在以第一名的成绩毕业后，顺利通过庚子赔款奖学金选拔考试。难能可贵的是，不论是在上海国立交通大学完成本科学业期间，还是在麻省理工学院攻读硕士学位期间，钱学森保持着他一以贯之的优秀与卓越。他博闻强识、聪颖好学，总能精准地回答老师提出的复杂问题，面对试卷上刁钻的考题和严格的阅卷要求，他的答卷也往往成为老师予以表扬和展示的样板。而当他在加州理工学院攻读博士学位期间，他更是与导师冯·卡门完美配合，充分发挥自身在应用数学方面的天赋特长，成为导师的左膀右臂，为航空学的发展进步贡献了诸多成果。

钱学森取得的瞩目成就，与他的家庭环境和教育背景固然有关，也不乏天赋和悟性加持，但很大程度上是他后天勤奋付出的结果。比如在加州理工学院读博的第一学年，他便收集了可能找到的所有与航空学有关的研究资料，系统性地加以阅读，平均每天阅读文献的时间超出10小时。同时，他并不妄想依靠天赋解决问题，而是借助纸、笔和计算尺，通宵达旦地演算出一个又一个正确答案。能够如此不知疲倦地钻研学术，可以说是钱学森的性格使然。这位优等生的性格好像跟他名列前茅的成绩一样，有着与众不同之处。他很少说话、独来独往，羞涩、内向、安静、沉默……是身边人对他的普遍描述。似乎只有在独处时,钱学森才能沉浸在自己科学的世界里,真正享受独立思考的快乐。另外,钱学森对待学习、工作和生活的严谨态度,也是助力他取得科学成就的重要支撑。在小学与同班同学折纸飞机比赛时,他总是折得非常精细小心,让机身严格对称,从而保证纸飞机可以平稳地飞行很远。仅从这个小游戏中就可看出,年纪尚小的钱学森已经习惯于周密思考,并能够运用科学的方式达成目的。求学期间,他的考卷总是书写端正、整洁干净,清晰工整的字迹让阅卷老师都赏心悦目。现在珍藏于上海交通大学的一张"96分试卷",见证了这位大科学家在学生时代对自己的严格要求,以及对待学问的一丝不苟。

三、报国:一波三折的归国路

当钱学森搭乘"杰克逊总统号"邮轮抵达大洋彼岸的那一刻,他的肩上便多了一份对祖国的责任和义务,这也是当时中国政府对庚款留学生的一致期待——迅速掌握美国的科学技术,学成归国后用以建设中国的国防工业。在目睹多灾多难的民族命运之后,钱学森必定暗自许下过学成后报效国家的誓言,不论是居于高位还是深陷低谷,这份承诺未曾改变。然而,对于钱学森这样一位在美国学界享有盛誉的科学家而言,他的归国之路注定一波三折。

初到美国,钱学森本是听从国内导师王士倬教授的建议,进入麻省理工学院攻读硕士学位。然而,他与这所全美顶级的飞行技术学院却好像格格不入,难以适应的研究方法、毫无进展的研究论文、艰难渺茫的就业形势,让本就内向孤僻的钱学森坚定了离开的选择。幸运的是,位于西海岸的加州理工学院足以与之媲美。在加州理工学院就读期间,钱学森与导师冯·卡门密切合作,并结识了一批有志于太空科学的青年才俊,他在空气动力学和火箭学方面的造诣不断提升。1939年博士毕业后,钱学森步入职场,在教学和科研领域取得了丰硕成果。他从加州理工学院航空系的助教一路升至副教授;回到麻省理工学院,他又很快晋升为正教授,成为麻省理工学院历史上最年轻的终身教授之一;再度返回加州理工学院,则是受到出任喷气推进研究中心主任的聘书。在这期间,他还有幸随冯·卡门前往华盛顿,担任过美国陆军航空部科学顾问小组成员。凭借在高速空气动力学和喷气推进领域的突出贡献,钱学森逐渐树立起在航空学界的领军专家地位。同时,他的聪明才智很快受到美国政府和军方的倚重,这让他顺利拿到军事项目的保密许可证,并得以接触高级别的国防机密内容。

然而,这一切看似辉煌的成就,却在 1950 年夏天戛然而止。美国政府以"疑似美国共产党"的理由,吊销了钱学森的保密许可证。面对美国政府的不信任,钱学森很快发表辞职声明,并决定返回中国。可是,在钱学森打包装箱的行李中,搬家公司的工人却发现了带有"机密""绝密"字样的文件,这让整件事情的性质发生了巨大转变。形势急转直下,美国政府以"企图盗窃机密文件"为由,将钱学森逮捕后关押进特米诺岛的监狱。虽然在交纳高达 15000 美元的保释费后,钱学森得到释放,但是接下来的情形却变得更加复杂。美国政府搬出了两项分别适用于钱学森的独立规定:一方面,美国移民局应当"驱逐一切可能颠覆美国政权的外国人";另一方面,美国国务院规定"不得放走那些技术背景可能为敌国所用,从而危害国防利益的外国人"。面对这两项相互矛盾的政策以及由此而来的一系列调查和听证会,钱学森所能做的只有等待。

长达 5 年的漫长等待,给钱学森的生活带来了极大困扰,他的行踪无刻不在联邦调查局的严密监视中。虽然他将自己的情绪隐藏得很好,但这样的遭遇确实让他比以往任何时候都更孤僻和疲惫。直到 1955 年 6 月,事情才出现一丝转机。钱学森及家人在极短的一段时间里摆脱了跟踪,迅速将返回祖国的愿望写在一张香烟盒的硬纸板上,随信寄往当时身在比利时的蒋英的姐姐手中,托其转交给钱家世交陈叔通。事实上,在钱学森辗转寄出这封信件的同时,美国国防部部长向艾森豪威尔总统提交了一份备忘录,内容便是关于解决想要归国的留美中国科学家的问题。而就在两个月后,当这封信件转交至中国大使王炳南手中时,他正与美国大使约翰逊就释放朝鲜战争中的战俘问题展开一系列高层会谈,钱学森的归国问题再一次被严肃提出。最终,美国政府做出了遣送钱学森归国的决定。1955 年 9 月 17 日,钱学森及家人登上"克利夫兰总统号"邮轮,历经一个月的航程,终于重返祖国的怀抱。

钱学森当选"感动中国 2007 年度人物"的颁奖词这样写道:"在他心里,国为重,家为轻,科学最重,名利最轻。5 年归国路,10 年两弹成。开创祖国航天,他是先行人,披荆斩棘,把智慧锻造成阶梯,留给后来的攀登者。他是知识的宝藏,是科学的旗帜,是中华民族知识分子的典范。"自 1958 年起,钱学森长期担任火箭导弹和航天器研制的技术领导职务,为中国火箭和导弹技术的发展提出了极为重要的实施方案。在他有生之年,将中国从一个"黄包车之国"变成了拥有火箭的军事强国,为中国航天事业作出了不可磨灭的巨大贡献。今天,当我们仰望星空,看到中国空间站遨游苍穹、神舟飞船逐梦寰宇,"北斗"指路、"嫦娥"奔月、"祝融"探火、"羲和"逐日,我们不该忘记,这位把中国领入太空时代的引路人,更应当铭记他身上严谨勤奋、坚定自信、淡泊名利、忠心报国的宝贵精神。

参考文献

[1] 张纯如.蚕丝:钱学森传[M].鲁伊,译.北京:中信出版社,2011.

[2] 郭梅,张宇.平凡造就的伟大:钱学森传[M].南京:江苏人民出版社,2010.

[3] 陆敏洁.两个身份 一个信仰:钱学森的选择与成长[M].上海:上海交通大学出版社,2022.

导读人简介

艾雨青,图书情报硕士,东南大学图书馆馆员。"读书方恨知识浅,观海乃觉天地宽。"希望能通过阅读,增长学识见闻,借鉴历史经验,获得人生启迪。

追梦赤子心

导读人：洪程

有个男孩名叫圣地亚哥，为了追寻自己的梦想，踏上了一段充满冒险和奇遇的旅程。年少时的我们总是对故事充满好奇，对世界充满想象，你是否也有一个还未实现的梦想，是否经历过不知道未来方向的迷茫？如果存在平行世界，你还会选择现在的生活方式吗？《牧羊少年奇幻之旅》告诉我们"恰恰是实现梦想的可能性，才使生活变得有趣"。作者以简洁而富有诗意的语言，描绘了一个充满神秘色彩的世界。本书取材于《一千零一夜》和作者的切身体验，故事结构紧凑，人物鲜明，语言简练而寓意深刻。我们不妨跟随书中的牧羊少年圣地亚哥，体验一场跨越西班牙至非洲的远行。

一、嬉皮士男孩也可以是大作家

1988年，巴西一家小出版社出版了一部九万余字的小说，面临着无人问津的尴尬，大家都以为这本书不会有再版的机会了。令人意想不到的是，仅仅过了两年，这本书就风靡世界，引发了现象级热潮。它被译成了八十多种语言，长期占领着许多国家畅销书排行榜的第一名，这本神奇的书叫《牧羊少年奇幻之旅》。在巴西，有三个词异常耀眼：足球、圣经和保罗·柯艾略。《牧羊少年奇幻之旅》的作者正是保罗·柯艾略（Paulo coelho），被称为"上帝身边的伟大作家"。

保罗·柯艾略于1947年出生于巴西里约热内卢的一个中产家庭。少年时期，因为性格叛逆，被父母送入过精神病院，青年时期，也曾因反对军政府而被监禁。他从小就有成为作家的梦想，但父母希望他学习法律，他在"乖乖听话"

学习了一年后,又放弃了,开始周游世界,过着嬉皮士的生活,并钟情于对神秘事物的研究。1970年,他开始为巴西流行歌手创作歌词,也涉足演员、记者和剧场导演等职业。1982年,他自费出版了个人第一部小说《地狱档案》,但没有引起任何关注。1985年,他又出版了《吸血鬼研究实践手册》,但后来收回了,因为他觉得这本书"质量低劣"。可见大作家并非生来天赋异禀,保罗·柯艾略也花费了大把光阴求索,甚至回避。

1986年,38岁的保罗·柯艾略参加了天主教组织,沿着中世纪的一条朝圣路线,从法国南部穿越比利牛斯山脉,抵达西班牙的圣地亚哥,徒步行走近六百公里。这次朝圣之旅使他心灵顿悟,也让他下定决心去实现自己的作家梦想。他以此为素材,写下了第一部成功的作品《朝圣》,讲述他在此次行程中的种种体验以及启示。该书具有纪实性和浓厚的宗教色彩,获得了很多读者的喜爱。而后有一天,他翻看《一千零一夜》,受到其中一个故事的启发,决定要写一个寓言故事,由此又诞生了《牧羊少年奇幻之旅》。这本小说描写了追梦的故事,也是作家本人的梦想与现实的一次完美融合。此后,保罗·柯艾略又陆续出版了多部作品,如《少女布莱达心灵之旅》《韦罗妮卡决定去死》《魔鬼与普里姆小姐》《我坐在彼德拉河畔,哭泣》《波多贝罗的女巫》等。

保罗·柯艾略的作品借鉴了基督教、犹太教、伊斯兰教、佛教和印度教等多种宗教和哲学思想,具有浓厚的神秘主义色彩。他鼓励人们追随自己的天命,实现自己的个人传奇。他认为,只要人们有着坚定的信念和不懈的努力,就能够与宇宙的力量相通,实现自己的目标。保罗·柯艾略还通过自己的基金会,帮助了巴西很多弱势群体,如孤儿、老人、囚犯等。他也积极参与了联合国、世界经济论坛等国际组织和活动。因为他的作品和贡献,他获得了很多国际大奖和荣誉,如法国的艺术与文学骑士勋章、安徒生文学奖等,并被任命为联合国和平大使。他的生命经历如同他的作品一样,鲜活地鼓舞着众人要勇敢追求内心的热爱,探寻生命的真正奥义。

二、小说运用的叙事手法与象征意义

《牧羊少年奇幻之旅》以葡萄牙语写成,原名为 *O Alquimista*,英语译本将书名译作 *The Alchemist: A Fable About Following Your Dream*,主标题直译过来就是"炼金术士:追寻梦想的寓言"。早期的中文译本曾用过直译名《炼金术士》。

为什么是炼金术士？这和作者本人的经历也有关系，保罗·柯艾略曾经花了11年的时间去研究炼金术，想通过这种方式快捷地获得成功。然而，尽管全力以赴，却一无所获。后来在一位师父的点化下，他终于明白，最高级的炼金术士，"他们从未听说过炼金术，却在生活中发现了'点金石'"，这大概类似我们道家的哲学思想"无形胜有形"吧。炼金术，其实是一种古老的化学哲学，试图通过各种方法将普通的金属转化为黄金，或者制造出能够治愈一切疾病和延长寿命的神奇药物。炼金术的起源可以追溯到古埃及、古巴比伦、古印度和古中国等文明，后来经过希腊、阿拉伯和欧洲的传承和发展，形成了不同的流派和理论。炼金术不仅涉及实验技术和物质变化，还包含了宗教、哲学等方面的思想。虽然炼金术被现代科学证明是不可能实现的，但它在人类文化和思想史上留下了深刻的痕迹，展示了人类对自然和生命的探索和渴望，也反映了人类的幻想和梦想。国外很多作家、诗人和艺术家，都曾经受到炼金术的启发和影响，创造了一些优秀的作品，如但丁的《神曲》、莎士比亚的《暴风雨》、歌德的《浮士德》、荣格的《心理学与炼金术》等。炼金术也在现代的小说、动漫、游戏等领域中广泛出现，代表一种流行的元素和符号。

小说的主人公圣地亚哥是一个有着强烈好奇心和探索欲的少年，他在一所神学院里待到16岁，父母希望他成为神甫，成为一个普通农家的骄傲，但他放弃了，转而选择了牧羊的职业，因为他想要云游四方，看看世界。他在做了两次关于埃及金字塔的梦后，决定去寻找梦中的宝藏。在追寻宝藏的过程中，圣地亚哥遇到了各种奇异的人物和事件，如撒冷之王、炼金术士、预兆、天地之心、宇宙语言等。作者将现实与神话、梦境、魔法等超现实元素结合，用魔幻现实主义的写作手法展现了一个充满神秘和冒险的世界，同时也表达了对人类命运和精神追求的深刻思考。

作者的文字风格简洁明快，对小说中的场景没有过多的修饰和描写，而是用直接的对话和叙述来推动情节，语言简练而富有韵律。作者也喜欢用重复的句子或词语来强调主题，增强思想的表达和情感效果，如多次出现的"当你想要某种东西时，整个宇宙会合力助你实现愿望""这是你的天命""这是宇宙的语言"等。

作者在自序中明确说过《牧羊少年奇幻之旅》是一部象征性的作品，作者希望向海明威、布莱克、博尔赫斯、马尔巴·塔罕等伟大的作家们致敬，因为他们成功地理解了"宇宙语言"。小说主人公的名字也具有象征意义,与西班牙的圣地亚哥朝圣之路同名,源于基督教传说中的朝圣者"圣雅各",他的旅程也是一种对自我和上帝的追求。作者通过圣地亚哥的故事,传递了一些普世的人生哲理,如追随自己的天命、勇于冒险、相信爱情、倾听内心的声音等。

小说中的"宇宙语言"象征着人与自然、人与自我之间的沟通和理解。它是一种超越文字和语言的表达方式,直接触及心灵,反映了作者的神秘主义和宗教思想。宇宙语言是一种预兆,描绘了宇宙的灵魂对人类的指引。圣地亚哥在追寻自己天命的过程中,遇到了各种预兆,如梦境、老人、水晶、风、鹰等,这些都是宇宙语言的一部分,他们都时刻在讲述同样的语言。圣地亚哥学会了观察和解读这些预兆,从而找到了自己的方向和目标。宇宙语言也是神奇的象征,代表着人类与"神灵"的交流。作者在小说中融合了多种宗教元素,描绘了一种超越自然法则的神奇。比如,圣地亚哥在沙漠中遇到了通晓宇宙语言的智者,他指导圣地亚哥去和万物以及自己的心交流。圣地亚哥在生死关头,终于破译了宇宙语言,与沙漠、狂风、太阳实现了"神交",将自己变作了一阵风才得以脱险。

小说中的"天命"象征着人类对自己生命的意义和目标的追求。它是一种内在的力量,一种对梦想的渴望,反映了作者的人生哲学,也体现了主人公圣地亚哥的追求与梦想。所谓天命并不是上天赋予我们的与生俱来的任务,而是遵从内心的选择,一直努力去做期望的事情。追求梦想就是实现天命,遵循天命就是实现梦想。作者认为人一旦步入青年,就知道什么是自己的天命了。在人生的这个阶段,一切都那么明朗,人们敢于梦想,期待完成他们一生中喜欢做的事情,但是,随着时间流逝,一股神秘力量开始企图证明,根本不可能实现天命。这时,人们就需要做出选择:是继续追随自己的天命,还是放弃自己的天命,去适应社会的规则和期待。圣地亚哥选择了前者,去实现天命,寻找梦中的宝藏。他相信,"当你想要某种东西时,整个宇宙会合力助你实现愿望"。

三、小说中的主要人物

小说开篇,主人公遇到的一个重要人物是撒冷之王,一个神秘的老人,也是《圣经》中的麦基洗德国王,能够预知未来,也能改变现实。老人在塔里法城广场上遇到了圣地亚哥,告诉他关于天命和预兆的秘密,并鼓励他去追寻自己的梦想。此外,老人还给了他两块叫作乌凌和图明的魔法石,可以帮助他解决困难。书中的撒冷之王是一个智慧、慈祥、幽默和神奇的人,代表了"宇宙的灵魂",也是圣地亚哥的启蒙者。撒冷之王说他总会出现在为天命而奋斗的人面前,所以他出现的寓意也是小说中反复提到的:当一个人真心渴望追求某种事物的时候,整个宇宙都会联合起来帮助他,给他指引和启示,让他能够走上实现梦想的道路。他告诉主人公:"在人生的某个时候,我们失去了对自己生活的掌控,命运主宰了我们的人生。这就是世上最大的谎言。"有时候越是简单的道理,反而不容易被相信。撒冷之王通过挖矿人寻找到绿宝石的故事鼓励圣地亚哥,也通过商人儿子向智慧大师讨教幸福的秘密的故事给予忠告:"牧羊人喜欢四处游荡,但是永远不会忘记他的羊群。"读完全书,你会对这句话恍然大悟。

  小说作者喜欢运用对比的手法来突出人物的性格和选择。主人公圣地亚哥在寻宝路上还遇到了水晶商人、英国人、炼金术士等,他们对人生梦想的不同态度和行为,代表了世界上形形色色的人。水晶商人在圣地亚哥遭遇骗局身无分文时,雇佣他帮忙卖水晶。水晶商人有一个梦想,就是去麦加朝圣,但从来没有实现过,因为他不喜欢变化,一心认为麦加是支撑他活下去的希望,让他能够忍受平庸的岁月。他害怕实现梦想后,失去活下去的动力,也害怕失望。他虽然不懂预兆,但是相信宇宙的力量,他也尊重圣地亚哥的选择,让他继续去寻找宝藏。水晶商人保守、务实、诚实、善良,代表了那些有梦想却不敢追求的人。很多人在忙乱的生活学业工作中会慢慢忘掉自己的初衷,迷失在平淡的日常中,失去追求梦想的勇气和动力。

  英国人是圣地亚哥在穿越沙漠的途中遇到的,是一个热衷于炼金术的学者,他们想要一起去寻找一位传说中的炼金术士。英国人带了许多关于炼金术的书籍,试图从中找到炼金术的奥秘,但他却忽略了"预兆"和"宇宙语言"的重要性。他聪明、好学、固执、理性,代表那些只注重知识而不注重实践的人;而相反,圣地亚哥更倾向于直接体验和感受生活。作者借此意在告诉读者,人们对同一件事物可能有不同的认识和方法,我们应该尊重和欣赏彼此的差异和选择,也应该从彼此身上学习和借鉴。

  炼金术士是圣地亚哥在沙漠中遇到的智者,他精通预兆、炼金术和宇宙语言,能够变化自然,也能够指引他人。炼金术士发现圣地亚哥是一个拥有天命的人,于是决定帮助他完成他的旅程,教他如何与万物沟通,如何实现自我转化。炼金术士强大、冷静、严格、神秘,代表那些达到了精神和物质和谐统一的人。作者通过炼金术士,想要告诉我们:一个人要想实现自己的天命,达到自己的目标,就必须学会超越自己的局限,开发自己的潜能,与万物和谐相处。

小说中作者通过法蒂玛这个人物描写了爱情,她是一个生活在沙漠绿洲中的美丽女孩,也是圣地亚哥的爱人。她在水井边遇到了圣地亚哥,两人一见钟情,但她也理解他的天命,支持他去寻找宝藏,并且相信他会回来。法蒂玛纯洁、勇敢、忠诚、坚强,代表了那些为爱而生,也为爱而牺牲的人。圣地亚哥和法蒂玛之间的爱情,意在表达:真爱是彼此成全,两情若是久长时,又岂在朝朝暮暮;在追求梦想的过程中,也要保持对爱的珍惜和坚持。

回到小说的主人公圣地亚哥,一位西班牙牧羊少年,有着探索世界的梦想。他在做了两次关于埃及金字塔的梦后,决定去寻找那里的宝藏,这也是他的天命和个人传奇。圣地亚哥本可以继续过着平凡的生活,但他选择了放弃舒适区,去追求自己的梦想。这不是一件容易的事,需要有足够的勇气和决心。牧羊人已经很熟悉羊群,卖爆米花的小贩也很熟悉他的制作机器,"我们之所以对所经历的事物熟视无睹,是因为对它们习以为常"。习惯待在自己的舒适区,就会失去探索和冒险的动力,拒绝接受新的挑战和机遇,就会停滞不前,甚至退步。当然,人生有些选择是困难的,什么才是正确的选择?作者告诉我们应该遵循本心。如果我们总是被外界的声音和压力左右,如果我们总是为了别人的期望和要求而牺牲自己的意愿和感受,如果我们总是放弃自己的梦想而随波逐流,那么,我们就会失去自己的本真和价值,会错过自己的机会和可能。

圣地亚哥在寻宝途中经历了欢乐与悲伤、成功与失败、爱情与牺牲,从各种奇妙的人和事中学习了不同的知识和经验,比如"预兆""炼金术""宇宙语言"。当然,遇到困难和挫折时,他也会不断地反思和质疑自己的选择和行为,他也曾动摇过,想过放弃,但最终都坚持了下来。书中写道:"被骗钱以后他可以像个倒霉的受害者一样看待世界,也可以像个寻宝的冒险家那样观察世界。决定继续去寻宝后,他感到无比快乐。他随时可以重新去当牧羊人,随时可以回水晶店。也许世界上还有很多埋藏的宝藏,但是他曾经重复做过同一个梦,并遇见过一位王,这可不是什么人都能经历的事。"圣地亚哥学会了宇宙语言,也象征着开启了人类认识自我和生命的智慧。他相信,所有困难都是宇宙对他的考验,只有通过了考验,他才能实现自己的天命。人们要相信自己的能力和价值,用智慧和努力去克服困境。圣地亚哥的天命其实也是寻找宝藏的过程,是一种自我探索和自我成长的过程。作者表示:"生活往往是,也仅仅是我们现在经历的这一刻。如果你能永远停留在现在,那你将是最幸福的人。你会发现沙漠里有生命,发现天空中有星星……"圣地亚哥在寻找宝藏的过程中,不断地认识和完善自己,最终在金字塔附近悟出了宝藏的真正所在,收获了爱情和财富。更重要的是,在这个过程中,他发现了自己的内心,获得成长,明白了生命的真谛。

不同年龄,不同经历,对人生、梦想、宿命和爱情等问题可能有不同的感受,但对美好的向往殊途同归。期待你翻阅这本书后,开启愉快的阅读旅程。最后,借用本书引言中水仙花的故事带你入梦:一位英俊少年,天天到湖边去欣赏自己的美貌。他对自己的容貌如痴如醉,竟至有一天掉进湖里,溺水身亡。他落水的地方,长出一株鲜花,人们称之为水仙。少年死后,湖泊为水仙少年流泪,湖水变成了一潭咸咸的泪水。湖泊从来没有注意过少年的容貌,为他流泪,只是因为每次面对他的时候,都能从少年眼睛深处看到湖泊自己的美丽映象。

参考文献

[1]柯艾略.牧羊少年奇幻之旅[M].丁文林,译.北京:北京十月文艺出版社,2017:11.

[2]张慧明.在他者与自我的双重驱动下追梦:《牧羊少年奇幻之旅》的故事形态学分析[J].绵阳师范学院学报,2019,38(12):145-150.

[3]许宇飞,田单单.浅析《牧羊少年奇幻之旅》的追梦精神[J].大众文艺,2019(11):57-58.

导读人简介

洪程,管理学硕士,东南大学图书馆馆员,从事学科服务相关工作。

时间、记忆与自我欺骗

导读人：杨映雪

说实话，这本书最初吸引我的，或许是《长日将尽》这个题名。从 *The Remains of the Day* 到《长日将尽》，仅从字面角度欣赏，我臆想出一种时近黄昏的意犹未尽，既有白日逝去时的流连，又有日暮西山时的悲凉——不过这只是翻开书前的自娱自乐式解读，至于这个意象式的标题实际喻示了什么，还是得到书中一探究竟了。

《长日将尽》是1989年布克奖获奖作品。这本书的作者，日裔英国作家石黑一雄是2017年的诺贝尔文学奖得主。瑞典文学院评价，他"以其巨大的情感力量，发掘了隐藏在我们与世界联系的幻觉之下的深渊"，而"时间、记忆与自我欺骗"则是他文学创作的三个关键词。作为他的代表作，《长日将尽》也在其精妙的叙事中呈现出了这些特点，将属于英国的一段"长日"故事娓娓道来。

一、回忆的短途旅行

《长日将尽》采用的是第一人称的书写方式，主人公史蒂文斯是一名典型的英国管家。在小说的开篇，他所侍奉的达林顿勋爵府已历经风云变幻，易主于一名叫法拉戴的美国商人。作为二十世纪的美国人，法拉戴先生有着明显不同于英国绅士的个性，也不了解传统英式府第中的主从关系。对于萧条到仅剩四名雇员的豪门宅邸，新任美国主人提出的要求是：就尽量以四人轮值的方式维持府第的正常运转。

作为一名传统的英国管家，史蒂文斯还不太适应这位美国主人，时常对对方直爽的幽默感到无所适从。他实际上并不太情愿改变传统的工作方式，但一切的变化已成定局，作为一名全身心服务于雇主的管家，他还是认真考虑了主人需求的合理性，并尽力完成了人员配置规划——虽说其中仍有不少缺陷。比如说，为了不让其他雇员因额外的负担产生反感，他便将许多职责分配给了自己。

正当史蒂文斯不自觉地被过多的工作裹挟时，他收到了达林顿府前任女管家——肯顿小姐的来信。按史蒂文斯的原话："她在这封长信中以深藏不露的笔触表达出对于达林顿府无可置疑的怀旧之情，而且——对此我相当肯定——还明确地暗示了她重返故地的强烈愿望，这不禁迫使我重新审视已经拟定的员工规划。"

法拉戴先生曾数次主动提议，让史蒂文斯在他返回美国的那段时间里休个假，开着他的福特去旅行观光一番，不要一直被闭锁在房子里了。这或许是个十分令史蒂文斯意外的提议，他起初并未打算答应，但在收到肯顿小姐的来信后，他又重新开始考虑这个建议：这样他就可以在旅途中顺道拜访肯顿小姐，探听一下她是否真有回来的意向。如果府邸的前任女管家能够回来任职，人手不足的难题也就正好解决了。

"总之一句话，我已经找不到任何真正的理由不进行这次计划中的远行了。"

于是史蒂文斯就驾驶着雇主的轿车，开启了这次充满追忆的短途旅行。

或许是岁月更迭后的生活对比过于强烈，某种程度上，史蒂文斯总是不由得沉湎于过去——无论是欣赏到优美的景色，还是邂逅到初会的旁人，都能让他顺势联想起多年以前的管家记忆。在第一日的傍晚，史蒂文斯回忆着所见的英格兰乡村胜景，情不自禁地赞叹祖国风土的伟大。而脑海中浮现的用以形容风景的"伟大"一词，让他进一步思考起了"伟大"的含义，继而引入了曾与同行讨论的一个问题：怎样才算得上一个"伟大的"管家？

自此，这幅以管家视角描绘的达林顿府的三十年画卷徐徐展开，六日旅途中的所见所闻与过去三十多年间服务于勋爵府的记忆相互交织，构成了一篇由"时间、记忆与自我欺骗"演绎的故事。

二、旧日的伟大管家

穿插在现实与记忆之间，史蒂文斯反复思索着何谓"伟大"。而第一个具体地出现在他脑海中的形象，正是他的父亲。

史蒂文斯的父亲也是一名管家，史蒂文斯子从父业，在职业生涯中一直将父亲当作自己事业的模范样板。他一边承认与通常人们期望中的伟大管家相比,父亲尚有不如,一边声称"他所缺少的这些特质毫无例外的都是那些肤浅和装饰性的东西,虽然无疑都是很有魅力的特质,就像蛋糕上的糖霜一样,却又都是跟真正的本质并无实际相关性的"——他列举数点被他归为"鸡毛蒜皮"、华而不实的技能。他认为父亲只是没有掌握这些"花式配菜",其专业性与"高尚尊严"实际是符合业内的"伟大"水准的。

史蒂文斯以父亲为表率,认同父亲全身心投入管家角色、永远摒绝外部干扰的职业精神,也以此标准要求自己,志在成为一名伟大的管家。但在其父作为副管家来到达林顿府后,父子间的相处却因为这职业操守而显得相当疏远生硬。尽管在肯顿小姐对其父直呼其名时,史蒂文斯觉得作为优秀管家的父亲值得更多的尊重,以至于与她发生争执,但父子切实相处时却十分生硬,仿佛只有工作往来。在肯顿小姐多次指出其父的工作失误后,史蒂文斯始终不愿承认已经七十多岁高龄的父亲处在职业的暮年。当主人达林顿勋爵也提出这点后,他便公事公办地果断将父亲直接调离原本的职位,并直接而生硬地下达通知——为了即将召开的重要国际会议不出差错。

伟大的管家,应当是服务于伟大的主人的,这是史蒂文斯的观点之一。1923年的那场会议正是他"真正成长为一名成熟的管家的重大时刻":一方面,身为组织者的达林顿勋爵——在管家眼中——为世界和平发展、人类进步作出了突出贡献,同时以"善良而正义"的形象崭露头角,此后也持续推动着"具有全球性重要意义的事件"在府中运转,在某种程度上或许堪称"伟大的主人";另一方面,史蒂文斯自觉在这"意义重大的事件"中将一切压力、事务与突发情况都归于掌控,彰显了管家的专业素质与"尊严"——尽管在这专业素质之中,也包括在父亲危重时选择坚守工作岗位,直到父亲过世后才短暂回到他的房间,却也只是将医生带去诊治客人,随后便再度投入工作。

在这段回忆的结尾,史蒂文斯委婉地提出,那一晚纵然悲痛,却也为他的职业生涯带来了莫大的成就,让他足以跻身于伟大管家的行列。他全身心服侍着致力于促进人类进步的绅士主人,能在意外的压力下坚持素养、体现尊严,在职业与亲情之间做出了抉择。而他身为管家做出的牺牲,并不止于此。

说到这里,就不得不再次提起肯顿小姐。这位达林顿府的前任女管家在初来任职不久时就与史蒂文斯有过几度冲突,二人的关系因此在一段时间内甚至可以说是剑拔弩张的。但男女管家毕竟合作紧密,多年的共事逐渐消弭了最初的不快,重建了相互信赖的默契,又在后来更进一步地催生了浪漫的情愫。

肯顿小姐——准确地说,从她二十年前离开达林顿府起,应该被称为本恩太太——曾经对于史蒂文斯的感情是毋庸置疑的。在她离开前的一两年,依照史蒂文斯的说法,他们原本的工作关系"产生了确确实实的转变"。不仅在工作之余,二人有了固定的私人聚谈时间,肯顿小姐更对他有了超出普通同事的主动与亲近。

然而对此,史蒂文斯却始终不解风情,躲躲闪闪、极力逃避。"任何一位具有专业素养的管家在别人面前都必须完全彻底地活在自己的角色中",他以此说服自己,在私人时间与肯顿小姐相处时也努力保持距离,将事业作为人生圆满的唯一目标,将浪漫与私情拒之门外。再后来,肯顿小姐被他人追求,她或许抱着最后的希望,屡次试探史蒂文斯,却为对方的公事公办一般无动于衷的反应心灰意冷。于是她接受了本恩先生的求婚,从达林顿府离职,成为本恩太太。

就像未曾言明父亲逝世时的悲痛一样,史蒂文斯也从未明确表述出自己对肯顿小姐的眷恋。然而这段关系里就真的只有肯顿小姐的单相思吗?他无法忘怀夏日傍晚夕照下肯顿小姐映在窗前的侧影,也将他所确信的肯顿小姐在一门之隔后伤心哭泣的一幕深深铭刻在心。再回到开篇,史蒂文斯收到肯顿小姐的来信后,无比肯定地认为信中"以深藏不露的笔触表达出对于达林顿府无可置疑的怀旧之情"以及"明确地暗示了她重返故地的强烈愿望",即便她并未写明那样的意愿,他也要为这"遣词造句的种种委婉幽微之处"传达的信息决定专程前去探访。

在这一路上的回忆里,他始终遮遮掩掩,直到终于面见了肯顿小姐——本恩太太,听到她坦诚曾经怀抱的感情、曾经懊悔的选择,而这一切都在不可逆转的时光中成为既定的过去。即便孤独时仍会想象另一种更好的生活,一时发出"我的余生在我面前伸展为一片虚空"的感慨,现在的本恩太太也还是选择平静本分的生活,二人之间无论如何都不会再有未来。直到这时,史蒂文斯才终于承认——在那一刻,他的心都碎了。

作为管家而言,史蒂文斯的确恪于职守。他为此牺牲了亲情,牺牲了爱情,管家的身份符号仿佛是他用以掩饰一切私情的挡箭牌。他期待肯顿小姐的旧地重返,又强调那是如今人手短缺的达林顿府正需要的,而她本人也能从工作得到充实的慰藉。他在空闲时间悄悄阅读浪漫小说,却坚决不愿向肯顿小姐承认,并咬定自己本意是想学习其中绅士、淑女们的优雅措辞,只有某些时候能得到"一些附带的乐趣"。而听闻肯顿小姐被追求时,他对于曾为同行的本恩先生的态度也相当苛刻,言语间暗讽对方在职业理想上的不自量力。他仿佛总是将一切自身行动的出发点都归于管家的职业性,也确实在人生重大的分歧点上选择了继续追求管家应有的"尊严"。

史蒂文斯为着自己的理想抱负做出了诸多牺牲,他将全部精力都献给了达林顿府和它的主人,期待着成为一名服侍于伟大主人的伟大管家。只是事与愿违,他所面对的结果就像本恩太太在信中的慨叹那样,终成一片虚空。

三、矛盾的选择性记忆

以史蒂文斯视角出发的第一人称叙事,是一种"不可靠的叙述"。

这一点毫无疑问地在他的情感处境中显现。史蒂文斯为了管家的专业素质而放弃了亲情和爱情,在诸多回忆之中,他往往只是平直地描述了表面的情境,回避谈及自己的情绪与真实想法,或是用旁的理由掩饰真心。

当肯顿小姐在门的另一边伤心哭泣,史蒂文斯止步门外踌躇不前。他鲜明地记得这一幕,记得那时心中升起的特别的感受,甚至记得自己是半对着而非正对着那扇门,但他却混淆了这件事的发生时间,认为肯顿小姐是为姨妈过世而失声痛哭。实际上,这件事恰恰发生在史蒂文斯拒绝肯顿小姐的那个晚上。肯顿小姐抛出她被求婚,要去会见本恩先生,已经接受了求婚的消息,反复试探史蒂文斯的反应,后者却向她表现得无动于衷,公式化地道贺后就赶着回去招待客人。二人爱情实现的浪漫可能彻底破碎,这样深刻的记忆真的会被轻易混淆吗?

而史蒂文斯在一路回忆与现实中所想要掩盖的,还并不只有这些私人感情。

一直以来,史蒂文斯将服务于肩负文明重任、增进人类福祉的伟大绅士视为实现理想的可靠途径。身为管家,他总是为自己完成了重要聚会的承办,从而间接推动了世界的进步而自豪。第一日在旅店登记时,老板娘因史蒂文斯将住址填写为"达林顿府",误以为他是一位富豪士绅而诚惶诚恐,他并未澄清误会。在农舍与村民们交谈时,他有意提及自己对于国际事务的一定影响力,见过丘吉尔等大人物,甚至模糊了自己的管家身份。

然而,在第二日同一位兼任管家的退伍军人聊天时,史蒂文斯却专门否认自己曾为达林顿勋爵工作，声明自己仅仅只是受雇于买下府邸的美国主人。史蒂文斯过去一直兢兢业业地尊敬、效命于达林顿勋爵，坚信自己能够通过协助勋爵而达成职业的圆满，而现在，他却一边说着"时至今日，我都为自己能将最好的年华奉献给为这样一个人服务上而深感自豪"，一边还要特地撇清自己与达林顿勋爵的关系，言行间充满了矛盾。

尽管史蒂文斯自己并未直言坦白过缘由或实情，事情的端倪却也在他遮遮掩掩的叙事中间断显现。他不仅在旅途中不愿承认曾服务于达林顿勋爵，在回忆里也极力美化勋爵的形象，为其开脱。他不止一次地强调，"爵爷后来所坚守的那些公开立场是与他的本能和天性完全背道而驰的"，"他本质是个真正的好人，一个彻头彻尾的绅士"。而对于那些针对勋爵的激烈的口诛笔伐，他也义愤填膺地称其为"卑鄙龌龊的无耻谰言"。

不可否认，史蒂文斯所言也非虚，达林顿勋爵确实是一位品德高尚的绅士。他对于一战战败后遭受不公正待遇的德国怀有善良的同情心，并为推动公平而切实地做出了努力与贡献，但是他的支持却执迷不悟地错误地延续到了二战中，以至于成为纳粹德国的帮凶，背负罪责而不得善终。这位史蒂文斯一直以来尽心尽力服侍的主人，最终并未在历史的车轮下成为一位伟大的人，甚至落得了站在伟大反面、遭人唾弃的下场。

史蒂文斯理应对爵爷的误入歧途是有所察觉的，他依然选择了沉默和回避。他解释说，管家的本分就是保持忠诚，摒弃自身的主见，全心全意地为真正有话语权的主人提供服务，而不是"瞎掺和那些国家大事"。因此，在达林顿勋爵辞退犹太女仆时，他顺从地照办，直到爵爷一年后有所反悔，才在肯顿小姐面前表现出自己当时的不赞同；在面对勋爵的教子小卡迪纳尔的质问时，他对对方有理有据的分析一再推托，选择"毫无保留地信任爵爷的判断是最为明智的"，哪怕他的爵爷正在促进英国政府与纳粹的联系。

"如果爵爷的一生及其事业在今天看来，已经至多被当作一种可悲的浪费，那也实在并非我的过错——如果我为此而感到任何的遗憾或是羞惭的话，那可就真是违情悖理的苛责了。"虽然理性地说，主人犯下的过错确实不能归咎于管家，但是从史蒂文斯近乎急于推脱责任而着重声明的反应来看，在他矛盾的内心中，所感或许与所言正相反。他不仅对达林顿勋爵的作为感到遗憾和羞惭，无法真正将只是管家的自己与必须服从的主人撇开来，而且所说的那句"一生及其事业是一种可悲的浪费",从他自身理想的角度看,也正是他本人的真实写照。

内敛、隐忍、自欺欺人,这是旅途与回忆所勾勒出的史蒂文斯的形象。他将一切奉献给了目标伟大的事业,却只换得人生虚掷的结果。一直压抑着的心绪情感,在他会见过本恩太太后,最终在一位陌生人面前爆发了。信赖落空、理想破灭,人生的意义沦为泡影,再加上战后时代、社会的转变带来的不适应期,让他在新的工作中也屡屡碰壁,重重压力之下的史蒂文斯终于失态落泪,道出了心中真实的苦衷。

本恩太太告诉史蒂文斯,她在心情无助时回顾过往,确实产生了懊悔与虚无的感受,然而冷静下来,她面前伸展的人生却也并不是一片虚空。她过往的生活固然充满了遗憾,但如今她也拥有已然同她日久生情的丈夫与即将诞生的外孙女,只要不拘泥于往日、沉湎于那些不复存在的可能性,更加积极,就会发现现在与未来的生活已经很好了。海边的陌生人也开导史蒂文斯:人不能总是朝后看,就算已过青春盛年,也要学会享受自己的人生。

无论如何,昔日的大英帝国、华贵的勋爵府、铺张的管家事业都已成为过去的幻影,现今时势已然发生变化。新任的美国雇主不同于传统的英国绅士,那就调整自己的工作模式,努力去学习适应他的风格好了。在入夜的灯火中,史蒂文斯最终与自我和解,他选择放下徒劳的烦恼,在这并不理想也不由自己选择的残酷现实中,用更积极的态度过好接下来的生活。当然,还是以一位尽职尽责的管家的身份。

长日将尽而未尽,余下的时光依旧足以慰藉人生。

参考文献

石黑一雄.长日将尽[M].冯涛,译.上海:上海译文出版社,2018.

导读人简介

杨映雪,图书馆与信息研究硕士,东南大学图书馆馆员。

哲学与人生

智慧与对话：
《西方哲学十五讲》导读

导读人：孟祥保

康德（Immanuel Kant，1724—1804 年）在《实践理性批判》中写道："有两样东西，我们愈经常愈持久地加以思索，它们就愈使心灵充满始终新鲜不断增长的景仰和敬畏：在我之上的星空和居我心中的道德法则。"《西方哲学十五讲》是名家通识讲座书系中的一部，作者为中国人民大学张志伟教授。该书作为一本通俗性的哲学通识读本，主要面向非哲学专业学生，自出版以来广受欢迎，曾获北京市高等院校精品教材奖。笔者作为一名图书馆馆员，既非哲学科班出身，也非专攻哲学的爱好者，更多的是从图书馆读者角度来介绍这本哲学读本。

一、被引次数：广泛的影响力

2023 年 5 月 10 日，笔者在中国知网的《中国图书引证统计分析数据库》中，以题名"西方哲学十五讲"检索，结果显示，《西方哲学十五讲》自出版以来总被引次数为 599 次，这在普及性读物中算是非常高的了。其各年度的被引次数如图 1 所示：

从图 1 中可以发现，在引用时间分布上，发表当年即 2004 年被引用 2 次，从 2004 年至 2022 年间，年均被引用约 32 次，其中 2008 年高达 58 次，显示了该书广泛的受关注度。从 2011 年开始，该书被引次数呈现出波动性下降趋势，但是其仍不失为一部具有影响力的普及性读物。

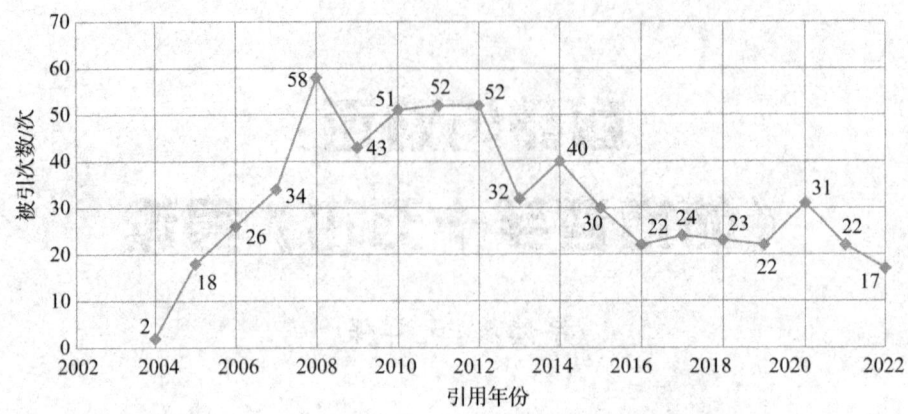

图1 《西方哲学十五讲》被引次数年度分布

在引用类型上,18.2%为博士学位论文引用,41.4%为硕士学位论文引用,40.2%为期刊论文引用,0.2%为会议论文引用。

可以说,《西方哲学十五讲》作为一部入门级的哲学读物,具有广泛的学术和阅读影响力,为哲学、教育学、心理学、语言文学、历史学等领域学者所关注、参考和引用。

二、知识结构:2500年的对话史

西方哲学与中国哲学、印度哲学以及其他哲学一样,是人类思想文化的瑰宝。"哲学就是哲学史",19世纪,黑格尔(Georg Wilhelm Friedrich Hegel,1770—1831年)《哲学史讲演录》的出版,是西方哲学史正式作为一门比较完整的学科的重要标志。黑格尔认为,西方哲学史是一般必然的体系,是从低级发展到高级的过程,哲学史是"绝对精神思维自身"的内在逻辑在时间上的显现方式,是不变的绝对精神在流动的时间中的"现身",也是各个时代不同哲学的前后连接的必然次序:"哲学体系的递相接连的次序不是偶然的,而是表明了这门科学发展阶段的次序。"张志伟教授说:"如果哲学是哲学史,哲学史是问题史,那么哲学史就是哲学家们围绕哲学问题而展开的思想'对话'过程。"西方哲学经历了大约2500年的历史,涵盖了从古希腊哲学,一直到现今的西方哲学内容。我国的西方哲学史课程一般是把马克思主义哲学产生前的西方哲学史称为"西方哲学史",大致可以分为四个发展阶段:一是公元前6世纪到公元5世纪的古希腊罗马哲学;二是2世纪孕育、5世纪形成到15世纪的中世纪哲学;三是15世纪到

18世纪的近代西欧各国哲学;四是18世纪到19世纪的德国古典哲学。

《西方哲学十五讲》是一本深入浅出地介绍西方哲学史的著作。该书通过十五讲的形式,系统地梳理了从古希腊罗马哲学到德国古典哲学的整个西方哲学发展历程。《西方哲学十五讲》对应西方哲学史的四阶段内容:第一讲"智慧的痛苦",是导论性质的内容,统领全书的结构与主题。第二讲至第六讲对应的是古希腊罗马哲学,内容包括哲学的诞生、苏格拉底的问题、柏拉图的"洞穴"、亚里士多德的形而上学、晚期希腊哲学。第七讲对应中世纪哲学,内容标题是"信仰的时代"。第八讲至第十二讲对应近代的西欧各国哲学,内容包括人的发现、主体性的觉醒、大陆理性主义、英国经验主义、社会政治理论。第十三讲至第十五讲对应德国古典哲学,内容包括康德的"哥白尼式的革命"、费希特和谢林、黑格尔的绝对唯心论。全书的每一讲都围绕一个主题展开叙述,如形而上学、知识论、柏拉图主义、教父哲学、康德的三大批判、黑格尔的精神现象学等,抓住核心问题,既可以让读者概览西方哲学的全貌,形成一个整体性认识,又对问题的来龙去脉做出交代以及深入讨论,使得读者能够更好地理解和掌握西方哲学史的形成脉络和关键问题,引导读者深入思考世界、社会与个人的价值与意义。在语言表述方面,《西方哲学十五讲》通俗易懂,采用了白话式、生活式的语言,避免了哲学专业术语的晦涩,非常适合普通读者入门和阅读。读者还可以在哔哩哔哩网站看到张志伟老师的西方哲学史课程视频,与该书配套使用,效果更佳。

三、热爱智慧:永恒的人类话题

"哲学不是知识,而是思考。"全书围绕人类永恒话题展开对话,很多流传至今的话仍然具有启发意义,例如苏格拉底的助产术、柏拉图的洞穴理论、亚里士多德的"吾爱吾师,吾更爱真理"、笛卡儿的"我思故我在"、卢梭的"人类不平等的起源"、康德的哥白尼式革命。

苏格拉底(Socrates,前470—前399年)助产术是其在哲学思考和教育中采用的一种独特方法。"助产术"也被称为"理智助产术"或"精神助产术",体现了人文精神,即一切都经自己思考。苏格拉底的"助产术"主要包含讽刺和产婆术两个核心步骤。苏格拉底通过这种方法,帮助他的学生或对话者从最初的感性认识逐步上升到普遍的理性认识,从而获取真正的知识。他希望通过对话或提问来揭露对方在认识上的矛盾,从而引出每个人心目中的真理。苏格拉底助产术是"医疗术的哲学",但是一直被埋没或曲解。我们习惯于获得直接的知识,而忘记了助产术所针对的是心灵。

柏拉图(Plato,前 427—前 347 年)的洞穴理论出现在《理想国》第七卷中,故事是:

假设人类居住在一个洞穴之中,有一条长长的过道通向外面。人类从一开始就住在这里,像囚徒一样双腿和脖子都被锁链锁住了,所以他们不能回头,只能看到眼前的洞壁。在他们之后有一堆火在燃烧,在火与囚徒之间有一条路和一道矮墙,简直就像是木偶戏的舞台。沿着矮墙,有一些人举着各式各样的动物和人的雕像走来走去,火光把这些雕像投射到洞壁上,形成了各式各样的影子。由于那些囚徒生来就不能转身掉头,所以他们就把洞壁上的影子看作真实的存在。假设有一天,不知因为什么原因,有一个囚徒挣脱了锁链,他回过头来,看到了火光,最初他的眼睛不习惯光亮,当然很痛苦,他会认为他所看到的不是真实的存在。但是当他习惯了之后就会发现,过去被看作真实存在的东西不过是影像,眼前的东西才是真实的。再假设,他被拉出了洞穴,当他面对太阳的时候,一定会被阳光照得眼花缭乱,经过一段时间之后,他终于发现,在太阳照耀下的外面的世界才是真实的世界。此时他开始怜悯起自己的那些仍然生活在洞穴之中的同伴,于是他决定回去拯救他们。然而,他已经不能适应洞穴中的世界了,在他的同伴看来,是他自己把眼睛弄坏了。如果他执意要释放他们,把他们带向光明,他可能要付出生命的代价。

洞穴理论揭示出了深刻的人性问题,例如历史的前进需要许多勇士去发起,该理论充分展示出了柏拉图的"理念论"的哲学意蕴:我们要达到"善的理念"需要具备多种条件,只有通过思考和理性,人们才能超越感官的限制,看到真实的世界。

亚里士多德(Aristotle,前 384—前 322 年)与苏格拉底、柏拉图并称"希腊三贤",相互之间也是师承关系。亚里士多德也是西方哲学史上"唯二"的融合哲学家,是古希腊哲学的集大成者。在著述方面,第一哲学方面写了《形而上学》,自然科学方面为《物理学》,形式逻辑方面为《工具篇》,伦理学方面为《尼各马可伦理学》,政治哲学方面为《政治学》《雅典政制》,文学艺术方面为《诗学》。亚里士多德有一句名言"吾爱吾师,吾更爱真理",就是在批判他老师形而上的观点,批判其把真实的存在认作抽象的概念。

"我思故我在"是法国哲学家笛卡儿(René Descartes,1596—1650年)的一个著名论断,这个论断既是笛卡儿全部认识论哲学的起点,也是"普遍怀疑"的终点。从字面上来理解,"我思故我在"可以被解释为"当我思考的时候,我意识到自己的存在"。这个论断强调了思考的重要性,因为只有通过思考,我们才能意识到自己的存在,才能确认自己的存在。在哲学史上,"我思故我在"被认为是笛卡儿对"存在"的一种证明。在笛卡儿看来,我们可以怀疑身边的一切,但有一件事是我们无法怀疑的,那就是我们自己正在思考这件事情。换句话说,当我们思考的时候,我们意识到自己的存在是无法避免的。这个论断对于现代哲学和认识论产生了深远的影响。它强调了主体性和自我意识的重要性,同时也引发了对于知识、真理和存在等问题的深入探讨。

卢梭(Jean-Jacques Rousseau,1712—1778年)在《论人类不平等的起源和基础》一书中探讨了人类不平等的起源和基础。他从社会和政治的不平等入手,深入剖析了社会不平等的原因和克服方法,并批判了封建等级关系。在卢梭看来,人原本是处于自然状态下的平等个体,但随着生产的发展和私有制的产生,人类逐渐脱离了自然状态,产生了贫富不均的社会现象。他认为,私有制是社会不平等的根源,但每人有少量私有财产是社会平等的基础。此外,卢梭还揣测到了矛盾斗争会发生对立面转化,以及发展是一个螺旋式上升的过程。他认为,在自然状态下,人们拥有平等的自由和权利,但由于社会的发展和进步,人们开始出现了不平等的现象。这种不平等导致了社会的分裂和冲突,但同时也推动了社会的进步和发展。卢梭的人类不平等的起源理论对于理解人类社会的发展和演变具有重要的意义。它提醒我们关注社会不平等问题,并寻求解决之道,以实现社会的公平和正义。

康德的哥白尼式革命是指他在哲学上的批判方法,这种方法被视为一种新的认识方法,其目的在于使形而上学革命化。在《纯粹理性批判》中,康德将他的批判方法比作向自然提出问题,要求自然答复,这不同于以前的理性受教于自然就是理性反映自然的方法。康德的哥白尼式革命意味着他试图颠覆传统的认识方式,将认识的基础从外部世界转向主体内部,从而建立了先验哲学体系。他认为,人类的认识不是被动地接受外界信息的反映,而是由主体内部的结构和先验范畴所决定的。这种认识方式不仅是对传统认识论的挑战,也是对当时哲学界的革命性变革。康德的哥白尼式革命在哲学史上产生了深远的影响，它不仅改变了人们对认识来源和真理的认识，也影响了后来的哲学家们对哲学基本问题的思考和解决方式。同时，它也为后来的分析哲学、现象学等哲学流派提供了重要的思想资源。

值得注意的是，自黑格尔之后，西方现代哲学还出现了西方马克思主义、新康德主义、分析哲学、现象学、解释学、实用主义等新流派，并与现代科学相互交叉和渗透，促使了医学伦理、环境哲学、科学哲学等的发展。此外，张志伟和欧阳谦老师的《西方哲学的智慧》，赵林老师的《西方哲学史讲演录》，周国平老师的《西方哲学史讲义》，罗素的《西方哲学史》，撒穆尔·伊诺克·斯通普夫等人的《西方哲学史》，也都是非常经典的西方哲学史读物。

参考文献

[1]《西方哲学》编写组.西方哲学史[M].2版.北京：高等教育出版社，2019.

[2]何兆武.西方哲学入门[M].上海：上海人民出版社，2023.

[3]赵林.西方哲学史讲演录[M].上海：上海三联书店，2021.

[4]罗龙祥.苏格拉底助产术与哲学教育的实践方案[J].教育学报，2016，12(5)：25-31.

[5]李京京.柏拉图的"洞穴理论"及其现实价值[J].开封教育学院学报，2015，35(4)：215-217.

[6]冯晓峰."我思故我在"及其争议[J].学术论坛，2006(1)：17-21，55.

[7]张海丽，刘桃秀.卢梭的"不平等思想"研究：以《论人类不平等的起源和基础》为核心[J].哈尔滨师范大学社会科学学报，2021(5)：16-19.

[8]邓安庆.从"形而上学"到"行而上学"：康德哲学哥白尼式革命的实质[J].复旦学报(社会科学版)，2009(4)：86-93.

导读人简介

孟祥保，硕士，东南大学图书馆副研究馆员。

人生的意义，究竟是什么？

导读人：武秀枝

哲学，在很多人眼里是一门高高在上、遥不可及的学问。但回想一下，我们身边充斥的各种人生观都与哲学有关。当邻居大妈默念"人的命天注定"的时候，她信奉的是宿命论和决定论；当朋友在酒桌上劝你"赚钱有什么用，钱再多早晚也是一个死"的时候，他讲的是虚无主义；当鸡汤文写到"当下最重要，活出你自己"的时候，它其实就是存在主义的代言人。当我们经历挫折，处于低谷时，可能会开始反思：世界的本质究竟是什么？人生的意义又在哪里？终极真理是否存在？……或许就在那一刻，我们开始怀疑主流世界灌输给我们的价值观是否正确，开始踏上自我探索之路。如果是这样，那么恭喜你，你已迈入了苏格拉底所倡导的"不怀疑，毋宁死"的境界。

翻开《哲学家们都干了些什么？》这本书，不难发现，早在几千年前，关于人生意义和宇宙本质的探讨，就被哲学家们一本正经地提出过，他们挖空心思地找证据，面红耳赤地为了各自的观点争论。在整个世界忙着探索、开垦、打仗、上天、发展的漫长历史中，这帮哲学家们却神经质地死磕这个世界的真相和人生的意义，就好像一个网络游戏里的某角色试图琢磨自己手里的武器代码是什么。从苏格拉底到笛卡儿，从休谟到康德，一代又一代的哲学家你方唱罢我登场，莫衷一是。全书用幽默风趣的语言，深入浅出地将哲学家们的逸事和观点娓娓道来，让读者在愉快的阅读氛围中，了解哲学家们的生活轨迹，领悟他们的哲学观点。该书作者林欣浩是国内一位出色的文史哲类知识普及作家，他擅长逻辑思辨，相信一切外表高深的知识都要遵守简单的逻辑，可以用最浅白的话讲清楚最复杂的道理。现在，就让我们跟随作者的笔触，走进这些天才们的精神世界,开启一场轻松幽默的哲学之旅吧。

一、什么是哲学

有这样一个故事：一位哲学家乘船过河。行船之际,哲学家问渔夫："你懂数学吗？"渔夫答："不懂。"哲学家又问："你懂物理吗？"渔夫答："不懂。"哲学家再问："你懂化学吗？"渔夫答："不懂。"哲学家叹道："真遗憾！这样你就等于失去了一半的生命。"这时,水面上刮起狂风,把小船掀翻了,渔夫和哲学家都掉进了水里。渔夫向哲学家喊道："先生,你会游泳吗？"哲学家答："不会！"渔夫遗憾地说："那你就要失去整个生命了！"

就像故事中所透射的一样,哲学似乎离我们的生活很遥远,在很多人眼里这是一个不太务实的学科,解决不了实际问题。甚至在日常生活中若是主动谈论,都会极大概率引来周围人异样的眼光,以为这是个故作高深的"怪人"。然而,历史上,有很多聪明人却在思考着这些"怪"问题,而且比我们谈论的要深刻得多。

"哲学"一词,最早出现在古希腊文中,根据其词根可理解为"爱智慧",代表着对知识和智慧的热爱和追求。我国古代并无"哲学"一词,我们现在所见的"哲学",是一个舶来品。十九世纪,一位叫西周的日本学者将其转译为"哲学",后晚清学者黄遵宪、康有为等将哲学一词介绍到中国。

作为一门探讨存在、知识、价值、理智、心灵、语言等基本问题的学科,哲学致力于通过逻辑推理和思考,探索人类存在的意义、自然界的本质、道德与伦理规范等诸多领域。哲学并不局限于特定的领域,而是以理性和批判性思维为基础,试图全面思考和理解世界及人类的角色与责任。哲学包含众多分支,例如形而上学、伦理学、政治哲学、美学等,它们共同构成了一种综合性的思辨活动。

所以,从这个意义上讲,哲学表达了人的一种生存状态,它是一种对现实的思考、对世界的观察以及对自身的反省。哲学追求智慧和真理,通过质疑、探索和推理来深入思考人类的经验和观念。它鼓励人们开放心灵,超越表面现象,寻求更深层次的理解和洞察。哲学的核心是关于人类的思维、意识、价值观和存在的思考,通过这种思考,人们可以更好地认识自己、理解世界,并找到自己在这个世界中的位置和意义。

回到这本书所提到的哲学,其实作者林欣浩帮我们做了一些筛选,他在介绍这些观点的时候,最关心的一件事就是:这个哲学观点能不能帮助我们减少痛苦,能不能让我们内心平静,能不能让我们不再空虚、不再恐惧、不再陷入物欲的烦恼之中。这也是笔者想把该书推荐给大家的原因。该书将哲学观念与现实生活联系起来,架设了一个深入探讨存在意义和人生价值的视角。通过这本书,我们不仅可以获得哲学知识,还可以借助其中的智慧和启示,解决生活中的问题,找到快乐、幸福和自由的路径。

二、那些哲学家

翻开该书,我们可以看到很多知名哲学家的奇闻逸事,他们不再是高高在上的完美化身,而是有个性、有思想的真实的人。他们具有高度的独立思考能力,强烈的好奇心和批判思维,致力于揭示世界和人类的本质,向我们提供了深刻的思考果实。

苏格拉底曾说:"我只知道一件事,那就是我一无所知。"他不臣服于宗教,终其一生都在追求真理。苏格拉底的谦逊和对真理的追问,最终还是给他带来了灾难,他被雅典的人民陪审团审判了两次,最终以360票比140票被处以死刑。在他去世后,他的思想和智慧却在人们心中持续存在并继续发光发热。苏格拉底之死导致柏拉图对雅典人民失望至极,同时为躲避牵连和迫害而逃离雅典。多年以后,他又回到雅典创办了柏拉图学院,而在这里有一个学生,就是后来的亚里士多德,但是亚里士多德的哲学思想与柏拉图存在一定对立,所以才有了亚里士多德那句:"吾爱吾师,吾更爱真理。"

此后的很长一段时间,哲学和宗教走上了相爱相杀的历程。一方面,二者存在共同点,都涉及对人生意义、存在意义、宇宙本质、道德伦理等深刻问题的探讨;另一方面,二者之间却有着不可调和的矛盾,宗教讲究的是无条件信仰,而哲学讲究的是怀疑一切。于是,有的哲学家通过宗教传递哲学思想,而有的教徒则利用哲学传递教义,二者相互利用,相互斗争,但谁也无法真正取代谁。

笛卡儿说:"我思故我在。"这一名言也被认为是现代哲学的重要标志。他是理性主义的代表人物,倾向于按照欧式几何的模式来建立哲学体系,即从先验公理出发,运用数学中推理演绎的方法来推演出整个哲学体系。他提出的二元论对于我们脱离痛苦很有帮助,既然人的心灵与身体无关,那只要我们坚守自己的内心世界,不被外界左右,就容易获得内心的平静。

洛克的观点与笛卡儿相反,他坚持经验主义,认为人生来就是一张白纸,思想都是后天学习而来的。人的一些本能是天生的,但这只是一种生理、心理上的习惯,并不是比客观世界更高的理性。在洛克看来,笛卡儿、斯宾诺莎等人号称的那些公设,全是无根之木。

在理性主义哲学家和经验主义哲学家吵得不可开交的时候,一位重量级第三者突然插足,这个人就是对经典物理学做出伟大贡献的大神——牛顿。虽然牛顿并没有提出重要的哲学思想,但牛顿力学的成功直接影响了哲学思想的发展,催生了机械主义。霍布斯和牛顿都是机械主义的代表,他们认为万事万物都是机械地按规律在运行,并且用物理规律来解释包括人的意志在内的一切事物。机械论的初衷是美好的:它要建立一个用数学统治的美丽新世界。而且这也是最容易被普通人接受的,毕竟人活着就要跟物质打交道,这是最基本的事情。但缺点也很明显,物理规律依赖于经验,无法覆盖到解释没有意识产生的领域,因而也就没有办法解释意识。

机械论的发展导致了决定论,决定论认为,如果万事万物都按照物理规律运行,且事件之间严格遵守因果关系,那么追本溯源,整个世界早在宇宙大爆炸那一刻就已经决定了。数学家拉普拉斯说:"想象一下有这样一个智者,他掌握了宇宙中全部信息,那么他就可以推算出未来世界的全部面貌。"后人把拉普拉斯所说的智者称为"拉普拉斯妖"。能够预测未来,听上去很美好,实际却很可怕。如果一切都是决定好的,试问:我们为什么还要奋斗?为什么还要劳动?如果人类只是被操控的木偶,活着听从因果的摆布,死后化为虚无,那还有什么意义可言?

很快,挑战机械论和决定论,乃至整个科学体系的人出现了,他就是休谟。休谟也是一个经验主义者,他认为所谓的"因果律"只是一种错觉。他举了一个例子,说如果一只鸡每次看到农场主过来后,它都会被喂食,在鸡看来农场主出现和它被喂食存在因果关系,可实际上根本不始终是这样的,因为有一天农场主带来的并不是食物,而是一把猎枪。他秉持着怀疑的态度,把之前的哲学家和哲学思想,全都怀疑了个遍,发出了一句灵魂拷问:"你怎么知道明天的太阳还会不会照常升起?"

休谟的理论可以说把一切都毁了,特别是科学。既然没有所谓的规律,那么科学实验也就无从着手,此前所建立的一切也将分崩离析。正当此时,康德横空出世,力挽狂澜。康德戴着一副墨镜说:"我感受到的世界是灰色的,这个灰色的世界是'表象',这副墨镜就是'先天认识形式',而真实的世界就是'物自体'。我只能看到戴上墨镜之后世界的颜色,至于世界本来的颜色我根本不知道。"康德说:因果律存在于我墨镜之中,而我的意识属于"物自体",因此我既不用担心决定论让我们丧失自由意志,也不用担心因果律能否被我们的经验认识。康德之前的哲学危机是休谟对因果律,乃至对人类理性能力的怀疑。康德的解决方法就是他把世界分成两部分,一部分完全不可知(物自体),一部分则可以通过理性把握(表象)。不可知的部分永远不可知,所以对我们的生活也没什么影响,只要我们在可以把握的世界生活,理性就又恢复了威力。

正当人们为康德的想法感到欣慰的时候,一个猖狂的小伙出现了,嘴里喊着:"康德错了,物自体根本不存在。"这个猖狂的小伙就是黑格尔。我们回顾整个哲学史,会发现黑格尔之前时代的哲学家们提出了一个又一个哲学观点,每个人都自以为掌握了终极真理,结果被下一个哲学家推翻。黑格尔受不了这种状况了,他认为真理不是固定不变的,这就是大家都没有找到答案的原因。黑格尔最伟大的哲学思想就是辩证法,后来被马克思批判性地继承,变成了我们中学思想政治课本里辩证唯物主义历史观。

叔本华作为康德的继任者,进一步认为,物自体是可以了解的,而且万物的物自体是统一的,这个物自体叫作"生命意志"。生命意志就是求生的欲望。人是由生命意志驱动的,各种欲望就是生命意志的体现,人不过是受生命意志摆弄的玩偶。这些思想也奠定了他的悲观主义基调。叔本华说:"生命就是一团欲望,欲望满足了就无聊,欲望不能满足就痛苦,人就在无聊和痛苦之间不停摇摆。"

尼采是叔本华的追随者,与叔本华的"生命意志"不同的是,尼采强调"权力意志"。"权力"是指个体变得更强大,更富有创造力。尼采和叔本华一样,都认为这个世界是悲观的,人生是痛苦的,但他们解决的方法不一样。尼采认为,叔本华主张的禁欲、欣赏艺术,都是胆小者的逃避行为,一个强者应该迎难而上。他认为:"生活就是一场艰难的战斗,要么英勇面对,要么胆怯逃避。"而痛苦,是变成强者的必经之路。尼采推崇一种精英主义,这也是为什么尼采的一些思想后来被法西斯利用。

罗素和维特根斯坦是逻辑实证主义的推崇者。他们想开发一套形式化语言供哲学家们使用,把所有真理都诉诸此语言表达,并且严谨地遵守逻辑规则,那么哲学就可以像科学一样,一步一个脚印地前进了。维特根斯坦说:"凡是可说的事情,都可以说清楚,凡是不可说的事情,我们必须保持沉默。"结果证明,仅对描述性语句进行符合逻辑规则的描述,并不能得出任何有意义的结论。

以上为大家列举了书中的主要哲学家及其哲学思想,要了解更多精彩内容,大家可以细读该书,相信会有意想不到的收获和启发。

三、人生的意义

思考人生的目的和意义,是一个持续的探索过程,人生意义的答案对于每个人应该都有着巨大的吸引力。然而,读完该书会发现,一些哲学家提出——世界终究是虚无的,人生也没有意义。在没有意义的情况下,人们还得假装有意义地活下去,所以存在主义者认为,这个世界是荒诞的。

揭露了这一本质,作者也并没有戛然而止,而是推动我们继续探讨:面对着没有意义、本质荒诞的世界,我们应该怎么办?一种选项是随波逐流,像大多数人一样去生活,选择一个大部分人信奉的人生意义,跟着做就是了,即使直面过几次发生的世界荒诞,每次也都通过逃避、自我安慰、"调整心态"把事情躲过去,最后在自我安慰中走向死亡,过完一生,这也没什么不好。

另一种选项是鼓起勇气,直面人生的虚无,认真面对人生的每一个选择,这样就找到了自己人生的意义。我们可以把人生的本质想成一幅画。当我们刚来到这个世上的时候,这幅画只是一张白纸。等到我们长大,有了自我意识,我们每一次自主做的决定,就相当于在这幅画上添了一笔。这一笔一笔积累起来,展现出来的,就是我们的本质,就是我们人生的意义。从这个意义上来说,人不是静态的,而是在不断变化中的。人生的意义也不是别人给的,而是自己一次又一次的选择造就的。那些别人给的标签和评价,并不能定义我们,因为有限的、固定的词汇表达出来的意思是片面的、静止的。真正的"我",是不断成长,不断变化的。昨天的"我"已不再是今天的"我",更无法定义明天的"我"。

《明朝那些事儿》的作者说:"成功只有一个——按照自己的方式,去度过人生。"最开始听到这句话时,只以为是普通的鸡汤,并没有什么感觉。读完这本书再来品味这句话,却发现其中蕴藏着深厚的哲理。生而为人的尊严,就在于我们具有自由选择的权利。无论生活怎么摧残、禁锢我们,总有一部分自由掌握在我们自己手中。我们通过选择,获得了自由意志,确认了"我"的存在,创造了"我"的本质。这是任何人都夺不走的。这就是存在主义版本的"一个人可以被毁灭,但不能被打败",是哲学给我们的尊严。回到这句话,"按照自己的方式"并不简单,这意味着这个人经过了思考,他知道什么是自己的方式;也经历了抗争,如果实现这种方式有阻碍,那就要去克服困难,坚持住自己的方式。能想明白这个问题,并付诸实践的人少之又少。

这本书用朴实无华的语言,简单明了地带我们探讨了深刻的哲学问题,特别适用于对哲学感兴趣的初学者,能够帮我们解决很多生活中的困惑。但本书也存在一些不足,如:对哲学问题的论述比较分散,不成体系;一些八卦虽然有趣,但真实性有待考究。瑕不掩瑜,均不影响这本书的价值和给我们带来的启发。我们可以像《士兵突击》里面的许三多,坚信有意义的事就是好好活,好好活就是有意义的事;也可以像《钢铁是怎样炼成的》主人公保尔·柯察金,无私地把人生献给人类最伟大的事业;还可以像罗曼·罗兰所说,做一个真的勇士,在认清生活的真相后,依然热爱生活。罗素曾说:"参差多态,乃幸福之源。"人生的意义没有标准答案,愿我们都能在平凡的日子里找到属于自己的闪光点,过上充实而有意义的生活。

参考文献

林欣浩.哲学家们都干了些什么?[M].北京:北京日报出版社,2022.

导读人简介

　　武秀枝,东南大学图书馆馆员。信仰阅读,用心输出,愿我们能在阅读中体验不同的人生,探索未知的领域,发现辽阔的自己。

最好的关系是相互成就

导读人：胡曦玮

《亲密关系》是一本综述性的专著，汲取了社会心理学、沟通研究、家庭研究、认知心理学、发展心理学、演化心理学、社会学、传播学及家政学等学科的最新成果，研究实践和理论建构并重，学术标准与大众兴趣兼备。全书结构清晰、逻辑严密、语言生动、启发思考，既通俗易懂，读来轻松愉快，又不失科学权威，体现了实证精神。

该书作者罗兰·米勒(Rowland S. Miller)，是美国萨姆休斯顿州立大学心理学教授，1973年获康奈尔大学心理学学士学位，分别于1976年和1978年获佛罗里达大学社会心理学硕士和博士学位。自1978年至今一直在萨姆休斯顿州立大学讲授亲密关系课程，因教学与研究优秀曾获人际关系研究国际协会的教学奖、美国心理学协会(APA)和国际心理学荣誉学会(Psi Chi)的埃德温·B. 纽曼奖(Edwin B. Newman Award)。他的研究兴趣包括社会心理学、社会情绪、亲密关系等，目前专注于亲密关系的维持过程。

《亲密关系》一书的现实意义在于，它基于心理学原理，对亲密关系进行了科学研究。该书遵循由浅入深、由一般到特殊的认知规律，论述了亲密关系的基础、活动形态、类型、矛盾和修复等内容。其以两性关系为主导的同时，包含了对同性关系和友谊的研究，可以帮助我们重新了解认识自己。书里对依恋类型、冲突与归因、沟通等内容的阐述，对我们理解自己和伴侣、正确处理亲密关系，有着非常积极的意义。

一、亲密关系之重要性

亲密关系究竟是什么？认识一个人很简单，走近一个人需要一点时间，但建立一段确定又亲密的关系却很难。亲密关系是一个复杂的概念,罗兰·米勒总结出了六个要素:了解、关心、相互依赖性、相互一致性、信任以及承诺。这六个要素未必全部都出现在亲密关系中,任何一个要素都可以单独出现。但一般而言,最令人满意和最有意义的亲密关系应当包括这六个要素,如果只有部分要素,亲密程度就会减弱。人际关系最简单、最基本的特点就是种类多样、规格不齐。正因为如此,人际关系才会变得魅力无穷。我们需要亲密关系,因为建立亲密关系是一个很好地发现自己的过程。在亲密关系中,你是没有防备的,是放松的,会有依赖。亲密关系时间越长,相互的信任越深,依赖也越重,但这也意味着遭受背叛时的打击愈发剧烈,这便是建立亲密关系的挑战所在——在依赖对方的同时也冒着很大的风险。亲密关系可以给我们带来关爱、鼓励和支持,也可能会给我们造成伤害,留下心理阴影。

在任何关系中,发生冲突都是常见的,但冲突的发生意味着双方增进了对彼此的了解。导致冲突的原因是什么呢?比如,任由冲突升级不管不问、无限放大对方的或是臆想的缺点、不在意对方的情绪、拒绝沟通使用冷暴力、不愿做出任何妥协等,这些都让小冲突变成难以调和的大问题,进而影响亲密关系的质量。如果某一方极度自私或双方都极度自私和功利,亲密关系是无法形成的,甚至可能会演变成利用关系。亲密关系受到文化背景、个人经历、个体差异、人类本性和人际互动等因素的影响,会存在一些潜在的代价。在人际关系中,我们可能会遇到欺骗、被拒或是破裂的现象,与他人交往也可能带来不幸和痛苦,导致失望。亲密关系中的失望和烦恼可能对我们的身心健康造成严重影响。

那么为什么还要冒这种风险呢?因为人类是非常社会化的动物,我们需要彼此,虽然亲密关系有时复杂,但它是我们生活中必不可少的部分。没有与他人的亲密联系,我们就会感到心灵的枯萎和生命的缺失。我们为什么需要亲密关系?因为亲密关系与泛泛之交不同,它能满足我们的归属需要。归属需要是人类长期演化的产物,在马斯洛的需要层次中,归属需要是仅次于生理需要和安全需要的第三层次,是人类的一种本能。换句话说,我们的幸福感很大程度上取决于归属需要得到满足的程度。为了满足归属需要,我们努力和他人建立并维持亲密关系。一旦亲密关系出现危机,我们就会感到失落和不安。

二、亲密关系之吸引与沟通

迈向成功人际关系的第一步在于人际吸引。那么如何产生吸引力呢？作者认为，吸引力的本质就是对他人的奖赏。在现实生活中，吸引是很主观的，很大程度上取决于我们的需求和喜好。往往被我们吸引的人不完全取决于"他是谁"，而是"我们是谁"。

我们可能会喜欢空间上临近的人。我们经常说"远亲不如近邻"。文字或声音中表达出的爱意，远不如脸颊上真实的一吻那么动人。正因为临近才更加熟识，进而变成喜欢。然而值得注意的是，虽然熟识能增加吸引力，但对于那些我们原本就反感或难以相处的人来说，接近则会雪上加霜，不如"君子之交淡如水"。我们可能会喜欢那些长相可爱的人。第一印象往往很重要。研究表明，在人们几分钟会面及交谈所了解的信息中，最重要的就是外表吸引力，这或许是影响男女之间最初是否喜欢彼此的重要因素。我们可能会喜欢那些喜欢我们的人。伴侣综合的吸引力，可以用伴侣的外表吸引力与我们感知伴侣喜欢程度的乘积来计算。如果两个人都喜欢对方，他们的感情契合就达到了"平衡"。如果我们获悉某人和我们一样厌恶其他人，我们就会倾向于喜欢与我们态度一致的人。这就是所谓的"敌人的敌人就是我们的朋友"。我们可能会喜欢与我们相像的人。首先是年龄、性别、种族、教育程度、宗教信仰和社会地位等人口统计学上的相像；其次是态度和价值观的相像；最后是性格的相像。前面提到长相的重要性，但如果两个人看起来差异很大，亲密关系同样可能无法建立。我们可能会喜欢得不到的人。在青春期时，父母越是干涉子女的恋爱和自由，越容易激发其抗拒心理，使其与对方反而更加相爱。当然，这种情况并非总是发生，但父母在限制孩子恋爱自由时，要三思而后行。

构建亲密关系的最重要一步在于有效的沟通。我们往往以为沟通就是说话，但实际上，沟通的过程要比我们意识到的复杂得多。我们选择与某人沟通，是因为我们希望向对方传递信息来表达我们的意图。然而我们的意图只有自己知道。要想把它传达给对方，就必须先把它组织成公开的语言或非语言信息。这中间会经过很多环节，于是就有可能产生错误或误解。如果我们的意图和对方的理解有所出入，就会产生人与人之间的隔阂。在亲密关系中，这种隔阂不仅会使双方感到不满，还会妨碍亲密关系的发展。这里就存在两种沟通：

一种是非言语沟通,一种是言语沟通。

非言语沟通在我们日常交往中起着重要作用,它由面部表情、注视行为、身体动作、身体接触、人际距离和副语言这六个方面组成。这六个方面看起来各自独立分离,但它们会彼此强化,共同作用。在现实生活中,如果当下情况让你不自在时,你可以通过非语言的"退避"来调整,比如身体转向一边,或者转移注视的目光,也可以借助不太愉悦的面部表情来表明不适,所有这些都用不着说一句话。非言语沟通在交往中发挥着重要的作用,也是社会生活中既实用又巧妙的技能。

语言沟通是亲密关系中非常重要的一部分,它直接影响着亲密关系的发展。语言沟通实际上是在进行一种自我表露,是衡量亲密程度的重要指标。两个人要变得很亲近,在沟通上必须满足三个条件:首先,他们必须进行有意义的自我表露;其次,他们必须对彼此的个人信息有兴趣和同理心;最后,双方必须都认识到另一方具有应答性。可是,有时尽管我们说出了心里话,努力想和伴侣沟通,结果却事与愿违,这又是为什么呢?这里存在两种常见的错误沟通模式。一种是伴侣无法准确表达自己的意图;另一种是在沟通中经常性地表现出消极情绪。不幸福的伴侣常常会无视对方的抱怨,不仅不想办法解决,反而去讽刺挖苦对方。为了尽量降低不准确表达的影响,我们在接收到对方的信息时,需要完成两个重要的任务:第一是要准确理解对方的意思;第二是要及时向对方传达关注和理解,让对方知道我们在意他。尽量多用第一人称来说明自己的感受,比如,当我们想说"你为什么看不到家里的卫生纸用完了",不如改成"我需要你对我们的家庭有更多关注"。经常使用这种句式有助于我们辨识自己的情感,对亲密关系的双方都有好处。这样做可以让我们意识到自己到底需要什么,从而更好地向伴侣表达,使沟通能够专注于问题本身。

三、亲密关系之友谊与爱情

友谊是我们获得快乐和支持必不可少的源泉,其属性包括尊重、信任、资本化、社会支持和应答性。友谊在整个生命周期中会有变化,其形式会随着社会环境、亲密程度和个体年龄的变化而有所改变。友谊在不同的个体和伙伴之间也存在差异。比如在学生时代,我们经常会看到女生一起手牵手走路,亲密地挽在一起说悄悄话,形成紧密的闺蜜情或姐妹淘。相比之下,男生之间的亲密互动就较为罕见。这并非男性缺乏建立亲密友谊的能力,而是因为他们通常不愿意这样做。社会对于男性之间亲密关系的接受度远低于女性,因此男性往往避免表现出过度的亲密。

友谊发展也存在一定的障碍,如羞怯和孤独。与人交往时,你是否会感到焦虑和拘谨,比较在意别人对你的评价?在陌生环境中,第一次见到有魅力、地位高的陌生人时,你是否很容易变得羞怯?其实,羞怯者只要放松精神,不再担心别人的评判,就可以表现得坦荡豁达。孤独和独处不同,如果你与他人的人际关系很淡漠,即使你身边有很多"朋友",仍然会感到孤独。想要克服孤独,我们应该寻求新的友谊而不是爱情,尽力使自己显得友好。如果能够采取更积极的方法——关注他人的优秀品质,期待他们的友好和善意,并且承认建立友谊是需要花费时间的,就可能享受到与他人更有价值的交往。

爱情的三角理论认为,爱情由三个核心成分构成:激情、亲密和承诺。激情是爱情中性欲的成分,是情绪上的着迷,一句简单的"我爱你"便足以让人心跳加快。亲密是爱情关系中温暖的体验,想要在漫长的岁月里维系好婚姻,亲密因素比激情更重要。承诺是维持亲密关系的期许和担保。婚姻的维系不依赖于激情,亲密和承诺才是婚姻的基石。

爱情能持久吗?研究表明,婚后,随着时间流逝,由于家庭关系等,爱情会慢慢减弱。甚至有时候夫妻浪漫爱情的减少非常迅速。那么,为什么浪漫爱情难以持久?可能有以下几个原因:一是幻想促进了浪漫,当伴侣生活在一起变得越来越现实时,浪漫就会消退。二是新奇感能为新确立的爱情关系注入兴奋和能量,但随着婚姻关系的确立和新奇感的减弱,激情也逐渐消退。三是随着时间的流逝,身体唤醒状态——如心跳加快、呼吸急促——也会逐渐减少,人们不可能永远保持紧张的激动状态。那么,爱情的未来是怎样的呢?爱情是纯粹的、平等的、自由的、相互尊重的。既来之则安之,我们应该接受爱情的到来,享受它带来的快乐和幸福,同时与伴侣共同探索生活中的新奇机会,以保持彼此间的新鲜感。面对困难和挑战时,我们无需畏惧,而应以开放的心态和坚定的信念去应对。

四、亲密关系之解体与维系

说到亲密关系解体,不得不提的就是情侣之间的分手。有些情况下,分手是直接的,或者是很明确地表达出来;但绝大多数情况下,人们倾向于采取间接的策略,如通过冷战、疏远或突然断绝联系等方式,让另一半主动提出分手。对于已经结婚的人群来说,亲密关系解体就意味着离婚。当今的离婚率比我们祖辈们要高很多这是不争的事实。随着生活质量的提高、学历的普遍提升等因素,当今人们对婚姻的质量要求提高很多,很多人选择不将就。另外,在过去,离婚往往会被认定为人生的失败,然而在当今社会,随着离婚率的普遍上升,它已经被社会接受,在法律和道德上都支持无过错离婚。

关系失败的理由成千上万,任何伴侣关系的恶化都可能牵涉到独特的时间和过程。不论文化背景如何,总有些婚姻很成功,而有些婚姻则以失败告终。研究表明,文化背景、个人背景和关系背景是影响婚姻的三大要素。在大部分的关系解体期间,会出现五个基本阶段;在最初的个人阶段里,伴侣一方开始不满意;然后进入双人阶段,不满的一方表达出想法,双方出现协商或对峙;随后进入社交阶段,伴侣们向家人或朋友解释遭遇,并寻求理解与支持;随着关系的结束,善后阶段开始,双方开始重新定位和整理记忆;最后是复兴阶段,双方重新以单身身份进入社交生活。婚姻的结束一般更为复杂,要分割财产、抚养小孩、遵从法律程序等。离婚会改变人的生活,有时变好,但更多的情况是变差。

那么,如何维持亲密关系呢?亲密关系的维持和提升主要从两个方面入手。一是保持忠诚,如果你想保护和维持宝贵的亲密关系,就不应将它置于致命的压力和紧张之下,所以不要出轨,欺骗你的伴侣。二是保持满足,亲密关系满足的秘诀有三点:(1)欣赏你的伴侣;(2)表达你的感激;(3)重复上述两步。我们有义务去注意伴侣为你付出的关爱、仁慈和慷慨,当我们向伴侣表达感激时,就能为他们提供巨大的价值认可和关爱。此外,我们还要学会主动去倾听对方的言语,分享自己的真实感受。有效的倾听是高质量的陪伴,不论是夫妻关系还是亲子关系,自身不带评判的态度非常重要。交流越多,对方就越能感受到你的重视。所以,我们要有意识地注意亲密关系中积极的一面,并将我们的认知和感激传递给伴侣,不断重复这一过程,双方都会更加幸福!

罗兰·米勒的《亲密关系》是一本富有启发性和深刻见解的作品。作者通过生动的案例和深入的分析,带领我们走进亲密关系的世界,探寻其中的本质和奥秘。该书遵循由浅入深、由一般到特殊的认知规律,论述了亲密关系的基础、活动形态、类型、矛盾和修复等内容。读完这本书,你将对人际吸引、爱情、婚姻、承诺、友谊、沟通、依恋等亲密关系的方方面面有一个全新的认识。该书将指导我们更加明智地选择伴侣、更加细心周到地呵护我们跟伴侣之间的关系,从而建立并维持令人满足的亲密关系。亲密关系是人类经验的核心,处理得好能给人带来极大的快乐,处理得不好则会造成重大创伤。科学地认识亲密关系,关系到我们每个人的幸福。

参考文献

米勒.亲密关系[M].王伟平,译.北京:人民邮电出版社,2015.

导读人简介

  胡曦玮,管理学博士,图书情报与档案管理专业,东南大学图书馆馆员。目前是学科服务服务部副主任,主要从事院系服务、信息素养等工作。热爱生活,更爱一张软沙发、一杯热茶、一本书或一部电影,一个人独赏。把时间留给自己,把自己交给岁月。

疗愈"有毒"原生家庭的创伤

导读人：刘丽娟

每个人都希望能拥有良好的人际关系，找到自己的价值感，而构建这种良好人际关系和自我价值感的关键在于自己的认知能力。原生家庭对我们的成长和发展有着深远的影响，家庭成员的行为和态度会影响着孩子的性格和认知能力。在一些不健康的原生家庭中，孩子们可能会形成一些性格缺陷，如焦虑、自卑、依赖等。《原生家庭：如何修补自己的性格缺陷》是一部振聋发聩的家庭心理疗伤经典之作。该书为自我认知不足、性格存在缺陷的人提供了有效的改善方法。作者苏珊·福沃德和克雷格·巴克通过工作中接触到的大量真实素材，总结了各类"有毒父母"的所作所为，分析了这些不健康的原生家庭是如何伤害子女，持续影响子女成年后的生活，并介绍了具体的对策，帮助这些受过或仍在承受父母伤害的子女获得勇气和力量，从父母的负面关系中逃脱出来，恢复自信自强，重新得到自由和幸福。

该书主要分为"前言""有毒的家庭行为模式"和"拥抱你的内在小孩"三部分内容。"前言"部分主要讲述了有毒的父母、中毒的孩子，提到了大多数人不会把生活中遇到的问题同自己的父母联系起来，而实际上与父母的关系却会对自己的生活产生重大影响；"有毒的家庭行为模式"部分主要归纳总结了七种"有毒"的原生家庭，展示了每种"有毒"家庭的行为模式和对下一代产生的不良影响；"拥抱你的内在小孩"部分主要是从意识层面和具体措施上提出了解决问题的途径。

一、有毒的父母、中毒的孩子

童年时期，父母骂过你或者打过你吗？你是否因为父母做过的一些事情，而心里一直充满恐惧或者愤怒？当你成年后，你有没有因为怕被别人欺骗和伤害，而不敢和别人走太近？有没有因为怕有人不喜欢自己，而宁可在人前伪装也不敢展示真实的自己？……童年时期、成年后的你与父母之间的关系又是怎样的？父母会仍把长大的你当成小孩看待吗？你人生中的重要决定都要征求他们的同意吗？当父母不高兴的时候，你是不是觉得自己做错了？你是否觉得有时自己明明是出于好意，行事却与你的父母如出一辙？你觉得放松下来尽情玩乐很难吗？……

如果在你身上存在着以上的问题，那你很可能就是美国心理医师和畅销书作家苏珊·福沃德和克雷格·巴克的《原生家庭：如何修补自己的性格缺陷》一书中所讲的"中毒的孩子"。心理学上有一种论断：一个成年人的性格和为人处世方式很大程度上取决于童年，而童年所接纳的教育、信息、观点有很大一部分来自家庭。

本书的开头，讲述了一位事业有成的整形外科医生戈登，在结婚六年后，妻子因无法忍受他暴躁的脾气要离开他的案例。作者苏珊·福沃德与戈登进行多次交谈后，发现了其暴躁性格背后的成因竟是他与父亲糟糕的关系。这个案例旨在告诉我们一个人与父母的关系会对生活产生重大影响。人内心那些灰暗的、一直以来难以被别人和自己接纳的感受，其实都来自家庭，而且主要是受到父母的影响。

如果父母的行为模式是持续存在的，而且始终支配着孩子的生活，那这就是伤害型父母。在有毒的父母影响下，孩子成年后会继续背负着身为不称职子女的罪恶感，很难建立起一个积极的自我形象，由此引发的自信心和自我价值感的缺失反过来也将影响他们生活的方方面面。其实很多成年人出现的自我怀疑、焦虑、缺乏安全感、愤怒等都可以追根溯源到与父母的关系。这不是要指责父母，而是要教会人们正视问题并寻求到正确的方法来修复这些性格的缺陷，从而获得生活的幸福感。

我们需要《原生家庭：如何修补自己的性格缺陷》这样的书，这本书没有很深的道理，简单直接，可以让我们很清晰地去认识自己的家庭。家既是爱与温暖的传递通道，也是恨与伤害的传递通道。这个通道远大于战争的破坏力，因为至亲的相互伤害让人丧失了对人性的希望。有些父母是"中毒"的，而且"中毒"的父母也绝不在少数。

要判断父母是否有毒,或是曾经有毒,并不总是那么容易。很多人都与自己的父母关系紧张,单凭这一点还不足以说明你的父母在情感上对你造成了伤害,需要采用调查问卷等方式来解开这些问题。要正视父母可能对你造成了多少伤害也不是一件容易的事情,情绪上的反应可能有些痛苦,但只有对父母对你的负面影响有更清楚的认知,才能着手去解决这些问题,从有毒父母的遗毒中解脱出来。消除父母对你造成的负面影响是一个循序渐进的过程,最终你内心的力量会得以释放,你隐藏多年的自我亦会得到解放,你将找回自己本应成为的那个富有爱心、独一无二的人。

父母在我们心里种下了精神和情感的种子,它们会随我们一同成长。在有些家庭里,父母种下的是爱、尊重和独立,而在另一些家庭里,则是恐惧、责任或负罪感。如果你来自第二种家庭,有一个"中毒"的家庭,如果你已成年,那么你有很多方法可以将自己从有毒父母留给你的扭曲的负罪感和自我怀疑中解救出来。在该书中,作者运用了大量行医过程中接触过的病例,有些是根据录音材料直接记录下来的,有些是从笔记中整理出来的,所选择的都是在日常工作中每天都会遇到的、最具代表性的事例,并分别针对这些进行了策略探讨。不是那种父母会奇迹般骤然变好的自欺欺人的希望,而是相信自己能够从心理上摆脱父母那种强烈且具有毁灭性影响的切实的希望。你需要做的是找到这份勇气,如果你有勇气和力量遵循书中的指引,它可以帮助你从父母手中寻回你作为成年人本应拥有的各种权利,以及生而为人的大部分尊严,挣脱束缚,成为自己生活的主人,将爱、幸福与自由重新点燃。

二、有毒的家庭行为模式

这部分内容总结归纳了七种有毒父母行为模式。

天下无不是的父母——"他们当时不过是想帮我"。书中桑迪想要孩子却一直怀不上,父母得知情况不但没有安慰她,反而指责她,认为是她自作自受。父母给桑迪造成了痛苦,她却竭尽全力给父母开脱责任,把所有罪责归因在自己身上。"天下无不是的父母"制定规则,进行审判。在神化他们的同时,也意味着在以后的生活中你将恪守他们所信奉的规则,将痛苦的情感视为生活中的一部分,甚至将它们合理化,说服自己其实这对你还颇有益处。这种状态持续的后果是:我们会将原本在原生家庭应当释放的情绪,转移到自己建立的新的人际关系中,伤害里面的人,让自己既愤怒又悔恨,陷入"情绪陷阱"。

不称职的父母——"你不是故意的,不等于你没有伤害我"。不称职的父母推卸自己应该对孩子所尽的责任和义务,通过"不作为",让孩子失去了积极角色的榜样,影响了孩子的情感健康发展。他们将自己的精力集中在对自己身体和情感的维护中,有意无意之间向孩子传达了一种信息,即你的感受,你的情绪,比起父母而言,都不重要。这类家庭中长大的孩子,很难准确地表达自己的任何情感,对自我存在感、价值感的认可度非常低,以"他人的感受"(最开始是父母)来定义自己。而且在此类父母之下,孩子往往会过早地承担家庭的责任,同时在社会关系中也难以界定自己的身份和位置,不知道自己是谁,不知道在感情世界中自己该有什么样的期望。

操控型父母——"为什么不能让我过自己的生活"。操控型父母将自己的生活与孩子的生活"捆绑"在一起,打着"这都是为了你好""我这样做都是因为你""正是因为爱你所以我才这样做"这些旗号来行控制之实。他们以自我为中心,通常缺乏自信,本身充满着不安全感和无力感,对于"空巢综合征"(孩子离家后父母不可避免要经历的一种失落感)有一种病态的恐惧,会因为孩子的独立而感觉遭到背叛和遗弃,害怕自己不被孩子需要,把孩子能力不足作为控制的理由,宁愿孩子活在痛苦之中。这类家庭中长大的孩子身上存在的一个最大问题就是不能独立,对于自我认知会变得模糊,会有一种深深的无力感,很难成熟起来。很多人无法摆脱对父母一直以来的指导和管控的需求。

酗酒型父母——"这个家里没有酒鬼"。"不认账"是酗酒型父母的家常便饭,这种家庭环境会让孩子产生极大的恐惧。酗酒型父母通常在彼此和外界面前伪装成"正常家庭",谎言、借口和秘密就像空气一样充斥在家庭里,给孩子造成了极大的感情困扰,让他们总是否定自己的情感和感知能力的正确性,总是被迫对自己的想法和感觉说谎。孩子在成长过程中想要培养起强大的自信心几乎是不可能的。负罪感会让他怀疑人们是否会相信他,长大以后,受人猜疑的感觉依然存在,所以他们会刻意回避表达自己的意见,不去流露任何情感,忽略自己的感受,变得痛苦、怯懦、孤独。

身体虐待型父母——"你永远也不知道什么时候会出事"。身体虐待型父母通常都极度缺乏对冲动的控制力,只要有负面情绪需要发泄,他们就会选择对孩子动粗,暴力是他们学会解决问题和发泄情绪(尤其是愤怒)的唯一手段。

而父母打孩子这件事情实际上并不能归因于孩子做得不好,而通常是因父母的疲惫、压力、焦虑而导致的。孩子永远不知道父母什么时候会发怒,他们童年时期会充满焦虑、紧张和痛苦。自我厌恶感、对父母的依附、无处宣泄的愤怒、难以战胜的恐惧、对他人的信任缺失以及自身安全感的匮乏是这类家庭成年子女的常见问题。

言语虐待型父母——"你要是没生出来多好"。如果父母经常对孩子的外表、智力、能力或作为人的价值进行语言层面的攻击,这就属于言语虐待型父母。有的父母会直接地、公开地用恶毒的语言贬损孩子,可能会骂孩子愚蠢、没用、丑陋,或是当初没有把孩子生下来多好。他们无视孩子的情感,不仅严重损害了孩子正当的自我认知,还会对他的生存方式及成就价值产生必然的负面影响。在这类家庭中长大的孩子,会陷入"完美主义""拖延"和"心理瘫痪"无法自拔,对能够完成的工作追求完美,对认为无法完成的工作,为避免不完美的结果而选择一拖再拖,心理作祟下,问题越积越多,恐惧也就像雪球一样,越滚越大,最终走向心理瘫痪。

性虐待型父母——"父亲对我做的事情永远都不可以告诉任何人"。乱伦或许是最残酷、最令人难以启齿的经历了,这背叛了孩子与父母之间最基本的信任,也摧残了孩子的感情。这些弱小的受害者完全依赖于他们的侵害者,无处可逃,也无人可以求助。这类家庭的孩子作为受害者,即便非常年幼也知道这种事情要保密,其受到的伤害除了身体上的以外,精神和内心深处也遭受着禁忌和耻辱的痛苦折磨。成年后,他们大多无法摆脱自己无能、无用、罪孽深重的感觉,肮脏、伤害、异类这种扭曲的自我认知,严重影响着生活和工作。这些受虐的场景会在脑海里反复折磨他们,很容易让他们心理崩溃,产生抑郁症等心理疾病甚至走向自杀的道路。

三、拥抱你的内在小孩

在七种有毒家庭模式中,子女通常会建立起一道"否认"的心理防线,来极力缩小现实带来的痛苦。但是否认带来的安慰只是暂时的,影响却一直存在。这如同高压锅一样,里面的压力没有得到释放,而不停在外面加固并不能解决问题。只有从家庭体系角度来审视有毒的父母——他们的观念、规矩,以及我们对这些规矩顺从时产生的自我破坏行为等,重新界定自己,找到适合自己的生活方式,才能重建全新的自信和自我价值。

作者结合自己的专业知识以及多年的诊治经验,介绍了修补因原生家庭导致的性格缺陷的详细方法,包括自我诊断,用坚定而温和地表明自己立场的非辩护性回应与父母沟通,卸下不属于自己的责任,把责任归回该承担的人身上,放过自我,最后是与自己的父母对峙等,对自己做初步的判断及治愈。

明确责任,释放悲痛和愤怒。"你不该为父母的错误行为负责",不再自我惩罚,需要将童年时的愧疚、耻辱、自责找出来,重新认清责任方,卸下为童年不幸遭遇而承担的责任,将其归还给应承担责任的人。当我们惊讶地发现造成这一切的原因竟然都是父母,我们会愤怒。那我们要表达出我们的愤怒,并且有效地管理愤怒,允许自己愤怒,不要压抑自己的感受,增加运动量,不要让愤怒加深自己心中消极的自我形象,把愤怒转化为自我定义的动力源泉。将责任归于父母,并不是将自损行为的责任全部一脚踢开,也不是鼓励抱怨"全是他们的错"。将童年的自己身上的责任免除,并不意味着同时免除了成年的自己的全部责任。认清在与父母的关系中自己应负的责任,接受自己已经失去的事实,将重点从过去的痛苦转移到现在的新生活和未来的目标上。我们可以原谅伤害过自己的父母,但应该在理清自己的情绪之后再来做这件事,而不是在之前。面对自己的遭遇,首先需要发泄愤怒,需要哀悼我们从未得到过的渴望许久的父爱和母爱这一事实,不应该去弱化和抹杀曾遭受的伤害。很多时候的原谅和忘记意味着假装一切都没有发生过,而只有当父母努力去求得我们的原谅时,这种原谅才有意义。只有从有毒父母的控制下解放自己,才能获得情绪和内心的真正平静,并不一定非要原谅他们。只有释放了内心的悲痛和愤怒,只有将责任归于那些应该负责的人——你的父母之后,真正的解放才能降临。

与父母对峙,重新自我界定。鼓起勇气面对父母,克服童年时的恐惧,将重点放在自己如何回应父母"从童年到现在"的行为习惯、语言模式或者思想认知,告诉父母我们曾经的真实感受和现在受到的伤害,重新定位彼此之间的关系,释放过去积压的感情,重回健康的家庭关系。跟父母对峙是解决问题最重要的办法。对峙意味着你要为了痛苦的过去和艰难的现在,在经过深思熟虑后勇敢地面对你的父母。这会是你做过的最令你恐惧,同时也最能赋予你力量的事情。你必须坚强到足以应对父母的反驳、否认、责难、愤怒或者其他任何由对峙引发的消极情绪;你必须有充分的体系来帮你度过从期待对峙、对峙本身到出现对峙的后果这三个不同的阶段;你必须将想说的内容事先写成信件加以演练,必须练习使用非辩护性回应;你必须改变观念,不再继续为儿时所遭遇的痛苦承担责任。你可以采用写信、面谈等方式与父母进行平静或者激烈的对峙。对峙是通往独立自主道路上最激动人心的阶段,不论对峙期间或之后发生什么事情,只要你有勇气付诸行动,就是胜利者。就算你没有任何战利品,就算你没能把计划中的台词全部说完,就算你慌乱中又开始为自己辩解,就算父母愤然起身弃你而去……你仍然做到了。你对自己和父母坦白了生活的真相。从今以后,你再不会受制于身陷与父母关系中的旧有角色而不得解脱的恐惧感。我们既是家庭中的一分子,也是独立的个体,情感上的独立并非家庭关系的断绝,我们应当拥有自己的信念、感情和行为,我们需要时时"自我界定"。但自我界定,并非自私自利,只是拿回生活、情感的自主权,清楚自己和父母之间的关系,做到情感上的独立。我是我,父母是父母,自己的事情自己做主,并为自己的选择负责。当父母让"我"左右为难时,就要好好想想,如果按照父母的要求做了,"我"会不会不开心和压抑,是否违背了"我"的意愿,甚至侵犯了"我"的权利。如果是,就可以拒绝父母。因为只有这样,别人的想法和感觉才不会将你再次拉入自我怀疑的深渊。

必要时,可以找专业的心理治疗介入,化解问题,同时也能对自己的心理创伤进行舒缓、治疗。如果单凭一己之力难以打破,选择一位心理医师是非常必要的,可以采用心理治疗去帮助你摆脱愧疚、恐惧和屈辱的困境。

虽然我们无法选择父母,但成年后的我们,依然可以选择拿回自己人生的自主权,开启新的生活方式。如果你曾经历童年的痛苦,现在也仍在被困扰中,那么这本《原生家庭:如何修补自己的性格缺陷》或许可以帮助你。

阅读这本书的根本意义在于,我们要完成一个"阻断"。当我们检视和察觉了自己的"毒素"之后,当我们逐步完成了"疗毒"过程之后,我们能做的,也必须要做的是,拿出信心和勇气"阻断毒源",做一个更好的自己。在该书的最后,作者写道:"成为一个真正的成年人并不是那么简单。你会经历一个艰难而疲惫的过程;准备好应对挫折和失误,从上到下,从前到后,从里到外地磨炼自己。焦虑、恐惧、内疚和困惑对任何人来说都无可避免,但这些魔鬼将再也无法控制你。这,才是关键。"

参考文献

[1] 福沃德,巴克,黄姝,等.原生家庭:如何修补自己的性格缺陷[J].家庭百事通,2021(4):49.

[2] 福沃德,巴克.原生家庭:如何修补自己的性格缺陷[M].黄姝,王婷,译.北京:北京时代华文书局,2018.

导读人简介

刘丽娟,情报学硕士,东南大学图书馆馆员。在人生路上,我们所见均有限,而读书可以让我们看得更远、更清晰,同时又让我们学会如何思考,如何进行自我调整,更加准确地定位,珍惜当下,享受每一个瞬间的美好。

历史与社会

置身事内，躬身入局

——中国政府与经济发展

导读人：卢欣宇

"风声雨声读书声声声入耳，家事国事天下事事事关心"是我们从小就背诵的名句，但在长久的教育中，我们耗费大多数的精力关注"能上哪个学校""能找到什么工作""怎么才能买得起房"等个人的问题，却很少关注我们国家乃至世界的发展变化。然而，每个人都处在时代的洪流之中，中国经济的发展也与每个中国人都息息相关，我想相较于以旁观者的姿态置身事外，以参与者的身份躬身入局会是更为明智的做法。

《置身事内：中国政府与经济发展》这本书讲的是我们国家的经济故事，其中有让我们骄傲的繁华，也有让我们梦碎的房价。书的主角既不是微观的价格体制，也不是宏观的经济周期，而是政府和决策。作为处在这个有机体中的每一位中国人，只有深入了解政府这一政治经济机体如何运作，才可能对其进行判断。全书篇幅不短，以投融资为主线，分为上下两篇，上篇解释微观的经济体制，包括政府的基本事务、收入、支出、土地融资和开发、投资和债务。下篇解释这些微观行为对宏观现象的影响，包括城市化和工业化、房价、地区差异债务风险、国内经济结构失衡和国际贸易冲突等。希望每一个读完这本书的人，都能对我国的经济有更加深刻的认识，从热闹的政经新闻中看出门道，从枯燥的政府文件中觉察到机会。

一、置身事内：政府深度参与经济发展

在我国，政府不但影响"蛋糕"的分配，也参与"蛋糕"的生产，因此不可能

脱离政府谈经济。地方政府是经济发展中的关键一环,事务繁杂,自主权力很大。因此要全面了解我国经济,需要了解政府间的事权划分、资源分配以及财税制度、"土地财政"等问题。

要理解政府治理和运作的模式,首先要了解权力和资源在政府体系中的分布规则,即事权划分。我国政府管理体系为"中央—省—市—县区—乡镇"五级体系,具有深厚的历史和文化渊源,且处于不断发展变化之中。在这一行政体制下,书中重点介绍了"中央与地方政府""党和政府""条块分割,多重领导""上级领导与协调""官僚体系"这五个与经济发展密切相关的体制特点。而在任何体制下,权力运作都受到"做事的能力""做事的意愿"两种约束,这里作者探讨了地方政府事权划分的三大原则,即"公共服务的规模经济"、"信息复杂性"和"激励相容"。提供公共物品和公共服务是政府的主要职能,因此覆盖的人群越多、范围越广就越划算,这就是"规模经济",当然影响公共服务效果的还包括人口密度、地理与文化差异等因素。信息对于权力的影响,用"山高皇帝远"可以形象地描述,在实际工作中,信息优势始终是权力运作的关键要素,政府的有效运作需要维护好"上级干预"和"下级自主"之间的平衡。"激励相容"是指一方想做的事,另一方既有意愿也有能力做好。在上下级的事权划分中,具体和明确的事务更多时,更倾向于垂直管理;而对于更宏观的工作,则需要给地方放权,激发地方的能动性。而地方政府的权力远不止提供公共物品或公共服务,政府本身也会参与到经济发展中,这一点在招商引资中体现得极为明显。土地开发、产业规划、项目运作等一系列工作中都有政府的身影,政府深度参与了生产和分配的环节,所以在中国,想要脱离政府来谈经济,是不现实的。

事权划分是理解政府间资源分配的基础,而事权要求相应的财力支持,要真正理解政府行为,必然要了解财税。1994年的分税制改革对政府行为和经济发展影响深远,税改前的1985年—1993年,各级政府采用的是财政包干体制,这种制度下地方发展经济扩大税收的积极性很高,但与此同时,也造成了"两个比重"越来越低,也就是中央财政预算收入占全国财政预算总收入的比重和全国财政预算总收入占GDP的比重。在此背景下,1994年的分税制改革将税收分为三类:中央税、地方税、共享税。其中,增值税约占全国税收收入的1/4,是改革中最重要的税种,改革前增值税是地方税,而改革后变成共享税。这次改革扭转了"两个比重"不断下滑的趋势,增加了中央政府的宏观调控能力。分税制改革后,政府可支配的财政资源大大减少,但以经济建设为中心的任务却没有改变,地方要么增加税收规模,要么增加预算外收入,轰轰烈烈的"土地财政"就此登场。所谓"土地财政",不仅包括巨额的土地使用权转让收入,还包括与土地使用和开发有关的各种税收收入。政府一方面低价供应工业用地,招商引资;另一方面限制商住用地供给,从不断攀升的地价中赚取土地垄断收益。"土地财政"在一段时间内为城市化和工业化的推进提供了重要资金来源,但也加重了地方政府的债务,导致了全国范围内土地资源和建设用地分配难以优化。与此同时,分税制改革也造成了纵向和横向的不平衡。首先,基层财政困难,出现了"财政层层上收,事权层层下压"的局面,引发了"农村税费改革"等一系列的改革;其次,地区间的经济发展水平和财力差距也不断扩大,中央财政通过地区间的横向转移支付,尽量缩小地区间公共服务水平的差距。

土地的真正力量不在于"土地财政",而是以土地为抵押而撬动的银行信贷和其他各路资金。也正是这些信贷和资金,将"土地财政"的规模成倍放大为"土地金融"。在"土地金融"下,地方政府主要有两种投资模式:一是成立"城投公司",作为地方政府的融资平台;二是以政府付费使用私营企业开发建设的基础设施为主要形式的"政府和社会资本合作"。这两种模式下,土地价格显得极为重要,一旦经济增速放缓,地价下跌,融资平台和地方政府的债务问题就会极为棘手。因此,为解决地方债务问题,政府出台了一系列改革与治理措施,包括(1)以地方政府发行的公债替换一部分融资平台公司的银行贷款和城投债;(2)推动融资平台转型,厘清其与政府之间的关系;(3)约束银行和各类金融机构;(4)问责官员,对过度负债的行为终身追责。不仅如此,政府投资和土地金融的发展模式还会导致腐败严重,因此反腐败也成为国家治理能力建设的一部分。债务和腐败问题不是进行简单的"软约束"或制度建设就能解决的,更为重要的还是简政放权,转变政府角色,使其从生产投资型政府向服务型政府逐步转型。

现实世界没有明确的"市场"和"政府"分界,我国经济改革脱胎于计划经济,政府掌握大量资源,必然会以各种方式深度参与工业化进程。作者详细叙述了京东方和光伏产业的例子,向我们生动展示了行业和企业如何借力政府来发展、政府如何影响行业兴衰和技术起落等。由此分析了"东亚产业政策模式"的两个特点:(1)政府帮助本土企业进入复杂度很高的行业,充分利用学习效应、规模效应和技术外溢效应,能够迅速提升本土制造业的技术能力和国际竞争力。(2)强调出口,当国内市场有限时,海外市场可以促进竞争,提高企业创新能力。在政府对高科技企业提供资金支持的背景下,脱胎于地方政府投融资的传统模式,产生了特定产业政策工具的运行模式,即政府产业引导基金,主要用于投资高新产业。在近些年公众熟知的新能源、芯片、人工智能等新技术领域,往往都能看到政府产业引导基金的身影。但引导基金作为财政资金,进行风险投资也遇到了体制性困难,包括:(1)财政资金保值增值目标与风险投资困难亏钱之间的矛盾;(2)财政资金的地域属性与资本无边界之间的矛盾;(3)若缺乏社会资本,引导基金也独木难支;(4)薪金激励机制是很难突破的瓶颈。

二、直面困境:经济发展的不平衡

现实世界中往往既没有皆大欢喜的改革,也没有一无是处的扭曲。政府以土地为杠杆,撬动大量资源,快速推进了城市化和工业化进程,这一模式有三个显著的特点:(1)城市化过程中"重土地、轻人";(2)招商引资竞争中"重规模、重扩张";(3)发展战略"重投资、重生产、轻消费"。这些特点虽拉动了经济快速增长,但带来了一系列发展的不平衡。

"重土地,轻人"的城市化模式,快速推进了城市化和基础设施建设,但公共服务供给不足,导致房价过高,居民债务负担加重,加剧了地区差距和贫富差距。1994年分税制改革后,我国城市化逐渐进入以"土地财政"和"土地金融"为主要推手的阶段。房价成为城市化矛盾的焦点,全国范围内的房价差异大。人口大量涌入的城市,居民用地供给远远不足,导致房价大幅上涨。与此同时,我国居民债务主要来自买房,房价的快速增长导致居民债务负担不断加重,加剧了贫富差距。因此,化解居民债务风险,不仅要遏制房价上涨势头,更重要的是提高收入,尤其是中低收入人群的收入。过去40年间,我国居民收入差距明显扩大,且有两个特点:城乡差距和地区差距。要想平衡地区间的发展差距,关键是要平衡人均差距而不是规模差距。为实现人均意义上的均衡,就需要让劳动力自由流动,这涉及土地流转和户籍改革等。其中,土地流转需要建立城乡统一的建设用地市场,打破城市政府对城市住宅用地的垄断;户籍改革指逐步取消农村户口与非农村户口的差别,建立统一的"居民户口"制度,逐步实现按常住人口规划公共服务供给。中国的发展与崛起,极大降低了全球范围内的不平等,但城市化发展过程中,贫富差距却在不断扩大。经济快速增长时,虽然收入差距也在不断增加,但低收入人群的收入水平也在快速增加,因此对贫富差距的敏感度没有那么高;而一旦经济增速放缓,社会对不平等的容忍度就会减弱,容易引发社会矛盾。

"重规模,重扩张"的招商引资竞争,推动了企业成长和快速工业化,但也加大了债务风险。经济的正常运行离不开债务,但高负债率会引发经济危机,因为负债率高的经济中,资产价格下跌往往迅猛,同时资产价格下跌会引起信贷收缩,导致资金链断裂。债务虽然源于人性,但债务周期却有起有落,受到特定的外部因素影响。以美国次贷危机为例,一方面,布雷顿森林体系解体后,放开了跨境资本流动,为银行借贷打开了方便之门;另一方面,国际资本流入,美国国内贫富差距巨大,导致大量资金涌入金融系统。单纯的债务并不可怕,如果借来的钱能被实体企业吸纳,那么投资所形成的良好资产可以增加未来的收入,还债就没有问题。但现实中大批的资金流入房地产和金融行业,推动了资产泡沫,引发危机。而我国债务迅速上涨的势头始于2008年,其中企业债务远超发达国家。原因之一是资本市场发展不充分,企业融资以债务尤其是银行贷款为主,股权融资占比很低。企业债务中需要重点关注三个问题:(1)地方政府融资平台的债务;(2)"国进民退"现象;(3)房地产企业的债务问题。要想完整理解债务风险,除了从债务人角度思考,还需了解债权人的风险,在我国主要的债权人就是银行。2008年"4万亿"计划放松了信贷管制,银行信贷规模迅速膨胀;同时银行偏爱以土地和房产为抵押物的贷款;最后"影子银行"业务兴起,银行风险会传导到其他金融部门:这些都加大了银行的风险。而要化解债务风险,主要有两个途径:偿还已有债务和遏制新增债务,改革滋生债务的政治经济环境。要偿还已有债务首先可以增发货币,主要有三类方式:第一类方式是增发货币,降低利率;第二类方式是"量化宽松",即央行通过增发货币来买入各类资产,把货币注入经济;第三类方式是债务货币化,核心是用无利率的货币替代有利率的债务,以政府预算收支的数量代替金融市场的价格(即利率)来调节经济资源配置。我国通过限制房价上涨,限制"土地财政"和"土地金融",限制政府担保和国有企业过度借贷等方式遏制新增债务。但遏制新增债务的根本性措施是资本市场改革,改变以银行贷款为主的间接融资体系,拓宽直接融资渠道。总的来看,我国债务风险的本质不是金融投机的风险,而是财政和资源分配机制的风险,其根源在于我国经济发展的模式和结构。

"重投资、重生产、轻消费"的经济结构,一方面拉动了经济快速增长,扩大了对外贸易,使我国迅速成为制造业强国,但也导致经济结构不平衡。我国经济的崛起得益于全球化,由于自身体量很大,也给全球体系带来了巨大冲击,在取得巨大成就的背后,隐藏着两重问题:一是内部经济结构失衡;二是国内需求的不稳定和贸易冲突。我国经济结构失衡的最突出特征是消费不足,主要因为:(1)GDP 中可供居民支配的收入份额低;(2)居民储蓄率高。其中,居民收入份额低与地方政府推动工业化的方式有关;居民储蓄率高则是计划生育、政府民生支出不足、房价上涨三者共同影响的结果。内部的失衡必然伴随着外部失衡,超过消费能力的投资会变成过剩产能,导致浪费严重。一方面,投资形成的资产不能提高生产力、带来收入、带动消费,那么这种投资就是浪费;另一方面,外国需求受到国外政治、经济变化的影响,难以掌控,容易形成资源的浪费。我国国内产出没有被国内消费和投资完全消耗掉,因此出口大于进口,而美国的国内产出满足不了本国消费和投资需求,因此进口大于出口。在所有贸易逆差国中,美国一直视中国为最主要对手。美国政客和媒体经常提到,"中国制造抢走了美国工人的工作",但从实际数据来看,美国工人就业率低主要是技术进步和生产率提高的原因。相比之下,中国对美国的技术冲击和挑战更加实实在在,这也是中美贸易冲突和美国技术遏制可能会长期化的根本原因。我国借助投资和出口,迅速成长为工业强国和世界第二大经济体,但过去的这种发展模式难以持续,经济结构内外失衡严重,因此中央提出发展战略上的转型,包括:(1)继续推进城市化,让人口向城市尤其是大城市集聚;(2)转变地方政府在经济中扮演的角色,降低生产性支出,加大民生支出;(3)加快金融体系和资本市场的改革;(4)进一步扩大对外开放;等等。但经济结构的再平衡从来不是一件容易的事,未来也不可知,更需要一种"发展"的观念。

三、探索之路:经济发展的改革

依托市场经济的理论来研究中国经济,有个很大的好处,就是容易发现问题,觉察到各种各样的"扭曲"和"错配"。但从发现问题到提出解决方案之间,还有很长的路要走。

从本书的副标题"中国政府与经济发展"聊起,改革首先就是要推进政府角色转变,使其由生产型政府向服务型政府转型。国家越富裕,政府在国民经济汇总所占的比重往往越大,这种现象也被称为"瓦格纳法则"。因为随着国家发展,民众对于政府服务的需求也会越来越多。政府服务质量和收入数量在不断发展和变化,"有为政府"需要不断建设和完善,政府的角色和作用也要不断发展变化,以适应不同发展阶段的要求。在经济发展早期,市场不够完善甚至缺失,这时候政府能力就是市场能力的补充或替代。"举国体制"或"集中力量办大事"是很多落后国家推进工业化和现代化的重要方式。经济发展初期,市场发展不完善,政府和国企以主导投资的方式,深度介入工业化和城市化的进程,通过不断动员土地、劳动、资本等资源并将其投入生产,从而满足社会需求,推动经济发展。但这种发展模式不能一成不变,"政府能力",不仅包括获取资源的能力,也应包括政府随经济发展而不断调整自身角色和作用方式的能力。所以当经济发展到一定阶段后,投资、融资、生产都需要更加分散化的决策,政府不能以经济效益为单一目标,还要承担民生、社会服务等多元职能,从"生产型政府"向"服务型政府"转型。随着工业升级和技术进步,工业中机器使用率越来越高,创造的就业机会就越来越少,所以大部分就业需要依靠服务业的发展。而服务业的发展与"服务型政府"的目标不谋而合:一方面,服务业规模较小,政府"集中力量办大事"的投资和决策机制在服务业发展中的优势不明显;另一方面,服务业的核心是人力资本,而"服务型政府"也要求政府加大教育、医疗等民生支出,加大"人力资本"的投资。在"服务型政府"的建设过程中,首先需要以提供公共服务为核心理念,不断提升政府的公共服务供给能力;其次要强调公共服务供给内容的优化,提供基础性公共产品的同时,不断扩大经济性服务领域;然后要推动公共服务供给主体的多元化,充分发挥市场、社会主体在公共服务中的作用,满足民众多样化的需求;最后要重视公共服务供给方式的创新,采用与企业或非政府组织等多方平等合作的方式,以公民需求为导向,由公民来决定。

我国改革的起点是计划经济,政府直接掌控大量资源,还能影响资源分配。因此深化要素市场改革,建立高标准市场体系是我国经济发展的重要改革之举。我国要素市场主要包括土地要素、劳动力要素、资本要素、技术要素和数据要素等,推进要素市场化配置改革,需要让市场力量在各类要素分配中发挥更大作用,让资源更加自由流动,从而提高资源利用效率。在工业化和城市化过程中,"土地财政"和"土地金融"起到了重要作用,因此土地要素在要素市场中也具有重要地位。推进土地要素市场化配置,要以推进土地集约高效利用和建立健全城乡统一的建设用地市场为重点;不断深化产业用地市场化配置改革,健全长期租赁、先租后让、弹性年期供应、作价出资(入股)等工业用地市场供应体系;充分运用市场机制盘活存量土地和低效用地,盘活存量建设用地;完善土地管理体制,推动土地计划指标更加合理化。劳动力要素市场化配置方面需要引导劳动力要素合理畅通有序流动,以进一步深化户籍制度改革为核心,试行以经常居住地登记户口制度;健全统一规范的人力资源市场体系,畅通劳动力和人才社会性流动渠道;以职业能力为核心制定职业标准,完善技术技能评价制度;畅通海外科学家来华工作通道,加大人才引进力度。资本要素市场化配置则主要包括股票市场、债券市场规模和制度建设,同时要健全多层次资本市场体系,增加有效金融服务供给,主动有序扩大金融业对外开放。技术要素市场化配置的关键点在于加快发展技术要素市场,首要着力点就是技术产权的激励,需要健全职务科技成果产权制度,完善科技创新资源配置方式;其次要不断培育发展技术转移机构和技术经理人,提高技术转移专业服务能力;最后要促进技术要素与资本要素融合发展,支持国际科技创新合作,扩大技术出口。数据要素作为新兴的生产要素,要不断探索建立数据流通技术规则,加快培育数据要素市场,聚焦数据全生命周期的制度建设,推动部分领域数据采集标准化,不断推进政府数据开放共享、提升社会数据资源价值的同时,加强数据资源整合和安全保护。

长期以来,政府习惯通过加大投资、鼓励消费、扩大出口等方式扩大需求,从而拉动经济增长。但当前制约中国经济增长的主要矛盾已不是需求侧,而是在供给侧,因此需要提高供给体系的质量和效率,更好适应需求结构变化以应对金融危机、欧债危机等外部冲击。我国出台了大规模经济刺激政策,不可避免会加重产能过剩、债务累积等问题,同时人口、劳动力、技术等要素变化,导致供给结构难以适应需求结构的变化。2015年,党中央首次提出实施供给侧结构性改革,明确"去产能、去库存、去杠杆、降成本、补短板"五大重点任务,通过大力推动"破、立、降",使供需结构失衡得到矫正,通货紧缩趋向得到遏制,不仅提振了我国经济增长,也促进了全球经济复苏。2018年,党中央进一步提出深化供给侧结构性改革的"巩固、增强、提升、畅通"八字方针,要求更多采取改革办法,运用市场化、法治化手段,着力增强微观主体活力,提升产业链水平,推动金融和实体经济、房地产和实体经济等深层次关系调整优化。2015年以来,供给侧结构性改革取得了重要阶段性成果,首先去产能工作扎实展开,结构性去杠杆稳步推进,降成本持续向纵深推进,行政事业性收费和政府定价经营服务性收费进一步清理规范,"三去一降一补"取得明显成效;市场化、法治化、国际化营商环境不断完善,混合所有制改革稳步推进,企业活力持续迸发;国民经济结构进一步优化,高技术制造业增加值占规模以上工业增加值的比重增加,先进制造业和现代服务业融合发展,战略性新兴产业集聚壮大,实现产业结构进一步优化;创新驱动发展战略深入实施,全社会研发经费投入规模不断扩大,新产业新业态新模式蓬勃发展,创新动能持续增强;能源结构调整持续推进,产业发展加快向绿色转型。

改革是长期而复杂的过程,政策的具体落实需要长期规划,而其影响更是关乎所有民众。改革之路注定艰辛崎岖,但势在必行,也唯有改革,才是不断发展的唯一出路。

最后,以作者的一段话作为结尾,"我的乐观并不需要这些头头是道的逻辑支撑,它就是一种朴素的信念:相信中国会更好。这种信念不是源于学术训练,而是源于司马迁、杜甫、苏轼,源于'一条大河波浪宽',源于对中国人勤奋实干的钦佩"。"相信中国会更好"也应该成为每一个人的朴素信念。

参考文献

兰小欢.置身事内:中国政府与经济发展[M].上海:上海人民出版社,2021.

导读人简介

卢欣宇,图书情报硕士,东南大学图书馆馆员,从事阅读推广相关工作。

敬畏生命的正义与自由

——《圆圈正义》的启迪

导读人：陶锦良

我已记不清自己最开始看武侠小说是什么时候，但那一段段快意恩仇的文字却确确实实地让我从心底里认同"我们习武之人，遇到不公义的事情，就要站出来"这一理念。在大学期间，偶然间与同伴们言笑时得知了许多关于正当防卫的纠葛纷争，这便使得理工科出身的我在强身健体之余，开始了解法律。恰逢罗翔老师以"法外狂徒张三"举例诠释刑法中相关知识点的视频在网络上广泛流传，让我在嬉笑之余多角度地去关注去反思我们身边不公正、违法乱纪的事件与现象。随着新媒体行业不断发展，我们在看到越来越多法律工作人员像罗翔老师这样借助新媒体面对社会大众进行法治宣传活动的同时，也看到不少宣扬仇恨与对立的言论甚嚣尘上。《圆圈正义》一书便是罗翔老师在此时代大潮下独著而成，书中收录了罗翔老师49篇随笔文章，这些文章不仅对社会热点案件进行了思考，更对法律、正义及道德等理念进行了探究。最初我是因为欣赏作者罗翔老师，爱屋及乌地阅读起了该本著作，上手之初也曾担心非律法专业的我能否读懂一本出自法律专业教授所出的书籍，好在我是多虑了，罗翔老师在书中用最为坦诚与自省的笔调，向我们展示了他对当下的见解与对未来发展的期待。今天，我愿从三个方面来分享我关于《圆圈正义》一书的见解与感悟。

一、高悬于顶的正义明镜

身为人类，我们自幼开始接触这个世界时便带有动物的本能，因生存的需要会无所顾忌地向眼前的外物伸出双手,意图将之牢牢掌握在自己的手中。那时倘若我们触碰了带有危险或者不属于自家的外物,抑或与其他孩童争夺起心爱之物,便会有家长以引导者的身份采取行动来让我们知晓什么是可以触碰的,什么是不可靠近的,什么是属于我们的以及什么是对的,于是我们便在这初具雏形的正义与秩序之下拥抱起整个世界。

我们在成长过程中对周围世界所充满的好奇、自身内在的欲望和需求在逐步产生着变化。从幼小时对玩具美食的难以抵挡,到青少年时对漂亮首饰、亮丽衣服的倾心欢喜,再到成年后在世俗流转中对房、车、金钱、权力与地位等的汲汲渴求,每个人都有自己想要的东西,这无疑也是这个大千世界运转的潜在动力;也正是在这个过程中,那幼小时家长引导着我们认识到的如何与这个世界相处的确切规律,开始逐步地演化成秩序与自由、公正与不义在各种形式下的抉择;更是在这个过程中我们开始逐步意识到我们对那些认为不合理却又真实发生的事所感受到的力不能及与无可奈何,于是开始试图追求正义,渴望正义能解决社会难题。

罗翔老师在书中将人类所追求的正义比作圆圈,故而提出了书名"圆圈正义",并将其释义为:"在现实中,无论我们用任何仪器都无法画出一个真正完美的圆,但'圆'这个概念本身是客观存在的。如果把'圆'看成一种关于正义的隐喻,那么每一个画'圆'的决定都是一种与正义有关的追求。"

在此,我们不妨设想一个场景:桌上有一张白纸、一支笔、一把带洞的尺子。当我们铺开白纸,将尺子放置其上,用手轻轻按住尺子一边,并将笔尖放在尺子另一边的洞中,用笔带着尺子旋转一周,会出现什么?我们不难想到答案——"圆",即使这个圆不怎么完美,也会将其归入圆的范畴。同样的一张纸,倘若在空白处用笔点个"墨点"当作记号,摆上一只从文具店里购得的圆规,定点不动,旋转一周,又出现什么?无需多虑——"圆",而且比第一个圆要更为规范,更为圆润。再进一步,我们把这张纸扫描存入电脑,导入绘图软件,用早已编写好的程序代码也绘制一个"圆"。

以上三个"圆"摆在一起,哪个最圆?

多数人在视觉上会觉得电脑绘制的圆更"圆",殊不知即使是电脑绘制也非"正圆"。当我们在电脑显示器上放大那个所绘的"圆",它便会变成一条条直线,会出现棱角,变成"多边形"。科学技术发展到今天,那个根据定义推导的圆周率还在不停地精确,同时依旧是那么的无穷无尽,与千百年前一样,会让人望洋兴叹。圆周率以无理数的身份,在数学上以无限不循环小数的形态存在,这意味着我们绝不可能画出真正的"圆"。千年前如此,千年后亦是如此。

书中对于那个无法真正展现的圆,为我们展示了在现实中三种勾画"圆圈"的态度。

第一种态度是随意乱画,如画个相去甚远的四边形,然后称之为"圆"。就如秦朝末年居上位者的赵高为了测试下属的忠诚,主导指鹿为马事件;如果居下位者也学着如此为之,那自然是唯领导马首是瞻,在愚昧之余极尽阿谀奉承;也如安徒生的童话故事《皇帝的新衣》,当然,只要皇帝自己愿意,抑或当地有赤膊的文化习俗,那即便他没有穿衣服,也是最美的新装。

第二种态度是很用心地手绘圆圈,但无奈所画之圆就是不太具规则。绘图人中的一部分会灰心丧气,甚至干脆放弃画圆。这些人会觉得世上本无圆,庸人自扰之——既然我们所做的一切离正义那么遥远,那么根本就不存在正义。理想破灭之后接踵而至的虚无让这些人以犬儒讥诮的心态来看待一切,也就慢慢转持第一种态度。

第三种态度则是不断地用先进的仪器画圆,如使用圆规,再到使用电脑。当画出一个合格的圆,他们会非常开心。但慢慢地他们开始陶醉于自己所画的圆,他们觉得这个圆太完美了,当不可一世的自恋充满他们的心思意念,他们就会将自己所画的圆定义为"圆"的标准,从此故步自封。如果有人提醒他们,其实还有更完美的圆,他们则会把这种意见当成对自己的挑战,因为他们俨然已经是"真理"的代表。于是再次重蹈前人覆辙。正如罗翔老师在书中所总结的:"已有的事,后必再有;已行的事,后必再行。日光之下,并无新事。历史似乎给我们的唯一教训是人类从来不接受教训。"

如果把理想中完美的"圆"比作正义的应然状态(应该如此),那么现实中所有的不那么完美的"圆"就可以看成正义的实然状态(实际如此)。所幸的是,应然正义千百年来一直在人民的心目中,虽不能至,却心向往之。

南宋绍兴十一年农历十二月廿九(公元1142年1月27日),大年除夕,年仅39岁的岳飞被宋高宗赐死,罪名为"谋反"。岳飞被捕时,有人劝他向高宗求情,为岳飞所拒,他说:"上苍有眼,就不会陷忠臣于不义,否则,又能往哪里逃呢?"同为抗金名将的韩世忠一改往日的圆滑与世故,面诘秦桧,认为谋反一事,子虚乌有,秦桧支吾其词:"其事体莫须有。"韩世忠怒斥道:"莫须有三字,何以服天下?"最终岳飞父子先后被处死,遇害之前,岳飞手书八个大字"天日昭昭,天日昭昭"。千百年后,当人们来到杭州西湖畔群山里郁郁葱葱的松树林间,便意识到无论权力多么强大,"长方形"也永远不会是"圆"。

正如罗翔老师在书中向我们展示的自然法学派的基本立场:应然正义一如客观存在的"圆",它是法律永远的追求。

也只有当我们真正意识到正义如完美的"圆"一般并非单纯主观设计,我们才能跳出前文的三种画"圆"的心态,发自内心地对正义心存敬畏。

二、落实在地的道德情感

记得研究生入学考试时政治科目里曾提道:道德是以善恶评价为形式,依靠社会舆论、传统习俗和内心信念调节人际关系的心理意识、原则规范、行为活动的总和,包括道德意识、道德规范和道德实践等等。道德作为一种实践精神,是具体的历史范畴,随着社会经济生产方式的发展而变化。

面对这样的定义,结合我们实际生活中的见闻,我们不由地会和罗翔老师一样,发出这样的思考:"人有无资格进行道德谴责?人为什么会进行道德谴责?如何实施道德谴责?"

在社会主义新时代的当下,道德要发挥对人行为的调节作用需要依靠社会舆论。如果我们对于他人欠妥的言行举止一味地选择"宽容",对什么行为都不加指责,甚至选择充耳不闻,漠视一切发生,这显然是错误的。这样的情况下,我们只会看到一个"万马齐喑究可哀"的社会,社会公民将再无是非对错之心,不分好歹,独自生活在自己的墙角之中直至毁灭。

在中国几千年来的文化传承之中,我们对爱国、敬业、诚信、友善等品德的推崇让我们形成了各自心目中的"理想人",也让我们一生都可以不断地迈向高尚德行之路,如高山仰止般,虽不能至,心向往之。

而我们基于道德理念,对他人及自身言行举止进行品评的动机中便不可避免地对未来抱有一种改过自新的期待。在生活中,我们看到诸多的社会问题,其中不乏伤害社会大众普遍情感的言行,于是我们便会看到民众对其进行规劝,乃至于在其拒不更改后仍旧不依不饶地进行品评,如此这般,终归还是因为我们希望他们能够悔改。正如幼小时的孩童,倘若父母对其的不诚信、撒谎或抢夺其他孩童玩具等小过错不管不顾,对其的言行不闻不问,任由其堕落,那我们便可以预测到这位孩童在未来极有可能走上违法犯罪的道路。倘若有人能像父母一样出于无伪的爱心对他人发出真诚的批评,那必然是希望他人可以悔改,而不是任其在堕落中走向毁灭。

然而,在我们基于道德理念指责他人时,我们却又常常会陷入表达道德优越的虚荣之中。有人习惯把自己放在道德制高点上,"严于他人,宽于律己"。更有甚者,以博人眼球,营销造势,消费他人的痛苦等为目的,在网络空间里对他人竭力批判非议,叫人无地自容。凡此种种,往往让我们容易发现他人的问题,却忽视了自己的问题,让我们在指责他人中获得快感,获得道德上的优越感,这让我们更觉得自己无须为自己的过错悔改,从而使我们在不经意间种上了傲慢与虚妄的罪孽之花。

对此,罗翔老师在分析江歌案时指出:"人不能做到'太上而忘情'。但是当我陷入愤怒时,心中的'理想人'告诉我要勇敢、要感恩、要知耻之时,我首先要把这种声音作为是对我自己的提醒。"

正如习近平总书记所说:"道德之于个人、之于社会,都具有基础性意义,做人做事第一位的是崇德修身。这就是我们的用人标准为什么是德才兼备、以德为先,因为德是首要、是方向,一个人只有明大德、守公德、严私德,其才方能用得其所。修德,既要立意高远,又要立足平实。要立志报效祖国、服务人民,这是大德,养大德者方可成大业。同时,还得从做好小事、管好小节开始起步,'见善则迁,有过则改'……"

我相信广大青年人人都是一块璞玉,我们要时常用真善美来雕琢自己,不断培养高洁的操行和纯朴的情感,努力使自己成为高尚的人。愿我们得以身体力行,意识到社会乱象的根源在于我们每个人自己,正如俗语所说:"一只手指指向他人,四只手指却指向自己。"

三、审慎向人的生命尊严

"人的尊严并不来源于国家、民族、文化和权力的授予,相反,一个国家、民族、文化和权力的伟大却来源于对每个个体尊严的尊重。"

这是罗翔老师在书中提及美国拉斯维加斯枪击案时的话语,让人不由得想到地球另一侧如今依旧战火纷飞的乌克兰与俄罗斯。在别国一次又一次的不幸与灾难中,我们常常在网络平台及酒后闲谈中听到那些幸灾乐祸的言论。当仇恨的种子在心中发芽,人们开始慢慢忘记生而为人最宝贵的东西是内在尊严,而非外在的身份。

恰如那巴别塔的传说,最初我们人为地将人区分本国人、外国人,后来我们把本国人又分为穷人、富人、本地人、外地人……于是终有一天,当我们自身被他人区分到一个新的小团体中,其他的团体也对我们形成了一种新的"同仇敌忾",我们方才知晓先前的偏见是多么的可笑与愚昧。人之生命的尊严,是神圣而不可侵犯的,无论国家、民族、性别、富贵、贫贱,我们每个人的最大公约数在于我们是单纯的人。

于是,我们方才能怀古惜今,从内心感悟到那从两千多年前屈子在江畔所吟的"长太息以掩涕兮,哀民生之多艰",到张养浩立于潼关古迹所吟"兴,百姓苦;亡百姓苦",再到近代马克思于《共产党宣言》中所写下的"实现全人类的彻底解放"的论断中所蕴含的大爱。

罗翔老师在书中反复提及:"爱不是爱抽象的概念,而是爱具体的人。"我想,生命的尊严也是。它不是抽象而高高在上的,而是活生生地出现在我们的眼前。

假期期间,恰逢成都大运会和杭州亚运会火热开展,让人不经意间想起不久前的北京冬奥会与残奥会。北京冬、残奥会如同一面镜子,告知世人"两个奥运,同样精彩"。而我们更是从随处可见的无障碍设施,到智能化无障碍服务平台,从赛事的手语播报系统,到真诚热情的志愿者所体现出的人文关怀里打开了外界了解中国人权理念的一扇窗口,在带给人们温暖与感动的同时,折射出中国人权的发展进步。正如罗翔老师在书中所引用的话语:"我们以为贫穷就是饥饿、衣不蔽体和没有房屋,然而最大的贫穷却是不被需要、没有爱和不被关心。"所幸,我们关注到了他们,生命的尊严散发的光芒正照亮着我们的双眸。

我相信这样的保障弱势群体权益的例子会越来越多,我们的政策设计与社会氛围也一定会越来越友好。倘若命运让弱势群体在时代前进的道路上走得慢了些,就让我们能够抓住他们的手。保障他们的权益,就是保障我们自己,就是保障社会公平,就是建设我们向往的美好生活。

期望我们能够在面对陷于危难之中的人时首先想到"如果我不停下救这个

人,他会怎么样?",而非"如果我停下救这个人,我会怎么样?",愿那一刻的我们能拥有直面生命尊严的勇气。

在生命的路途之上,我们追逐着正义与自由,前路漫漫亦灿灿。我们如罗翔老师所说正立于大雪弥漫、浓雾障眼的山口,只能偶尔瞥见未必正确的路径;我们待在那儿不动,就会被冻死;若是误入歧途,就会摔得粉身碎骨。

我们该怎么做呢?罗翔老师回答道:"往最好处努力,不要说谎,我们要睁大双眼,昂起头颅,走好脚下的路,不管它通向何方。"这是一件充满挑战的事情,需要我们亮出我们决绝的勇气与不屈的意志。

我想,人类早已给出了解答:"奥林匹斯山上的神火为何而燃烧,那不是为了一个人把另一个人战败,而是为了有机会向诸神炫耀人类的不屈,命定的局限尽可永在,不屈的挑战却不可须臾或缺。"

参考文献

[1]邓骏捷.岳飞故事的演变[J].明清小说研究,2000(3):127-150.

[2]佚名.理解讲道德有品行的含义[J].共产党员,2016(15):19-23.

[3]习近平.加快建设社会主义法治国家[J].求是,2015(1):3-8.

[4]李志军.马克思人类解放理论的三重意蕴[J].前线,2018(4):20-23.

[5]史铁生.我的梦想(节选)[J].中国残疾人,2001(8):1.

导读人简介

陶锦良,东南大学研究生,就读于土木工程学院。指挥官(ENTJ)型人格,在生活的每一天都心潮澎湃。想奋勇当先,与群豪争锋于各路赛场;也想梦笔生花,在书页写下自己的离骚文字;还想席地而坐,与人们一同将这世界娓娓道来。

是"房间"而不是"钟罩"[①]

——《一间只属于自己的房间》的时代意义

导读人:袁曦临

随着女性自我意识的逐渐觉醒,越来越多的人开始关注女性的话语权。在文学领域,弗吉尼亚·伍尔夫无疑是女性主义的先锋,她最早开始"女性与小说"的研究。《一间只属于自己的房间》是反映伍尔夫女性文学观的代表之作。在这部作品中,伍尔夫探析了传统女性写作与现实的关系,第一次提出"一个女人如果要写小说,那么她必须拥有两样东西,一样是金钱,另一样是一间自己的房间",强调物质基础与精神独立对于文学创作不可比拟的作用。这些突破性观点从某种意义上讲是女性思想意识解放的号角先声。

英国女作家弗吉尼亚·伍尔夫(Virginia Woolf,1882—1941)生于维多利亚时代晚期,出身名门,很早就开启了职业写作生涯,一生写下了大量文学作品,知名的有《达洛维夫人》(*Mrs. Dalloway*)、《到灯塔去》(*To the Lighthouse*)等。

1904年,伍尔夫搬到大英博物馆附近的布卢姆茨伯里区居住,此后她的家逐渐成为一个文艺和学术中心,是当时文化界精英集聚的地方,被称为布卢姆茨伯里派(Bloomsbury Group)。其主要成员有弗吉尼亚的丈夫作家伦纳德·伍尔夫、文学批评家德斯蒙德·麦卡锡、经济学家约翰·凯恩斯、画家邓肯·格兰特、作家爱德华·摩根·福斯特等;与布卢姆茨伯里派过从甚密的还有哲学家

[①] 《一间只属于自己的房间》是弗吉尼亚·伍尔夫(Virginia Woolf,1882—1941)在剑桥大学所做的两场面向女性的演讲"女性与小说"的基础上于1929年正式出版的重要作品,探讨了女性生存的困境、历史对女性的偏见以及贫困对于女性创作的影响等问题,提出女性要认清自身的境遇,积极争取独立的经济力量和社会地位,活出自我。

罗素、诗人 T. S. 艾略特、小说家亨利·詹姆斯等。伍尔夫的这些经历使得她的文学眼光开阔而自由，敢于尝试和突破常规。她在小说中开创性地采用了意识流的写作手法，去尝试描绘在人们头脑中的潜意识。福斯特称她将英语"朝着光明的方向推进了一小步"。伍尔夫不仅是 20 世纪初意识流小说的开创者之一，也是 20 世纪现代主义与女性主义的先锋。

一、写作背景

伍尔夫所处的时代正是 19 世纪与 20 世纪交界的时期，当时英国的女权主义运动风起云涌。女权主义先辈如"兰厄姆女士团体"等积极投身教育事业，不断游说政府批准女性考试进入大学的权利。1865 年，剑桥大学终于向女性开放了地方考试的权利。1872 年，"兰厄姆女士团体"开办格顿女子学院，后来这所学校成为附属于剑桥大学的女子学院。"兰厄姆女士团体"还为争取女子选举权展开了轰轰烈烈的斗争，1918 年 1 月英国终于通过了《1918 年人民选举法》，30 岁以上的女性获得了投票权。到 1928 年，英国政府颁布了新的《选举法》，赋予所有妇女投票权，以及与男子平等的就业权。

作为置身其中的时代女性，伍尔夫不仅目睹了英国女权运动的第一次浪潮，而且亲身体验到了这一运动带来的深刻影响。1904 年，22 岁的伍尔夫在《泰晤士报文学增刊》上发表了第一篇文学评论，这篇文章的稿费是一英磅六便士，她用这笔钱买了一只猫。这使得她意识到女性拥有收入是如此重要，有了金钱，女性就不用再向父亲和丈夫讨要生活费，而经济上的独立也使得女性可以真实地表达自己的情感，不必顾忌男性的目光，精神上再不受他们的轻视与摆布。事实也确实如此，伍尔夫短暂的一生中，她发表小说、散文、诗歌、传记等作品带来的版税收入，使得伍尔夫不但拥有自己的汽车、别墅，还创办了霍加斯出版社。她不仅用手中的笔创造了属于自己的经济独立的生活，更重要的是，她基于自身的经历对女权主义进行了超越时代的深刻思考。

1928 年的秋天，伍尔夫在剑桥大学女子学院以"女性和小说"为主题，做了两场演讲，讲述了多年以来她对文学创作，以及女性与小说这一问题的认识。她提到了"一个女人如果要写小说，那么她必须拥有两样东西，一样是金钱，另一样是一间自己的房间"。1929 年，伍尔夫把这两次演讲整理成书，出版了《一间只属于自己的房间》。在书中伍尔夫描绘了女性生存的困境、女性的贫困以及历史对女性的偏见等问题,尤其是女性作家受到的不平等对待。由于受教育的机会少,缺乏独立的经济收入,加之受到繁重家务的困扰,女性很难真正从事写作。但伍尔夫并没有停留在对女性所遭受的不公的控诉上,而是指出了女性作家所应肩负的使命,即一个女人应该有勇气和有理智地去争取独立的经济力量与社会地位。伍尔夫鼓励女性走出家门,自谋生路,用劳动所得争取平等的话语权。"钱"和"自己的房子"是女性经济独立的标志,也是赢得人格独立和社会地位不可缺少的物质保障。

二、双重困境

19世纪中晚期,英国的女作家们已经创作出《傲慢与偏见》《简·爱》《呼啸山庄》等伟大作品,但大多数女作家身处的社会环境依然使人窒息。简·奥斯汀就是一个典型。奥斯汀的大部分作品都是躲起来创作的。如果有人进到起居室,她就得将手头的创作悄悄地藏起来,以免遭到耻笑。伍尔夫在《一间只属于自己的房间》中细致入微地刻画了女性的困境:"想想看,现实就是这样。首先生孩子要怀胎九个月,孩子生下来,哺乳期又要耽搁三或四个月。孩子大点之后,当然还要付出五年时间陪孩子玩。……据说,孩子的人格就是在一到五岁之间形成的。……她们根本没法挣钱,就算她们能挣到钱,法律也没有赋予她们持有自己财产的权利。"事实上直到1880年,英国的已婚女性才可以合法拥有自己的财产。也就是说,仅仅在伍尔夫出版《一间只属于自己的房间》之前的不到半个世纪,已婚女性才终于可以拥有属于自己的一点小钱。而此前的数个世纪里,女人的财产是属于自己的丈夫的。那么"……为什么一个性别群体如此富裕,另一个性别群体却如此贫穷?贫穷对小说有什么影响?从事艺术创作有哪些必要条件?——无数个问题浮现在我脑中,可我需要的不是问题,而是答案"。

伍尔夫敏锐地发现,文学史上女性作家的身影是如此寂寥,而在男人创作的小说中,女性的形象却非常之多且各具特色,有安娜·卡列尼娜、包法利夫人、麦克白夫人、苔丝·德蒙娜等等,就像灯塔一样闪耀,遍布在诗歌和小说的字里行间。可是在现实生活里,绝大多数女性几乎不识字,更不会书写,没有财产,也不能工作,只能作为丈夫的一件财产被局限在家庭之中,因此,女性在历史上几乎是一种缺席的存在。成千上万的女性活过又死去,没有人记录她们的喜怒哀乐，也没有人关心她们有过怎样的想法和期待。女性的贫穷是根深蒂固的，这种贫穷是历史性的、结构性的，从父权社会开始，女性就成为相对于男性而言的贫穷群体。伍尔夫甚至在书中虚构了一个莎士比亚的妹妹，她有着和他哥哥一样的才华，但在16世纪要想成为一个女诗人或女剧作家，在伦敦过上自由的生活，不仅必然会陷入金钱窘迫的困境，更需要承受巨大的精神压力，甚至被逼上绝路。就算是侥幸活下来，她的想象力也会变得紧张病态，写出的作品一定会扭曲变形。作为相对贫穷的性别群体，女性很难实现心智的解放和自由，她们的视野被固定在家庭的屋宇之间，窘迫和卑微几乎是必然的。有时候为了获得某种力量和社会的承认，她们甚至不得不以男人的面貌示人。事实上即使是到了19世纪，乔治·桑、乔治·艾略特仍然在以男性笔名进行创作，因为女性抛头露面依然被认为是一种可耻的行为。

在书中伍尔夫进一步论证，即便是简·奥斯汀、勃朗特姐妹这样天才的女作家，她们的杰作《爱玛》《傲慢与偏见》《呼啸山庄》《简·爱》等也只是描绘了家庭生活和有限的生活空间，她们的生活经历决定了写作素材的有限和单调。试想，如果伟大的托尔斯泰一辈子住在修道院，或者过着某种近乎与世隔绝的家庭生活、隐居生活，那么他是绝不可能写出《战争与和平》的。女性作家的小说往往是关于女性的，这并不是因为她们是女性作家的缘故，更大的可能是因为她们的天空是被遮蔽的，她们囿于其社会角色、身份，生活内容无比匮乏，在房间中做着日复一日相似的事情，做饭、洗碗、洗衣服、送孩子们上学，目送孩子们闯荡世界。在伍尔夫的时代，女性去图书馆甚至都是不被允许的。这样的生活很难不让女性对自己的命运发出哀叹、抱怨和咒骂，也很难不让女性对爱情投入更多的想象，对男人的拯救抱有更热烈的期盼。

三、重拾勇气

差不多一百年过去了，今天的女性终于可以自由地读书，旅行，工作，做自己想做的事情。所有的大学都对女性敞开了大门，大部分职业也都对女性开放，女性拥有了越来越多的机会和权利。但是，女性仍然面临着许许多多的困扰和疑惑。女性在爱情中的被动地位，成长环境对于女性性格形成的影响，女性和男性意识之间的碰撞，以及对于未来的迷茫等等，所有这些，都是千万年历史的遗留，它们不仅在过去、在今天甚至在将来的时代中仍将存在。正如早逝的美国女诗人西尔维娅·普拉斯(Sylvia Plath,1932—1963)在她的自传性长篇小说《钟形罩》中描述的那样,"钟形玻璃罩里的那个人,像死婴一样,苍白空虚,被禁锢在静止的时间里"。

西尔维娅·普拉斯出生于1932年,比伍尔夫整整年轻了差不多半个世纪,正是伍尔夫在《一间只属于自己的房间》这本书中所期待的天才女作家。作为弗吉尼亚·伍尔夫文学上的后继者,西尔维娅长得很美,接受了良好的教育,生活在繁华的纽约和伦敦,她的诗歌富于激情和创造力。尽管有着惊人的才华和丰富的阅历,但这些都没能改变她笼中鸟的境地。她始终无法真正找到生活的方向。她希望自己必须做点什么,可又不能肯定究竟做什么才是真正有意义的。未来让她恐慌,她与英国著名诗人特德·休斯的情感变故以及生活拮据所带来的压力,更是让她承受了巨大的精神痛苦。但她也害怕回到故乡,成为一名平庸的贤妻良母,就此荒废一生。她笔下的自己仿佛生活在一个牢笼中,感到无比痛苦,但是无人可以倾诉。"对于困在钟形罩里的那个人,那个大脑空白、停止生长的人,这个世界本身无疑是一场噩梦。"最终她的精神被现实压垮了,在一个寒冷的早晨她打开了煤气,年仅31岁。西尔维娅·普拉斯的悲剧表明,女性在社会现实层面遭遇的不公和贫穷依然存在,在精神层面的成长更是道阻且长。事实上,弗吉尼亚·伍尔夫本人的生活也同样充满痛苦的挣扎。在文学创作之外,伍尔夫的现实生活充满动荡和精神危机。13岁时母亲去世,伍尔夫第一次精神崩溃;15岁时姐姐斯特拉·达克沃斯去世,伍尔夫再次精神崩溃;而后父亲也去世了,伍尔夫试图自杀;59岁时伍尔夫预感又一次精神崩溃即将到来,于是在一天早晨独自出走,在衣服口袋里装满石头,投入了家附近的欧塞河(River Ouse)。她的丈夫伦纳德在她死后,将她的骨灰埋在家里花园的一棵榆树下,在墓碑上刻着伍尔夫在小说《波浪》中写的话:"死亡,即使我置身你的怀抱,我也不会屈服,不受宰制。"尽管女作家的命运多舛,但弗吉尼亚·伍尔夫用作品实现了对于自己的期待,完成了自己的承诺,用作品为自己写下了闪光的墓志铭。

四、精神自治

说到底,伍尔夫所期待和盼望的是女性有勇气不断寻找一片属于自己的空间,真正实现"精神自治"。伍尔夫在《一间只属于自己的房间》中写下这样的句子:"她所面临的挑战,就是能否忽略身边的人,一心跨越自己的栅栏。我要对她说,如果停下来咒骂,你就输了;停下来笑,也是一样。如果你犹豫,慌乱,你就完蛋了。我央求她,只管跳你的,仿佛我把所有的钱都押在她身上;她跨越了栅栏,轻盈得像只鸟儿。但是,栅栏之后还有一道道栅栏,……我得出结论,再给她一百年,一间自己的房间和一年五百英镑,让她说出自己的心中所想,把她现在写下的文字删去一半,那么总有一天,她会写出一本更好的书来。"这就是伍尔夫的答案,也是她对女性作家甚至所有女性的期待。

  作为一名远远超越时代的作家,伍尔夫用"房间"这一意象作为象征,鼓励女性追寻经济和精神上的独立。希望更多的女性能够走出那个"房间",直面生命中的炎炎骄阳和肆虐寒冬。"等我们有了一年五百英镑和自己的房间;等我们养成了自由的习惯,勇于写下自己心中所想;等我们稍微逃离公用的起居室,学会通过人与人的关系,而不是人与现实的关系看人;等我们学会从事物本身看一切;等我们越过弥尔顿的亡灵,再也没有人能遮挡我们的视线;等我们面对现实,因为这就是现实,我们没有臂膀可以依靠,只能自己前进,我们的关系不仅仅是男人与女人之间的关系,而是人和真实世界的关系,等到那时机会就来了,莎士比亚死去的诗人妹妹就会唤醒她沉睡的躯壳。她会像她哥哥那样,从默默无闻的先驱者的生命中汲取力量,然后重生。"

  是的,女性需要时常提醒自己,让自己倍感疲倦和无力的视线从事物的表面上移开,从琐碎而狭窄的生活的陷阱里抬起头来,让自己有突破极限的视野,看到自由与辽阔的天地,世界上一定有更多、更善良的人和事;人总得行动,即使找不到方向,也得自己创造。如伍尔夫所写的那样,"大家无论通过什么方法,都能挣到足够的钱,去旅行,去闲着,去思考世界的过去和未来,去看书做梦,去街角闲逛,让思绪的钓线深深沉入街流之中"。因为生活的意义即在于实现精神的自治,成为一个内心自洽的人。

参考文献

[1]伍尔夫.一间只属于自己的房间[M].周颖琪,译.天津:天津人民出版社,2019.

[2]应雷.由《一间自己的房间》管窥伍尔夫的女权主义思想[J].文学教育(上半月),2012(10):40-41.

[3] 郑丽.钟形罩里的悲剧人生:《钟形罩》的女性主义解读[J].北京航空航天大学学报(社会科学版),2010(4):91-95.

导读人简介

袁曦临,管理学博士,东南大学图书馆研究馆员,东南大学经济管理学院硕士生导师。现担任中国图书馆学会学术研究委员会图书馆统计与评价专业委员会委员、中国科技情报学会科研诚信建设工作委员会委员、中国索引学会理事、南京大学中国智库研究与评价中心高级研究员。研究方向:阅读文化研究、学术评价、智库咨询。

天空的另一半

——当阴影逼近,却更见星光

导读人:宋云云

  作为唯一的"普利策新闻奖"夫妻档得主,尼可拉斯·D.克里斯多夫和雪莉·邓恩在自己的职业生涯中,撰写了多部纪实作品,其中就包括本篇导读的对象《天空的另一半》。在作者的带领下,我们通过本书仿佛经历了一场不真实的长途旅行,旅行结束了,但故事却未画上句号。我们的眼中多是这个世界的美好,却忽略了世界各地女性所遭受的苦难:性别歧视、性暴力、家庭暴力等数不胜数。书中的女性似乎仍然置身于18、19世纪的炼狱,经历生活的千锤百炼。有的人在困苦中一蹶不振,痛苦万分;有的人迎难而上,寻找希望的那束光。作者用大量数据描绘了一个个真实的故事,展示了女性的生存困境、世界的态度和自我觉醒的力量。绝望和希望,好似两条平行线,永远不会相交。然而再坚固的牢笼,也有被打破的一天,只要勇敢地向前一步,就可能从绝望迈向希望,去争取女性的权益,体验生活的自由,感受世界的美好。我们生来即幸运,但别忘了,天空的另一半中,艰难困苦依然残存,其实我们离那个世界并不遥远。

  本书呼吁女性权利平等与自由,用大量数据和事实将我们带到一个截然不同的世界里,展示了女性的生存困境,以及社会对此困境的看法。作者通过让我们了解曾经以及正在经受着折磨的女性的苦难与困境,来尝试激发我们对女性权利和平等的关注和思考,从而为我们提供了一个更加全面、综合地了解女性权利和平等问题的视角。

一、自由三部曲之大声反抗

"讲理的人会调适自己以适应世界,不讲理的人企图调整世界来适应自己,因此所有的进步都有赖于不讲理的人。"

——萧伯纳

秒钟仅仅滴答转过十个刻度,在世界的某个偏远地方,就有一名年轻的女孩在接受粗暴的割礼。位于亚撒哈拉沙漠和中非的大部分地区,普遍存在着女性割礼现象,大部分时候都是没有对女孩进行麻醉的。切完之后简单缝合,等待伤口慢慢愈合。这样残忍的方式夺取了无数女性的性命。过去50年来,在世界范围内遭到如此杀害的女孩,比整个20世纪死于所有战争的男性还要多。仅仅因为她们的性别。

在亚洲很多地区,如尼泊尔、印度、柬埔寨、泰国等国家,存在着许多贫困落后的地方。偏远的乡村与世隔绝,当地的人们过着缺衣少食的生活。为了填饱肚子,有人甚至会把女孩子卖出去做雏妓。未成年的十多岁女孩,没有反抗的能力,只能被卖到妓院,供他人玩乐。妓院通过各种暴力手段镇压女孩,恐吓她们不得逃跑,否则后果不堪设想。老板为了让女孩乖乖听话,经常用毒品控制她们。就算女孩们逃出牢笼,也会因为忍受不了毒瘾发作的痛苦而只能乖乖回到妓院。

世界上部分地区的女孩,有着根深蒂固的心态,通常会在被要求服从命令,或者受虐时乖乖接受。然后,女性的忍气吞声会带来持续的虐待,只有越来越多的女性反抗,这种悲惨的境况才能终结。女性气质偏弱但不等于顺从,女性需要为自己发言,提高自己的决断力。

一位名叫乌莎·那拉亚尼的年轻女子,生活在臭气熏天、肮脏贫穷的贫民窟。她身材矮小但充满活力,说起话来滔滔不绝。即使她的父母受过良好的教育,全家仍然是贱民,所以父母认定小孩也要接受教育,方能脱离原生环境。在这个从没人上过大学的贫民窟里,那拉亚尼家的五个孩子都迈入了大学校园。就算逃离了那个贫民窟,麻烦事依然存在。当地一个名叫阿酷·亚达夫的恶棍,无恶不作,称霸贫民窟。以亚达夫为首领的恶霸团体不断欺压当地的居民,要挟、恐吓任何一位与他们唱反调的人,通过性羞辱的方式控制当地民众。25

户家庭选择搬家,剩下的贱民家庭没有办法,只能让女儿辍学待在家中。当地的警方无理地认可阶级意识,反倒帮着恶霸欺压百姓。

亚达夫勒索了乌莎的邻居,扬言要用硫酸伤人,乌莎无奈之下选择报警。在警察还在赶来的路上时,恶霸们无理取闹,威胁着要将她碎尸万段。乌莎勇敢地吼回去,永不妥协,和恶霸们对峙。邻里街坊都为乌莎感到骄傲,很快,街上聚集了100名愤怒的贱民,大家捡起棍棒和石头,向恶霸还击。最终,恶霸们抱头鼠窜,灰溜溜地离开,贫民窟取得了最终的胜利。

女性在成长、工作和生活中所面临的压力和困难远远超过男性,女性权利和平等是一个长期而艰巨的任务。在这个过程中,她们需要不断地呼吁和争取,勇敢地反抗,去争取更多的机会和平等的权利。女性的成长会带来观念的改变、社会的改变,只有女性站起来,才有更多可能。只有女性勇敢地面对现实,才能寻求解决问题的方法和途径。

二、自由三部曲之投资教育

"如果你认为教育的成本太高,试试看无知的代价。"

——哈佛大学前校长 德里克·博克

投资教育是解决女性问题的一个关键方法,是摆脱贫穷的最有效方法之一。教育不仅可以提供知识和技能,使女性有更多的机会参与到社会中,还可以帮助她们更好地认识和理解自己的权利,提高她们的自尊和自信。通过教育,女性可以打破传统的性别角色和刻板印象,追求自己的目标和理想。同时,教育也可以为女性提供更多的选择和机会,使她们能够在工作和生活中更好地发挥自己的潜力。

本书中,作者也提到了许多通过教育改变女性命运的成功案例,最典型的例子是来自中国的女孩戴满珠。她生活于20年前贫瘠的大别山区,家徒四壁、穷困潦倒,连最基本的生活需求都无法满足,更别提安排孩子的教育。他们一家六口竟然和一头猪同住一个屋檐下,只能在过年的时候吃上一次肉,唯一的家具是父亲亲手制作的一口棺材,为姑婆将来去世提前做好准备。她的父母囿于自身文化的限制,理所当然地认为女孩读书没有用处,用来买米会更加实用。所以当戴满珠六年级时,她不得不面临退学的境地。这个瘦弱矮小的女孩十分害羞,虽然她买不起教科书、铅笔和纸张,但她仍然是该年级的优秀学生。她的梦想是成为家里第一个小学毕业生,老师们也经常关照她的生活,支持她继续学习。

书中写道:"我们第一次见面是在学校,第二次走了四英里路来到她家。在我们写的文章发表后,终于迎来了一位纽约读者的汇款,捐款用于支付她的学费。"这笔1万美元的学费,何止帮助戴满珠上学,甚至可以让这里的所有孩子上得起学,因为孩子的学费只要13美元。后来,这笔钱建造了设备更好的学校,为当地女孩提供奖学金。这位慷慨的读者给一座村庄带来了很大的改变,可事实是其中闹了一个大乌龙,这位好心的读者只捐了100美元,由于经手捐款银行职员的粗心,莫名变成1万美元,最后由银行捐出这笔钱。

学校免除了戴满珠的学费,她顺利读完了小学、初中、高中,最后进入了会计学校,毕业后如愿找到专业对口的工作。现在她的家宽敞多了,父母条件也越来越好,全家过上了富足的生活。

这笔奖学金使得山区的其他女孩也拥有了得之不易的教育机会,毕业后成功找到了工作,从而改善了老家的生活条件,使得山区走向繁荣,具备了一定的影响力。这就是教育的力量。

接受教育,意味着思想得到了进步,摒除了落后的价值观,有勇气接受新事物和反抗不公。

接受教育,表现在拥有了知识文化和创业能力。当自身价值提升之后,社会地位才能提高,生活才能得以保障。

接受教育,可以成就更好的自己,获取更多的育儿知识,更好关注孩子的健康成长,从而培育出更出彩的下一代。

三、自由三部曲之改变自己

"与其等待世界改变,不如先改变自己。"

——圣雄甘地

18世纪80年代,奴役运动在全球盛行。人们大多数时候选择容忍,尽管认为可悲,但仍接受不可避免的奴役,很少有人会去质疑奴役运动是否正确。然而,1807年,英国下决心禁止奴隶贸易,成为世界上率先解放奴隶的国家之一,为此付出了长达半个世纪的极大代价。

　　废奴运动的重要领袖,威廉·威尔伯福斯,英国国会的一名议员,他拥有出色的口才、坚定的意念,作为英格兰废除奴隶运动的领袖之一,领导了国会内的废除奴隶行动,对抗着英帝国的奴隶贸易,并于1807年亲自见证了《废除奴隶贸易法案》的通过。另一位废奴主义者是托马斯·克拉克森,他立志成为废奴主义的忠实支持者。克拉克森冒着极大风险走访鲁乌普和布里斯托的各个港口,搜集奴隶贸易的证据,用仔细的记录和可信的数字,向世人展示奴役的真实情况。克拉克森和威尔伯福斯似乎在打一场希望渺茫的战役,在不懈努力下,最终引导了英国舆论的质疑,让政客看到"真相",使民主感受恐惧,用自身的热情和道德信念推动了废奴运动的前行。英国废除奴隶贸易的35年内,英国殖民地的糖产量下降,英国民众的纳税额提高,与他国的战争危机加剧,为此损失了大量国家利益。每一次改变都要付出代价,可如果不改变,会付出更多的代价。

　　20世纪的奴役运动已成为过去式,现今社会,帮助女性的国际运动同样需要领导者,需要继续致力于推动男性和女性的平等,改善女性的生活和教育条件。当女性在社会上有更多的参与空间,能够在社会中发声时,整个社会才能良性进步。因此,赋权女性是一种解决之道。全世界善用女性才能的国家和公司,无一例外都繁荣兴盛起来了。拥有更多女性主管的上市公司,表现优于那些女性主管较少的公司。原因在于:提拔女性的公司显示出了足够的创新力,在把握商机方面遥遥领先,这正是可持续经济模式的精华所在。假若一个国家有一半的人力资源未开发使用,女性未受教育、没有工作,便无法对世界有所贡献,这本身就是一片等待开采的人类黄金矿层。

　　世界上有一种现象叫作弗林效应(Flynn effect),智商测验显示近年来,全世界的智力水平急遽上升。1947—2002年,美国人平均智力提升了18点;30年来,荷兰应征入伍的士兵智商提高了21点;西班牙学生的平均智商提升了10点。即使在肯尼亚,乡村儿童的智商也提升了11点,这个速度甚至超过了西方国家。原因在于贫穷国家的女孩存在营养不良问题,我们给予她们食物和工作,教育她们,从而为人类智力水平注入新的能量。

　　基于种种原因,各种救援组织应运而生,其中之一是"国际小母牛组织"(Heifer International)。这个组织的总部设于美国,通过给予贫穷国家母牛、山羊、鸡等生物进行援助。会长的名字叫乔·勒克,她在外出访问非洲时遇到了特芮莱·特伦特(Tererai Trent)，这位传奇的女孩有着悲惨的童年。小时候的特芮莱被父母无情剥夺了上学的权利，早早嫁人。丈夫也禁止她学习，痛恨她识字。她被困在围城中，无法逃脱。乔坚持告诉她生活本不必如此，建议特芮莱写下自己的目标，循序渐进地去追求。这时候的特芮莱已经是一位二十五六岁的已婚妇女了。她曾说："有一天我要去美国，要得到学士学位、硕士学位、博士学位。"对于一个落后地区的放牧妇女来说，这个愿望简直是天方夜谭。接下来她努力存钱，学习相关课程，由于学业一流、表现出色，她成为该组织的小区工作者，而后如愿飞去美国，继续学习。在多年的学习生涯结束后，她获得了西密歇根大学的博士学位，也将五个孩子接到美国。

随着女性领导力的急剧上升，女性领导着大多数的非政府组织。因此，推动赋权全球妇女的新解放运动时机已经成熟了。观念的改变非一朝一夕之功，且困难重重、千变万化，但一旦找到了路径，就应该马上行动。

本书的意义在于揭示了全球范围内女性所遭受的不公和歧视，以及女性在追求平等和自由中所面临的困境和挑战。作者展现了女性在面对困境时的勇气和坚忍，以及她们在追求自由和平等中所做出的努力和付出。这些故事不仅令人感动，而且也为我们提供了一个更加真实、生动地了解女性生存状况的上佳途径。

每个人都可能会有能力和机会为解决女性所面临的问题作出贡献，无论是男性还是女性。我们可以通过关注和参与相关的公益事业、加入支持女性权利和平等的组织，以及改变自己的观念和行为等方式，来为推动社会的进步和发展做出自己的努力。本书提出了一个关于女性权利和平等问题的深度思考框架，并为我们指明了未来的前景和努力的方向，为我们提供了一个更加全面、系统地了解女性权利和平等问题的视角。如果你对女性权利和平等问题感兴趣，不妨读读这本书，相信会有所触动。

即使是个人小小的力量，凝聚在一起也会形成一股大能量，只要有所付出，就能让实实在在的人受益。也许，你就是女性成长道路上的那道火炬或火花，引领或助推着更多人前进。

参考文献

[1] 孟露窈.倾听那些弱势女性们的故事:读尼可拉斯·D.克里斯多夫《天空的另一半》[J].农家书屋,2017(1):53.

[2] 王耀辉,孙鹏,李启航.女性的教育优势:一个基于家庭教育支出的解释[J].中国经济问题,2023(1):165-179.

[3] 约翰,高明,闵冬潮.重构全球化和国际主义:印度的女权主义与亚洲问题[J].妇女研究论丛,2014(2):69-75,84.

导读人简介

宋云云,工学硕士,东南大学图书馆馆员。目前在图书馆技术支持部从事数据管理和分析等方面的工作。阅读无论身处何处,心灵总有归宿。

政治社会的由来和未来

——读《社会契约论》

导读人：华苏永

对一个人来说，在生存状况不成问题的情况下，总是希望能够活得更"明白"一些，这也许正是人类在"探索未知、追求真理"的道路上不断前进的原动力。活得"明白"些，就是要更好地了解自己、了解自然、了解社会。了解自己，有生理学、心理学、医学等知识可以学习；了解自然，有各类自然科学知识；了解社会，当然也有历史、政治、经济、法律、社会学等方面的知识。《社会契约论》揭示了政治社会形成的底层原理，其一直作为了解政治社会学的必读图书而被广泛推荐。我们所处的政治社会是怎么来的？其维持运转的底层机制是什么？我们为什么要纳税？为什么要维护国家的权威和利益？为什么需要法律？带着这些问题，在众多论坛和平台的推荐下，我打开了《社会契约论》。

一、《社会契约论》的成书背景及主要内容

从有文字记录的历史来看，人类似乎从一开始就生活在政治社会中。而数千年文明史中的人们，已经如此习惯于所处的政治社会环境，以至于除了对它进行优劣评判、改良乃至彻底变革外，竟很少有人对形成政治社会本身的逻辑和过程进行深入思考和系统论述，直到让-雅克·卢梭发表了他的《社会契约论》。

让-雅克·卢梭（Jean-Jacques Rousseau, 1712—1778年），法国18世纪启蒙思想家、哲学家、教育家、文学家，民主政论家和浪漫主义文学流派的开创者，启蒙运动三杰之一。卢梭所处的18世纪法国正处于比较黑暗、比较堕落的社会

危机中，社会中的人有界限森严的等级划分，底层人民遭受着中上层阶级的严酷压迫和剥削。随着压迫和剥削的加剧，底层阶级由于难以生存而奋起反抗，中上层阶级为了维持地位和特权而以政治叛乱等借口进行镇压。整个社会无论是政治、经济还是思想、文化各个领域都处于新旧更替的时期，宗教势力逐渐退缩，各种政治启蒙思想方兴未艾。

卢梭自幼经历坎坷，而广泛的阅读极大地开阔了他的视野，丰富了他的思想，让他深深体会到自由和民主的可贵。他所处的时代是资产阶级革命火热进行的时代。卢梭敏锐的政治嗅觉和独到的思想使他走在了启蒙运动的前沿。他鲜明地指出，社会种种弊病的根源不在人，而在于社会制度。所以卢梭确定要写一部宏伟的政治学著作《政治制度论》，而这正是《社会契约论》的雏形。后经多次删减，最终于1761年成书，并定名 *Du Contrat Social*。该书一经面世，便遭到法国当局的封禁，最终不得不在荷兰出版，可见其当时的社会影响。

《社会契约论》除前言外，共有四章四十八节。第一章论述社会结构和社会契约。作者在一系列假设的基础上，对最初的社会形态、强力形成的服从、奴隶制度等进行了深入分析，论证了社会秩序必然是建立在共同约定的基础上的。接着，在人类从自然人过渡到政治社会成员这一过程的猜想基础上，提出社会契约的概念和宗旨。即人们在社会契约下形成的联合，能够用全体成员所结成的集体力量保护其联合者的人身和财产权利的同时，又可使每个成员在联合过程中不用听从于其他的个人，而是仅仅服从于自己的意愿，并且可以像以前一样拥有自己的自由。随后对基于社会契约的政治联合的主权体、公民社会、财产权进行了论述。

第二章主要阐述基于社会契约形成的政治社会主权及其权力。主权是公意的运用，不可转让，不可分割。主权由共同利益所决定和约束，借法律而行动。法律是以公共利益为依归的公意的行为。虽然公意总是对的，但是它并非总是能做出明智的判断，因此也并非总能找到共同利益之所在，于是立法者的存在就是必要的。然而立法者本身并没有权力，他们只是指导者。他们起草和提出法律建议，只有人民自己，或者说主权体、公意，才有权设立法律。基于此，作者又对法律、立法者、人民等进行了论述和比较。

第三章阐述政府及其运作形式。书中的"主权体"是一个抽象的概念，是政治体中所有成员共同意愿的表达。主权体要行使自己的意愿，必须通过一个实体来实现,这个实体就是政府。所以,政府只是主权体意愿的执行人,是主权体与其成员之间的中介,而不是主权体本身。主权体通过立法来表达意愿,法律包括政府的组织和运作。政府在法律的规定下形成,政府官员依据法律赋予的权力并在法律的约束下行使行政职能。政府职能和权力不是社会契约的直接结果,政府只是由契约形成的主权体的受托人。因此,政府及其官员是存在违反主权体意愿风险的,即存在渎职或权力滥用的可能性。这种情况一旦出现,主权体可以根据自己的意愿来限制、改变或收回行政权。此外,作者还基于历史和现实,对各类政治制度下的政府形式、政府形式对于不同国家的实用性、政府权力与主权权力之间的关系等进行了论述。

第四章继续以历史和现实为例,讨论了几种社会组织及宗教的作用。公意是不可摧毁的,一般通过投票来表达,不同的组织有不同的选举模式。宗教是国家的基础,在任何时候都在公民的生活中占主要地位。宗教可以使人们热爱自己的责任,这对国家有很重要的意义。

二、《社会契约论》的价值与不足

关于人类社会形成过程的思考和探讨,早在2000多年前就出现了。

> "力不若牛,走不若马,而牛马为用,何也?曰:人能群,彼不能群也。人何以能群?曰:分。分何以能行?曰:义。故义以分则和,和则一,一则多力,多力则强,强则胜物,故宫室可得而居也。"
>
> ——《荀子·王制篇》

这是中国先秦思想家荀况关于人类社会形成问题的论述。荀子的观点,说明了人类社会形成的必要性和必然性,其把"何以能群"的原因归结为名分、等级和道义。显然,名分、等级和道义更像是人类社会发展到一定程度的产物,进而成了维持特定制度下社会稳定的要素。而将其作为人类社会形成的原因或前提,却难以让人信服。卢梭在对最初社会形态的推演、人类原始生存环境的假设和对强权权力的分析等基础上,提出人类社会形成的前提是"共同的约定",这一观点似乎更符合事实。"社会契约"是卢梭在社会形成问题上的独到见解,其抛开细枝末节,从最简单本质的问题入手的分析方法,也是西方科学精神的鲜明体现。

然而,基于社会契约理论,首次提出了"天赋人权和主权在民的思想",才是卢梭的真正伟大之处。《社会契约论》所提倡的民主理论很快传遍全球,后世评论家认为,它直接引发了震惊世界的法国大革命,并且为法国大革命时期的三部宪法及后来的《人权宣言》、美国《独立宣言》和诸多新兴资本主义国家的宪法奠定了理论基础。另外,本书后半部分提出的国家与政府的区别、政府形式及其适用性、防止政府腐败和滥权、选举形式等,对目前和未来政治社会运作,都具有极大的现实参考价值。

社会问题并不像科学问题那样,具有相对确定的答案。前面提到,《社会契约论》中的许多观点和结论,是建立在一系列假设基础上的。此外,作者所处的时代和社会环境,也会对其思考分析过程及观点结论的形成产生各种影响。因此,社会契约论本身的理论基础还存在一些值得商榷的问题。再者,以书中的部分观点和结论来审视当今社会政治问题的时候,已经出现了明显偏差。

首先是理论的诸多假设条件无法证明,只是"看起来"可能符合事实。例如:在人类联合之前,所有个体是否处于原始的自由而平等的状态;人们是因为生存受到致命威胁而不得不联合,还是因为意识到团结协作能更好地对抗自然,获得更好的生存条件而自发走向联合;最初联合时的共同约定,是在个体自由平等基础上达成的,还是因个体力量差异、年龄大小、家庭成员多少而一开始就包括了等级差别。这些问题显然是无法得到准确答案的,因此在单方面假设前提下得出的社会契约理论,在理论逻辑上是缺乏严密性和科学性的。

其次是社会契约理论的诸多概念属于理想化或高度抽象的理论对象,在实际的政治社会生活中缺乏现实的操作性,甚至会发生冲突。例如,对公意过分强调而忽略了其与私利和人性之间经常发生冲突的现实问题;在处理这种冲突时因极端维护公意而忽略了个性存在的必要性和必然性,从而忽视了对个体权益的保护及其对于整个共同体存续的重要意义。

此外,从现代世界各国政治现实来看,除了理论本身和概念推演论证中存在过分理论化和片面化的问题,作者的某些观点和结论也有明显偏颇。例如,作者认为每个民族都有其成熟期,达到成熟期才能遵循法律,并且说"俄罗斯人从未实现过有效的治理,因为他们过早地进行了这种尝试"。这些说法不仅缺乏理论依据,甚至可以说是一种偏见。作者将人民合法集会作为约束政府的一项重要手段,认为政府越小越好,行政官员越多政府执政能力越弱等。这些观点虽然显示出约束政府权力和精简行政机构的进步性和合理性,但以今天的现实政治情况来衡量,显然带有片面性。作者在论述法律和宗教时,对风俗习惯和舆论在政治生活中的作用给予了极高的权重。从现实情况来看,随着一个政治体的地理范围扩大和人口规模增加,风俗习惯在政治生活中的作用是递减的;舆论在作者所处的时代或许能很好地代表民意,但是在今天的信息传播环境下,舆论被引导被操控的风险越来越高。

三、主题之外的分享

在阅读这本书的过程中,还有一些与主题无关但对理解主题或许有帮助的个人心得,这里总结一下,仅供参考。

一是版本的选择。《社会契约论》的原版是法文,有条件的读者当然是直接阅读法文原版,那必然是最符合作者思想的表达。其中文译本,从 19 世纪末至今,以单行本正式出版或在报刊上连载的有 20 余种之多。不同译本所据的原本及其语言、译者的行文风格及其对书中的一些基本概念的界定和中文用词,都有或大或小的差别。本人不懂法语,也不具备英语流畅阅读的能力。在看了一些相关简介和点评材料的基础上,比较了六七个纸质和电子的中文译本后,最终选择了 2012 年武汉出版社出版的中英双语版,中文译者是戴光年。这本书的纸质书不好获取,本人阅读的是"京东读书"上的电子版。从中英对照的出版形式来看,其翻译原本极有可能是某个英文版,且出版目的可能更侧重于英语的语言学习阅读。而我选择的理由,仅仅是因为跟其他中译本比较,其中文部分行文更符合我个人口味,易于阅读和理解,这里就不作推荐了。好在该书译本丰富,读者可以根据自己的情况选择合适的版本。但是在版本选择时,有两个建议或许值得参考。首先是前置材料阅读,就是在选择前,从各种功能渠道对作者本人、所处时代的社会历史背景,以及《社会契约论》的整体理论框架进行大致了解。其次是在做版本选择比较时,最好能把不同版本的整个第一卷读完,这样更能找到最适合自己的版本。

二是阅读方法。《社会契约论》所讨论的问题,本质上属于政治学理论范畴,而作者在论述时,对诸多概念又进行了高度的抽象化,因而这本书给人的感受是,作者要探讨的是权力的道理,而非权力的事实。所以对于跟我一样的非政治学专业的读者来说，书中的许多内容并不容易理解。我的经验是，哪怕遇到一些不理解的个别概念，仍然硬着头皮继续读。当不理解的多到无法继续时，再回去从头开始，如此反复。当我把全书通读完的时候，前两卷内容已经读了不下五次。对于理解力较强的读者，哪怕一次便可通读全书，仍然建议多读两次。虽然多花些时间，但对书中思想和整体理论架构的理解确实帮助很大。

《社会契约论》所提出的社会契约理论深刻说明了契约精神在政治社会的形成及其发展过程中的必要性和重要性。经过数百年的近现代发展，契约精神也为越来越多的政治体及其成员所接受和拥护。《社会契约论》提出的民主思想，及其关于政府、法律的论述，对资产阶级革命和资本主义社会的发展起到了极大的推动作用。但从全人类视角来看，世界发展并不平衡，例如，资本主义与社会主义之间的对抗、发达国家与发展中国家之间的不平衡、陆续取得独立的殖民地与其前宗主国之间的政治经济矛盾。记得在去年开始阅读本书不久，俄罗斯和乌克兰之间的边境危机快速演化成边境冲突，随后逐渐升级。到了2023年10月，俄乌战争没有缓和迹象，中东战争再次爆发，牵涉的国家和政治力量越来越多，战争烈度迅速升级。同时期的印度、巴基斯坦边境冲突和缅甸内战也呈现升级态势，非洲多处发生军事冲突，西方多国在我国南海台海制造事端，全球安全气氛越发紧张。

可见，过去的世界政治经济模式，并非和谐健康可持续的发展道路。《社会契约论》指明了资本主义发展方向，在特定历史时期对社会进步产生了巨大的积极影响。但是它未能预见资本主义发展道路上可能产生的各种问题并提出解决方案。马克思主义提出了从资本主义到社会主义再到共产主义的社会发展道路，指出了人类社会可能的正确发展方向，却被资本主义世界视作威胁。甚而在资本主义世界的围堵打压下，多个国家和地区放弃了社会主义道路，只有中国和极少数几个国家还在坚定践行。从放弃社会主义道路的国家与中国在近几十年的物质和精神文明发展成就的对比来看，共产主义道路的科学性和优越性越来越明显。中国提出的"一带一路"合作倡议和"人类命运共同体"思想，为世界的和谐、健康、可持续发展指明了实践路径和理论基础，得到了越来越多的国家和政治团体的认可，开创性地丰富和完善了共产主义理论，相信其科学性和正确性也必将得到进一步证明。

通读完全书后,我个人感受是:契约精神永不过时;自由民主思想在当时的历史时期对社会发展产生了巨大而积极的推动作用;书中关于民主、主权、政治制度、政府、选举、法律等的思想和观点,对于单个政治体内部而言,仍具有非常积极的参考意义;但对于全人类的长久发展而言,我们需要不断探索更加和谐且可持续的道路。

参考文献

[1]卢梭.社会契约论:双语版[M].戴光年,译.武汉:武汉出版社,2012.

[2]荀况.荀子[M].安小兰,译注.北京:中华书局,2016.

导读人简介

华苏永,管理学硕士,东南大学图书馆馆员。热爱图书馆工作,热爱阅读,热爱分享。

米尔斯与社会学的想象力

导读人:范文洁

《社会学的想象力》是社会学领域的经典著作之一,是社会学教育和研究的重要文献之一,曾在1997年当选为20世纪最具影响力的社会学著作之一。米尔斯的《社会学的想象力》一书提出了社会学家应该如何思考社会问题,如何将个人困境与社会现状联系起来,从宏观的社会结构角度来审视个体生活。这种思考范式对于理解社会问题和社会现象具有重要意义,因此吸引了众多研究者的兴趣。他鼓励人们超越个人视野,思考社会问题的根本原因和社会结构的作用。通过阅读这本书,人们可以更好地理解社会不平等、权力关系、社会变革等问题,从而培养更深刻的社会意识。

选择导读赖特·米尔斯的《社会学的想象力》有助于提升社会意识、思维深度和促进对社会问题的理解,对社会学学生和研究者来说具有重要的教育和研究价值,同时也为对社会问题和人际关系感兴趣的人提供深入理解社会问题的工具。他鼓励读者超越表面现象,深入理解社会问题的根本原因和背后的结构性因素。《社会学的想象力》能够帮助读者更全面地理解社会问题,从而更好地参与社会对话和辩论。

一、米尔斯短暂且又传奇的一生

查尔斯·赖特·米尔斯(Charles Wright Mills)于1916年8月28日出生在得克萨斯州韦科市。1934年,米尔斯从达拉斯技术高中毕业,随即进入得克萨斯州农工大学学习,随后转入得克萨斯州大学奥斯汀分校,主修社会学。后来他决定攻读哲学硕士学位,这使得他接触到了实用主义,并了解到乔治·赫伯特·米德（George Herbert Mead）、约翰·杜威（John Dewey）和查尔斯·桑德斯·皮尔斯（Charles Sanders Pierce）等人的著作。1939年，米尔斯获得了社会学学士学位和哲学硕士学位。在毕业时，他已经在两个领先的社会学期刊《美国社会学评论》和《美国社会学》上发表过文章。随后，他前往麦迪逊，在威斯康星大学攻读社会学博士学位。在威斯康星大学他遇到了汉斯·格思（Hans Geth），并与汉斯·格思发展了一段友谊。米尔斯于1942年从威斯康星大学麦迪逊分校获得社会学博士学位。他的博士论文名为《实用主义的社会学解释：关于知识社会学的一篇论文》（A Sociological Account of Pragmatism: An Essay on the Sociology of Knowledge）。1941年他还担任了马里兰大学的副教授一职。1945年，他前往哥伦比亚大学开展研究工作。起初，他在应用社会研究所担任研究助理，一年后，成为社会学助理教授。

在60年代中期，米尔斯旅居欧洲，并在哥本哈根大学担任富布赖特学者，富布赖特项目是世界上规模最大、声誉最高的国际交流计划。在此期间，他对马克思主义产生浓厚的兴趣，并结识了一些英国左翼关键人物。在欧洲旅居期间，他完成了《社会学的想象力》一书。1960年，他第一次心脏病发作。1962年3月20日，他在纽约州西尼亚克的家中心脏病再次发作并在家中去世，被安葬在纽约尼亚克的橡树山公墓。

米尔斯的一生充满争议，他为美国的社会学理论做出了独特的贡献，特别是在阶级、权力和社会结构领域，他反对专制、张扬、个人主义。美国作家约翰·艾杰奇（John Eldredge）将米尔斯的贡献总结为三点：首先，他是美国实用主义和欧洲社会学融合的领路人。其次，他在短暂的工作生涯中做了大量的研究，这些研究综合反映了他对"了解美国社会及其在世界议题中的地位"的关注。最后，他为后人提供了可观且持续的启发。例如，汤姆·博顿莫尔（Tom Bottomore, 1966）对精英的探索、史蒂文·卢克斯（Steven Lukes, 1973）对权力的开创性讨论以及阿尔文·古尔德纳（Alvin Gouldner）的作品中都看到他的印记。

二、个人经历与社会背景

社会学的想象力是一个概念，指的是将个人经历与更宏大的社会结构联系起来，并看到个人困境和公共问题之间的联系的能力，让人们了解到环境和社会是如何影响公众的生活的。例如，人们可能会将自己找不到工作归因于自己不具备企业或者岗位所要求的知识和技能。然而，如果当前国家或者整个社会正面临一场经济危机，企业就会减少招聘员工的数量。在这种情况下，低就业率可能就是环境的结果，而不是个人缺乏技能或者能力不足导致的。

正如米尔斯所写："如果不了解个人生活和社会的历史，就无法理解两者。"米尔斯同时代的社会学研究者倾向于关注理解系统（例如，结构功能主义把社会和有机体作类比，认为社会是相依互存的各个部分构成的整体系统，各部分都在系统中承担一定的作用和功能），而不是探索个体问题。但米尔斯认为，将社会视为一系列系统的想法并不十分准确，它忽略了个人在这些系统中的作用。他认为，观察系统及其内部个体之间的平衡对于理解它们的集体关系以及因不同群体之间的冲突而产生的社会结构至关重要。这种观点还有助于社会学家做更多的事情，不仅仅是观察，而是揭露社会不公正，并采取行动改变世界。

如果没有社会学的想象力，我们所有的常识性想法都来自我们有限的社会经验。社会学的想象力是一个超越这些限制来观察社会世界的框架，是一种理解个人经历如何成为历史进程的结果并在更大的社会背景下发挥作用的能力。因此，社会学的想象力要求我们将自己与我们熟悉的个人环境现实分开，并从更广阔的背景来看待社会问题。社会学的想象力可以帮助人们看到个人、社会和世界之间的互联性。社会学的想象力帮助个人从不同的角度来看待世界，并对他们认为是理所当然的假设发出质疑。社会学的想象力的关键要素之一是具有将个人困境视为公共问题的能力。例如，离婚可以被视为个人问题，人们常常以性格不合或者婚姻双方的不当行为作为离婚的理由。然而，如果由于婚姻制度的改变，一个国家的整体离婚率变得更高，那么离婚可能会成为一个公共问题。个人对某一双鞋的喜好可能根本不是因为个人偏好，而是因为鞋子的流行趋势或同龄人对鞋的评价影响了个人选择。当然，社会因素并不总是行为的唯一驱动因素，但社会学的想象力允许我们分析个人偏好和选择，并发现背后是否存在社会、文化和其他类型的影响因素。

为了继续讨论个人环境和社会结构之间的关系，米尔斯将两者联系起来，他特别转向了个人价值观与公共问题之间的关系，以及一个社会如何支持或不支持个人价值观。价值观得到社会支持的人感受到幸福；价值观不受支持的人感受到危机；处于这两者之间的人则会感到冷漠。但有些人可能一开始就没有任何根深蒂固的价值观。根据米尔斯的说法，这些人会感到不安。米尔斯认为,他所处的当代是冷漠和不安并存的:社会结构并没有被清晰地描述;人们并没有明确地表达自己的价值观。这正是社会学的想象力现在必须解释的。

三、宏大理论与抽象经验主义

米尔斯对当时盛行的社会学研究的两个派系——宏大理论和抽象经验主义,均是持批判态度的。宏大理论就是概念与概念之间的组合与拆解。宏大理论派的代表人物——帕森斯认为在社会系统中,人们互为参照物,共享价值标准,因而人的行为是有规律、有序的。米尔斯将这种有规律的行为定义为"结构性"。他认为这个理论的内部逻辑是混乱的,并且认为解释这一现象的理论都是"毫无实际意义的空中楼阁"。他认为《社会系统》一书代表了"宏大的理论",其中"百分之五十只是晦涩的用词,百分之四十是众所周知的教科书社会学,而剩下的百分之十是意识形态上的运用"。当然也有人不接受其对帕森斯的评价,认为米尔斯对帕森斯的解读是建立在他自己的理论基础上的,米尔斯的社会学的想象力倾向于一种带有政治野心的意识形态世界观,但缺乏必要的理论区分,无法充分评价帕森斯的一般行动理论,特别是社会系统的概念化。

不同于宏大理论对概念的盲目崇拜,抽象经验主义表现出对方法论的抑制。抽象经验主义指的是为了自己的目的而收集经验数据,而不需要理论来解释它。米尔斯认为,抽象经验主义产生于一些社会学家复制自然科学的研究方法。社会结构的重要性被低估,人口特征的重要性被夸大,它可能会导致完全忽视价值,产生琐碎或抽象的经验主义。例如,人口统计学家调查生育率,本质上是一个道德问题,但抽象经验主义可能会陷入涉及统计方法细微复杂性的分歧中。以抽象经验主义的格局和术语无法解释公众问题。抽象经验主义支持者们"满脑子都是方法论上的约束""对形式关注不够""以特定的方式重述和搬运自然科学的哲学"。

米尔斯强调,社会学研究必须关注重要的问题,这些问题不一定具备政治、实践和道德的含义。宏大理论与抽象经验主义的盛行说到底是因为社会学家缺乏与社会问题相联系的意识。

四、实用性与经典社会科学

米尔斯深受马克思的影响,强调赋予社会学研究的实用性。米尔斯认为社会学研究主要有两种用途：第一种用途是意识形态，即肯定或挑战主流和社会中的权威。在意识形态上，社会学既可以为社会规范辩护，也可以对其进行批判。从历史上看，米尔斯认为社会学有一种自由主义意识形态。社会学诞生于19世纪下半叶的革命运动，这些革命将下层阶级的"麻烦"，包括贫困和失业，重新定义为中产阶级需要解决的"问题"。但近年来，米尔斯认为社会学已转向一种更为保守的意识形态。由于关注越来越专业化的环境，而不是更大的社会结构，社会学失去了对经济或国家领导人的系统批评。第二种用途是"官僚主义"。社会学现在不再批评政府、企业或军队，而是倾向于帮助政府更有效地统计人口，帮助企业更有效地管理员工，帮助军队更有效地训练士兵。在这种官僚主义的使用中，社会学变得痴迷于"合理化"，即如何使事情有效率，它仅仅为"管理精英"服务，即那些拥有行政权力的人。米尔斯最后指出，大学也变得越来越官僚化。他们不再关注真相，而是变成了追求利益和拥有高效教授的企业。教授也会因为从事有利于管理精英的官僚工作或研究而获得奖励。米尔斯称其为"新型学术企业家"，他们通常用学术声望换取经济激励。

米尔斯将社会学中的"官僚主义"分解为五个主要特征：第一，社会调查的标准化。这意味着社会学家使用的方法越来越趋同。第二，研究机构也变得系统化，其工作流程正如现在社会学家所做的民意调查工作一样。大学不再培养学者，而是成为培养民意调查专家的培训中心。第三，学者自己改变了他们的思维习惯。他们没有考虑社会结构，而是考虑手头的具体任务，原创性和创造性思维被削弱了。第四，现在的研究服务于官僚机构。社会科学不再向公众提供信息，而是迎合"客户"——通常是那些希望提高机构效率的管理者。第五，通过给予官僚机构这些工具，社会科学使他们管理的社会资源实现了有效的分配，管理者被赋予了更多的控制社会的权力。

米尔斯将科学哲学与经典社会科学进行比较，认为经典社会科学介于宏大理论和抽象经验主义这两个极端之间。经典社会科学既不是一个自上而下的理论，也不是一个自下而上的方法。相反，经典社会科学同时做到了这两点：它从事实中建立理论，并将事实引用到理论中。米尔斯认为，经典社会科学提出了与历史相关的问题，即关注一个时间点的社会结构与其他时间点的社会结构有何不同。就经典社会科学的传统提出问题，意味着可以问一个关于现在的历史问题。例如：为什么今天的人们总是以一种特定的方式行事或思考？米尔斯认为以这种方式提出问题,自动结合了人们在其环境中经历的个人"麻烦"和作为更大社会结构特征的公共"问题"。经典社会科学结合了微观和宏观的社会观,通过在公共和个人之间建立联系,经典社会科学并不为管理者的利益服务,而是为公众个人服务,即帮助公民理解事情为什么是这样的,使公众在需要的时候改变他们的处境,帮助个人理解该如何融入一个更大的结构,以便改善自己的境遇。

五、人类多样性与历史

在对当前社会学的研究趋势做出批判之后,米尔斯就如何开展社会学做出建议。米尔斯首先将社会科学定义为对人类多样性的研究,即社会中人的差异以及社会之间的差异。在研究社会学时应当将个人传记、历史和社会结构联系起来。传记指个人生活。社会结构指社会中的制度是如何关联的,社会结构的基本单元是国家。只有将各种观点、方法和思想结合在一起的跨学科才能勾画出历史社会结构内一个更完整的人类图景。米尔斯认为社会学内部的分门别类会让研究者认为社会学内部的不同学科之间是独立的。例如,社会学科中政治学和经济学的分割会让人们认为政治和经济是相互独立的,事实上,这两者之间存在着很深的联系。现在学科的边界也一直处在不断变化之中,因此,理论在学科之间流动也相当容易。社会学家必须保持这种灵活性和思想的流动。为此,可以通过广泛阅读其他领域的方法和观点,以增强对所研究问题的理解。政治学家也不需要成为经济学专家,只需要了解到足够的经济学知识,从而增强对政府管理等内容的理解。

在米尔斯看来,历史不仅仅是"事实的记录",历史将事件置于一个叙事中,不同的事件是相关的,因此历史也是一种有关事件如何变化和为什么变化的理论。米尔斯认为了解历史对于理解当代社会至关重要。首先,了解社会的变迁,能够让科研工作者提出恰当的问题。例如,只有在某个特定的时期,研究"公众意见"才有意义,因为在中世纪,当每个人服从国王或领主时,公众不可能有意见,那么研究这一时期的公共意见显然是没有任何意义的。其次,历史将人们的注意力转移到关注结构,因为结构能让人们意识到个人经验太过狭窄而不能了解历史是如何变迁的。再次,可以通过比较研究帮助学者更好地理解研究。例如,将资本主义与原始社会进行比较就可以具体地了解每个社会的具体特征。最后,历史提醒我们"现在"也不是独立的,"现在"也是由历史塑造的。历史帮助人们理解"现在"是何时开始的,"过去"是何时结束的。

米尔斯认为,我们经历了历史上的三个主要时代:古代、黑暗时代和现代。但根据米尔斯的说法,现代正走向终结,我们正在进入一个尚未被发现的第四纪元。米尔斯认为我们即将离开一个相信理性的时期。产生现代性的启蒙运动是因为人类普遍相信更多的理性意味着更多的自由。如果人类能够获得更多的知识,学会更合乎逻辑的思考,那么人类将变得更加自由和公正。

米尔斯写作时,社会学在美国还是一门相当新的学科,并不是每所大学都有社会学系,直到第二次世界大战后,社会学才被认为是学术体系的核心部分。因此,当时的社会学家积极讨论如何做社会学以及研究社会意味着什么,既要强调社会学的重要性,又要理解社会学所包含的内容。《社会学的想象力》是这段历史的一个重要转折点。一方面,这本书总结了他那个时代的社会学趋势。因此,它提供了对过去的调查,并与20世纪上半叶的主要社会学思想家进行了接触。另一方面,这本书为社会学的未来提供了一个规划。《社会学的想象力》出版时被广泛阅读,但很少有人喜欢它。米尔斯没有活到捍卫或传播他的思想的时候。但这本书在社会学家和普通读者中流传了这么长时间,足以证明他的思想的力量。

导读人简介

范文洁,图书情报与档案管理专业博士,东南大学图书馆学科服务部馆员。求知若饥,虚心若愚,从自然和书本中汲取力量和知识。

黑天鹅：如何应对不可预知的未来

导读人：何菊香

从泰坦尼克号沉没到汶川地震,从"9·11"恐怖袭击到俄乌冲突,从澳大利亚山火到新冠疫情肆虐,"黑天鹅"事件的影响无处不在,对我们的历史、经济和社会产生了重大影响。为什么直到"黑天鹅"事件发生后我们才能认识到其巨大的影响力?《黑天鹅:如何应对不可预知的未来》一书作者塔勒布认为,部分原因在于人类在聚焦普遍性时,难以关注事件的独特性。希望通过本书和大家分享"黑天鹅"事件的内涵以及应对"黑天鹅"事件的方式,颠覆我们的既有思维,让我们有机会成为自己命运的掌舵人。

一、什么是"黑天鹅"事件？

在发现黑色天鹅之前,所有欧洲人都确信天鹅全是白色的。"黑天鹅"曾经是他们言谈和写作中的惯用语,用来指不可能存在的事物,但当第一只黑天鹅出现在人们的视野中时,这个不可动摇的信念崩溃了。此后,"黑天鹅"事件用来指高度不可能发生的小概率事件。序言中,塔勒布开门见山地给出了"黑天鹅"的定义。"黑天鹅"是指满足以下三个特点的事件:首先,它具有意外性,即它在通常的预期之外,也就是说没有任何能够确定它发生的可能性证据;其次,它会产生极端影响;最后,虽然它具有意外性,但人的本性促使我们在事后为它的发生编造理由,并且使它变得可解释和可预测。简言之,这三点概括起来就是:稀有性、极大的冲击性和事后(而不是事前)可预测性。

在此基础上,塔勒布大胆提出:"少数的黑天鹅事件几乎能解释这个世界上发生的所有事情,从思想与宗教的胜利到历史事件的变迁,再到我们的个人生活。"既然黑天鹅事件对我们影响如此深远,为什么我们在事前毫无知觉呢?对此,塔勒布提出了另一大拷问:"为什么我们会对随机事件,尤其是具有很大差异的随机事件无视?为什么我们会倾向于本末倒置?"最后,塔勒布冒天下之大不韪提出了一个观点,一个与我们的许多思维习惯相反的观点,即我们的世界是由极端、未知和非常不可能发生的(对我们现有的知识而言非常不可能发生的)事物所主导,而我们却一直把时间花在讨论琐碎的事情上,只关注已知和重复发生的事物。这意味着我们必须把极端事件当作起点,而不是把它当作意外事件置之不理。塔勒布还表达了更为大胆(以及引起愤怒)的观点,那就是,即使我们取得了知识上的进步和成长(或者正因为这种进步和成长),未来仍会越来越不可预测,而人性和社会"科学"合谋起来向我们隐藏了这一点。

多年来,塔勒布致力于研究我们为何愚蠢地相信自己知道的比实际要多。原因在于,我们纠结于无关轻重的细枝末节,却忽略正在发生的重大事件,即便这些事件正在持续影响、塑造我们的世界。为什么我们对"黑天鹅"事件视而不见?如何避免"黑天鹅"预测陷阱?是否有方法应对"黑天鹅"事件?本书通过深入挖掘我们所不知道的事情背后的真正价值,从颠覆性的视角给出了富有建设性的答案,这将会改变我们观察世界的方式。

二、为什么我们对"黑天鹅"事件视而不见?

首先我们需要理解两个重要的术语:平均斯坦和极端斯坦。在理想的平均斯坦,特定事件的单独影响很小,只有群体影响才大,即我们受到集体事件、常规事件、已知事件和已预测到事件的统治;在极端斯坦,个体能够对整体产生不成比例的影响,即我们受到单个事件、意外事件、未知事件和未预测到事件的统治。

假设我们从普通人群中随机挑选 1000 人,把能想到的最重的人加入样本,即使他的体重是平均体重的 3 倍,他在总体重中所占的比例仍微不足道。可以这样总结平均斯坦的最高法则:当你的样本量足够大时,任何个例都不会对整体产生重大影响。尽管最大的观察值令人吃惊,但对整体而言最终微不足道。但在奇异的极端斯坦,还考虑之前提到的 1000 人,把世界上最富有的人加入他们中间,比如特斯拉创始人埃隆·马斯克,马斯克的财产占这些人总财产的比例将达到 99.9% 或更多。在极端斯坦,个体能够轻易地以不成比例的方式影响整体。

值得注意的是，虽然大部分黑天鹅现象发生在极端斯坦，但极端斯坦中并不全是黑天鹅现象，对于有方法发现黑天鹅前兆的人，黑天鹅就会变成可预测事件——灰天鹅；反之，平均斯坦中也可能孕育着黑天鹅事件，某事件随时间推移出现随机性跃迁，就会成为黑天鹅事件，切不可将其简化处理。

作者塔勒布在书中提出了我们无法正确认识黑天鹅事件的原因，分别是：证实谬误、叙述谬误、沉默的证据、游戏谬误。

证实谬误：人们总是习惯从自己过去的经验中总结一些规律，并用这些规律去推导其他事情。这种证实谬误还有另外一个特点，就是会让我们产生片面的偏见，从而忽视潜在的巨大风险。避免它们的方式就是成为单边半怀疑主义者，即提出猜想，并寻找证明猜想错误的反例（"证伪"）。

叙述谬误：指我们无法在不编造理由或者强加一种逻辑关系的情况下观察一系列事实。对事实的解释会与事实混在一起，使事实变得更容易被记住，更符合道理。简单说就是，我们非常善于事后找理由，为偶然事件编织一个顺理成章的理由，让整个事件看起来很符合逻辑。叙述谬误会导致两种误解：对非黑天鹅事件的高估和对真正黑天鹅事件的低估。而规避叙述谬误的方法是：强调实验而非故事，强调体验而非历史，强调客观知识而非理论，预测并记录预测结果。

沉默的证据：历史把黑天鹅现象隐藏起来，使我们对这些事件发生的概率产生错误的观念，沉默的证据造成认知扭曲。世界其实是由胜利者书写的，我们在歌颂一个天才的成功之时，却往往忘记了那些被埋没的天才。而成功者和失败者之间的差别或许只是运气，但几乎没人关注失败者遭遇的偶然性的坏运气，他们的经历也就沦为了"沉默的证据"。

游戏谬误：人们习惯用类似的游戏规则去处理现实世界里的复杂问题。在游戏中人们可以确定概率，预测事情发生的概率；而在现实中，是极端斯坦的世界，一切都是未知，任何突发事件都随时可能发生。

本书围绕着"美化的东西和柏拉图式的简化东西天生容易被看见"这一主线对"为什么我们对黑天鹅现象视而不见"进行揭秘。其解释了我们看不见黑天鹅现象的原因，即我们为已经发生的事担忧，而不是为那些可能发生却实际上没有发生的事；解释了我们进行柏拉图式简化东西的原因，我们喜欢已知的模式和有条理的知识,达到了对现实视而不见的地步;解释了为什么我们在归纳问题上犯错,为什么我们要证实,为什么那些在学校学习优秀的人容易上游戏谬误的圈套;解释了为什么黑天鹅事件会发生,而我们却无法从中学习,因为没有发生的黑天鹅现象太抽象了。

三、如何避免"黑天鹅"预测陷阱?

预测是我们的一大爱好,与我们的安全感基因有关。通常,我们都希望能够掌控未来,不管是通过文学、科学还是玄学。出于某种谜一样的原因,我们对自己的预测充满自信,因为预测能让我们减少对不确定性的焦虑。不可否认的是,我们在某些领域的预测已经取得了长足的进步,比如预测明天的天气。但我们并不会止步于此,希望把黑天鹅也关到笼子里去,不知何时会出现以及会飞向何处的黑天鹅太令人担忧。

塔勒布在本书中明确告诉我们预测未来是徒劳的,并分四个章节探讨了人们在尝试预测不确定性问题时所犯的错误。

预测之耻:即使我们生活在大事件很少发生的平均斯坦,我们仍然会低估极端事件发生的概率,我们会认为它们离我们很遥远。以澳大利亚的地标建筑悉尼歌剧院为例,通过分析其预测成本和实际成本存在巨大偏差引出了本章的两个主题:(1)我们在自以为拥有的知识方面非常自大。通常我们会以为比实际知道的多一点,进而高估自己的知识,低估或者错误地估算不确定性。(2)这种自大对包括预测在内的所有行为的影响。这种影响主要体现在:①信息对知识有害:日常的琐碎信息对预测无意义,甚至是有害的。信息的增加并不能增加我们预测的准确性,只不过人们对预测的信心极大地提高了。②专家问题是可悲的虚有其表:塔勒布将专家区分为技能型领域专家和知识领域专家,也就是说有些专家是真正的专家,而有些专家并非真正的专家。因变化而需要知识的领域通常是没有专家的,不变的领域才可能有专家。与未来有关,并且其研究是基于不可重复的过去的行业通常没有专家。专家们喜欢发布对未来的年度预测,但一般并未在事后检查过预测的准确性。我们的预测者可能更善于预测常规事物,而不是非常规事物,但是我们生活在极端斯坦,任何重大事物的出现都是非常规的,这就常常导致预测失败。如果是长期趋势预测,一次预测错误就会导致接下来的预测都无法修正你的累积错误。

专家们因为叙述谬误,会导致预测愈加偏离实际。泰洛克研究了政治和经济领域的专家后发现,拥有显赫声望的人比没有声望的人预测得更糟糕。专家们并未意识到自己不太擅长本行,反而善于编造事后解释。造成这种现象的原因在于人类在对随机事件的认识上容易犯不对称的错误,我们把成功归因于能力,把失败归因于在我们控制之外的事物,比如随机性。随后,塔勒布举了三个示例:乔忽视计划外的不确定性事件导致延期交稿、使用Excel表格公式时的锚定思维、人类对计划和冒险活动的预测通常具有突破性。通过这些例子,他得出了结论:不考虑错误率的预测显示出三种谬误(可变性问题、没考虑随着预测期限的加长预测效力会降低,以及对被预测变量随机性的错误认识),它们都来自对不确定性本质的错误理解。

预测能力不为人知的结构性局限:不论对我们,还是对那些我们所能找到的工具,预测过程本身都太复杂了。有些黑天鹅现象仍将逃过我们的眼睛使我们预测失败。具体表现在:(1)发明几乎都是偶然的产物:你发现了之前并没有打算寻找的东西,而它却改变了一切。(2)矛盾现象:预测者通常无法预见这种由意外发现带来的巨变,而且事物的渐变也比预测者预计得慢。(3)工具似乎很少发挥本来的作用:工具只不过是工程师制造玩具和机器兴趣时的产物,这些产物拓宽了我们的知识面。(4)预测的不可预测性:预测要求我们知道将在未来发现的技术,但认识到这一点几乎会自动地让我们立即开始开发这些技术。因此,我们不知道我们将知道什么。按彭加莱的理论,在预测未来的过程中,你所模型化的过程需要越来越精确,因为你的错误率会迅速上升。而仅仅达到近似精确是不行的,因为预测会突然失效,最终需要对过去做无穷精确的解释。(5)归纳之谜:我们画出一条直线,只是因为我们手边有一把直尺;一个数字在过去1000天都在增长,于是你更相信它会继续增长。但如果你头脑中有非线性模型,它也许会显示数字会在第1001天下降。如果不存在对所看到事物的唯一"一般化"解释,则无法对未知进行唯一的推断。

认知斯坦:认知自大程度较低的人不一定缺乏自信,他可能只是对自己的知识持怀疑态度。塔勒布将这种人称为"认知者",将念念不忘人类认识错误的境界称为"认知斯坦"。也就是说,人类认知的局限性会导致我们无法揭示事物本来的面貌,具体表现在:(1)未来存在随机性,未来不是过去的精确延展,也就是说,过去和过去的过去之间的关系并不能反映过去和未来的关系。(2)一个盲点：当我们考虑明天时，我们不会用考虑昨天或前天的同一方式。由于这种内省的缺陷，我们没有从过去的预测与之后的实际之间的差异中进行学习。当我们想到明天时，只是把它当作另一个昨天。(3)幸福感预测错误：我们过高地预测未来的幸福状态的经历说明，我们并没有从过去的经验中进行归纳性学习，这证明了我们的思维障碍和扭曲。(4)反向预测：我们的问题不仅仅在于我们不知道未来，还在于我们不知道过去。（想象从冰块融化到水的正向实验，以及从一摊水反推原有冰块形状的反向实验）(5)不完全信息：计算机程序使用非常复杂的非线性方程式能产生貌似随机的数字，即知道方程式就能预知序列，然而，要人类求出这个方程并预测之后的序列几乎是不可能的。也就是说，如果我们不能获得"世界方程式"，就不可能掌握随机规律，进而对未来进行精准的预测。

假如你不会预测怎么办？假如你抛弃完全准确地预测未来的想法，你就有很多事情可以做，只要你记住预测的局限性。知道你无法预测，并不意味着你不能从未来的不可预测性中获益。针对不确定性做决策的核心思想：只需要抓住事情的影响，不需要了解事情的可能性。我们需要做的是减轻负面极端事件的影响或者说从正面黑天鹅中受益。首先，我们要摒弃完全准确预测未来的想法。在面对黑天鹅事件时，对小问题，我们要保持人性！接受人类存在认知自大这一事实。不要试图避免预测，不要为此羞愧，在你自己的问题中大胆地预测，但要避免对大范围有害预测的依赖。其次，对所有可能的结果做好准备。对可能发生的情况做好准备，试着从未来的不可预测性中获利。尽可能将自己暴露在正面的黑天鹅事件下，远离负面的黑天鹅事件。

四、怎样应对"黑天鹅"事件？

随着现代科技的发展、应用以及政府的过度干预，原先工业革命带来的确定、线性、可测量的机械时代一去不复返，一个测不准、不确定、非线性的时代已经来临，黑天鹅事件更加频发，其影响和涉及面也更广。唯一不变的是这个世界永远在变化，唯一确定的是这个世界是不确定的。如何应对越来越多的"黑天鹅"事件？

1. 采用杠铃策略

杠铃的特点是两头大，中间小。所谓的杠铃策略，是指你的策略应该极度保守或极度冒险，而不是一般保守或者一般冒险。要确保两头的收益，放弃中间地带。比如,在投资时把钱分为两部分:将85%—90%比例的钱投入极为安全的投资渠道,如购买国债;将剩下的10%—15%投入高风险的产品,例如期权。做到尽可能多地利用财务杠杆,类似风险资本的投资组合。在这个投资组合中,你不是承担中等风险,而是一边承担高风险,一边不承担风险。两者的平均值是中等风险,但能使你从黑天鹅事件中获益。

2. 与波动性共舞

"波动性"一词源于volare,在拉丁文中是"飞"的意思,它有助于改善系统。系统中能看到的波动性越多,它越不容易遭遇黑天鹅事件。塔勒布说:"我们一直有个错觉,就是认为波动性、随机性、不确定性是一桩坏事,于是想方设法消除它们。但正是这些我们想消除它们的举动,让我们更容易受到黑天鹅的冲击。"我们要善于利用波动性,甚至主动寻找波动性,尽可能地避免遭遇黑天鹅事件。

此外,塔勒布给出了五个谨慎的小技巧来应对"黑天鹅"事件,越谨慎,越有效。

(1)学会区分正面黑天鹅和负面黑天鹅。学会判断在不具可预测性时做哪些事会对我们极为有利、哪些会对我们有害。我们要将自己尽可能地暴露在正面意外(正面黑天鹅)下。所谓负面黑天鹅行业,是指意外事件能够造成极大冲击和严重后果的行业,比如军事、巨灾保险或国家安全工作。而在正面黑天鹅行业,你可以用小的损失换取大的收益,比如:电影业、出版业、科学研究和风险投资。

(2)不要寻找精确和局部的东西。不要试图准确地预测黑天鹅事件,不要狭隘,这很可能使你更容易受到那些你没有预测到的结果的影响。把精力放在准备而不是预测上。人不可能达到无限警惕的状态。

(3)抓住一切机会,或者任何像机会的东西。机会比你想象的要少得多,你必须把自己置身于正面黑天鹅的影响之下,才有可能从中受益。比如上面提到的出版业、风险投资等正面黑天鹅行业里面的机会,大佬邀请、聚会等等,一定要灵敏地嗅到潜在的机会并主动抓住,不然这扇门可能永远不会再为你开启。

(4)当心政府的精确计划。可以让政府预测,但不要把他们的话太当回事。这并不是说政府是无用的,而是要对他们的副作用保持警惕。

（5）不要浪费时间与预测者、证券分析师、经济学家和社会学家争论。如果你正在跟着一些人学投资，警惕那些讲正态分布或风险均衡的人，因为他们可能也是一知半解，或者是"专家谬论"刺客。

本书让"黑天鹅"进入了我们的日常，改变了我们的认知模式，改变了我们的思维方式，改变了我们对世界的看法。纵观人类历史，我们会发现，黑天鹅事件会比想象中发生得更频繁，影响更大，甚至几度改变了人类历史的走向。大概率的小事件构成日常，小概率的大事件构成异常。而一旦发生异常，日常的一切都会被统统改变。黑天鹅事件始终与我们同在，我们无法预料它何时到来，能做的就是不要惊慌，保持好心态，提前做好迎接它的准备，不依赖预测，并尽可能地让自己保留在正面黑天鹅事件下，这就是我们必须认识和思考"黑天鹅"的意义。

参考文献

塔勒布.黑天鹅:如何应对不可预知的未来[M].万丹,刘宁,译.4版.北京:中信出版社,2019.

导读人简介

何菊香,情报学硕士,东南大学图书馆助理馆员。

今日简史:人类命运大议题

导读人:申艺苑

科学技术的发展、生态环境的变化,使得人类越来越多地面对以前从未遇见的全球性问题——比如,谁拥有了数据谁就拥有了权力吗?人工智能的进步,是否意味着在不远的未来,我们将失去习以为常的现有工作?

牛津大学历史学博士,青年怪才、全球瞩目的新锐历史学家尤瓦尔·赫拉利(Yuval Harari)撰写的"简史三部曲":《人类简史:从动物到上帝》、《未来简史:从智人到智神》和《今日简史:人类命运大议题》,以独特的视角讲述人类的发展史、当下形势的把握和未来人类的走向。

2011年,《人类简史:从动物到上帝》横空出世。尤瓦尔·赫拉利写道,人类与一同共享栖息地的其他生物相比,并没有什么特别之处。虽然人类主宰了环境,增加了粮食产量,建起了城市和帝国,还创造了贸易网络,虽然整体人类的能力大幅提升,但不一定能改善个别人类的福祉,而且常常还让其他动物深受其害。

2015年,《未来简史:从智人到智神》再掀风潮。尤瓦尔·赫拉利讨论人类当下种种困难的抉择,并邀请读者共同改变未来。21世纪可能会让人类整体得到提升,超越其自身限制。如果某一天计算机强大到足以了解并克服衰老和死亡的机制,也有可能强大到足以在任何任务上取代人类。人们之所以不愿改变,是因为害怕未知。但历史唯一不变的事实,就是一切都会改变。

2018年,《今日简史:人类命运大议题》收官而发。尤瓦尔·赫拉利认为,当前人类社会面临着科技颠覆、生态崩溃和核战争三大挑战。"国家"这一身份认同已不足以应对今天的挑战,任何一个国家都无法独立解决全球性问题。人工智能和生物技术正在颠覆原有的社会结构和分配方式。数据已成为最重要的资源。在一个信息爆炸却多半无用的世界,清晰的见解就成了一种力量。

人类对未来的预测从来都不准确。然而今天要做预测又比过去更为困难。面对前所未有的局面,到底该怎么做才正确?如果"不确定性"和"非必要性"已经不再是例外,而是常态,又要怎么过下去?我们需要重新审视自己。

尽管人类历史悠久,但从人类命运角度来说,我们可能仅仅站在了历史的起点上。当前,人类交往的世界性比过去任何时候都更深入、更广泛。同时,人类正处在一个挑战层出不穷、风险日益增多的时代,世界进入新的动荡变革期。技术改变了人类的生存方式,机器化、电气化、数字化都带来了翻天覆地的变化,使人类的生存境遇发生了巨大变革。

一、智能与意识

20世纪90年代以来,互联网可能是改变世界最大的一个因素。今天,计算机运算已经让金融体系变得极为复杂,以至于很少有人能够真正理解。而随着人工智能不断改进,金融可能很快就会成为没有任何人类能够理解的领域。会不会有一天,政府得等着某个算法的决定,看看预算是否得到批准,税制改革能否通过?与此同时,点对点的区块链网络和比特币等加密货币,可能会让货币体系彻底改变,激进的税制改革也就难以避免。

我们现在正处于两次巨大革命的交汇中。一方面,生物学家正在揭开人体(特别是大脑和人类感受)的种种奥秘;另一方面,计算机科学家也让我们获得前所未有的数据处理能力。生物技术革命与信息技术革命融合之后,大数据算法有可能比我们更能监测和理解我们的感受,而掌控一切的权威也可能从人类手中转移到计算机手中。

随着科学家越来越了解人类的决策机制,对算法的依赖可能也会越来越强烈。掌握人类的决策机制之后,就能提升大数据算法的可靠性,但同时也降低了人类感受的可靠性。随着权威从人类转向算法,世界可能不再是一个自主的、人们努力做出选择的剧场。相反,我们可能会认为整个宇宙就是一个数据流,每个有机体不过是一套生化算法。至于人类在这个宇宙中的任务,则是打造一套无所不包的数据处理系统,然后与系统融为一体。其实,我们现在就已经像一个又一个小小的芯片,装在一个大到没有人真正理解的数据处理系统之中。

一个好消息是,至少在未来几十年里,我们不用担心科幻小说里那种人工智能产生意识、杀光或奴役人类的噩梦。我们会越来越依赖算法为我们做决定,但算法并不太可能开始有意识地操纵人类。实际上,并没有理由相信人工智能会获得意识,因为智能和意识是天差地别的两种概念。智能是解决问题的能力,意识则是能够感受痛苦、喜悦、爱和愤怒等事物的能力。因此,虽然人工智能具有巨大的力量,但在可预见的未来,人工智能的运用在一定程度上还是以人类的意识为准。

我们正在培育一种驯化的人类,产生的数据量惊人,而且能够像海量数据处理装置中的高效芯片一样运转,但是这些"数据牛"绝对称不上发挥了人类的最大潜能。因为我们还不太了解人类的心智,根本无从得知人类的最大潜能是什么模样。然而,我们几乎没有投入什么心力来探索人类的心智,只一心想着提升网络连接的速度及大数据算法的效率。如果再不注意,最后的局面就会是退化的人类滥用进化的计算机,伤害自己,也伤害世界。大多数人类的痛苦将不再是受到剥削,而是更糟的局面:再也无足轻重。

二、身体与文明

人类有身体。在 20 世纪,科技让我们与身体的距离越来越远,逐渐失去了好好感受味觉和嗅觉的能力,一头扎进智能手机和计算机,对网络上发生的事比对大街上发生的事更感兴趣。

在远古时代,人类绝不可以如此漫不经心。当时的采集者必须永远保持警觉、专心一意。走到森林里寻找蘑菇的时候,要注意地面是否有小小的凸起,还要注意草丛中是否发出了细微的声音,以免有蛇躲在那里。等到发现可食用的蘑菇,还要极其小心地试尝一下,以免吃到有毒的菌类,但到了现代的富裕社会,人类不再需要如此敏锐的感官意识。我们可以一边走在超市的走道里,一边发短信,一边在成百上千种食物中随意挑选。这些食物都经过了卫生部门的安全检验,于是我们能够安心食用。不管我们挑了什么食物,最后都是坐在某个屏幕前一边狼吞虎咽,一边收着电子邮件或看着电视,全然不会注意食物究竟味道如何。

人类一旦与身体、感官和真实环境越来越疏离,很可能就会感到孤单,迷失方向。很多权威评论人士把这种疏离感归咎于宗教和国家的凝聚力式微,但或许和你的身体失去联系才是更重要的原因。曾有几百万年的时间,人类没有宗教,也没有国家,但还是过得开开心心,所以在21世纪应该也不成问题。然而一旦与身体失去联系,日子就肯定无法过得开心。只要你在自己的身体里感觉不自在,那你在这个世界上就不可能自在。

要实现人类团结的重要一步,就是认清人类还有身体这个事实。对于社群崩溃、不平等日益加剧、社会两极分化和全球理想幻灭等问题,工程师和算法似乎还完全束手无策。人类政治家还有很多工作要做,但我们需要新型的政治家,其能够以真正的全球视角来思考,因为现在的人类社会已经拥有共同的文明。这个文明绝不是什么和谐的社群,而是内部充满了分歧和冲突。然而,所有人类群体都面对着共同的机会和挑战,再也无法变回孤立的部落。

无论未来会有什么变化等待着我们,都可能像同一文明里的兄弟阋墙,而不是不同文明之间的冲突纠纷。21世纪的巨大挑战将是全球层面的。当气候变化引发生态灾难时会怎样?当计算机在越来越多的方面打败人类,并在越来越多的职位上取代人类,又会如何?当生物技术让我们能够为人类升级、延长寿命,会发生什么事?在这些问题上,我们必然会产生激烈的争论和冲突,但这些争论和冲突并不会让人类互相孤立,反而会让我们更加相互依赖。人类虽然距离建成一个和谐社会还很遥远,但已经属于同一个熙攘的全球文明。

三、谦逊与世俗

过去几十年是人类历史上最平静的时代。"在战争中取胜"已经成为一种失传的艺术。为什么各大强权想要打一场成功的战争竟如此困难?原因之一在于经济本质的改变。在过去,经济资产主要是实物资产,因此可以很直观地通过征服使自己壮大。但到了21世纪,占领已经赚不了大钱,只剩蝇头小利。今天,主要的经济资产是科技和体制的知识,而不再是麦田、金矿甚至油田,而知识是无法用战争来掠夺的。

很遗憾,就算发动战争在21世纪无利可图,也无法绝对保证和平。我们绝不能低估人类的愚蠢,无论是在个人层面,还是在集体层面,人类常常做出自我毁灭的举动。人类的愚蠢是历史上最重要的力量之一,我们常常忽略了这件事。政客、将领和学者把世界视为一个巨大的棋局,仿佛每走一步都要经过仔细的理性计算。但问题在于,世界比棋盘复杂得多,人的理性不足以完全理解,于是即便理性的领导人,也经常做出非常愚蠢的决定。想治疗人类的愚蠢,办法之一可能就是加点儿谦逊。

世俗主义究竟是什么意思?自称世俗主义者的人,对他们来说,世俗主义是非常正面积极的世界观,它有一套连贯一致的价值准则。世俗主义并不认为道德和智慧是在某个时间和某个地点从天而降的,而认为它们是由所有人类自然传承而成的。这样一来,当然至少某些价值观是共通的,并同时存在于世界各地的人类社会,不管是穆斯林、基督徒、印度教徒还是无神论者,都会共同信奉这些价值观。

世俗的道德准则其实就是真相、同情、平等、自由、勇气和责任,这些也是现代科学和民主制度的基础。世俗主义不相信有什么更高的权力会负责照顾世界、惩罚邪恶、奖励公正,并保护我们免遭饥荒、瘟疫与战争。因此,不管人类做什么或不做什么,都得由我们这些血肉之躯自己负起责任。如果世界充满苦难,找出解决方法就是我们的责任。现代社会的种种巨大成就,例如可医治的流行病、免受饥荒之苦、世界大部分地区一片和平,并不需要归功于什么神的庇佑,而是出自人类培养了自己的知识和同情心。但正因为如此,对于现代社会种种的犯罪和失败,人类也同样责无旁贷。我们不该祈求奇迹,而该问问自己能做什么。

四、真相与算法

英语谚语有云:要养活一个孩子,得靠全部落的共同努力。要发明工具、解决冲突或治愈疾病,也是一样的道理。没有人具备兴建大教堂、制造原子弹或飞机所需的一切知识。每个人对世界的了解其实少之又少,而且随着历史的发展,甚至越来越少。现代人几乎所有的需求都有赖于他人的专业知识。每个人其实懂的知识很少,我们却以为自己懂得很多,原因就在于我们把存在于他人大脑中的知识也看成自己的了。

事实上,人类一直活在后真相时代。从石器时代以来,人类就是用不断自我强化的神话来团结合作的。人类是唯一能与众多陌生个体合作的哺乳动物,原因就在于只有人类能够创造虚构故事,并且把这些故事流传出去,让几百万人相信。只要每个人都相信同样的故事,遵守同样的法律,就能有效地彼此合作。在实际运作中,人类合作的力量取决于真相与虚构之间的微妙平衡。

无论作为个体还是整体,人类都将越来越多地面对以前从未遇到过的事物,比如超高智能机器、基因工程改造的身体、能够精确操控自己情绪的神奇精妙的算法、急速袭来的人工气候灾难,以及每 10 年就得换个职业的需求。想在这样的世界过得顺风顺水,需要心态非常灵活,情感极度平衡。人类将不得不一再放弃某些自己最熟悉的事物,并要学会与未知和平相处。你必须下定决心,了解自己这套操作系统,要知道自己是什么、希望在人生中达到什么目标。

几千年来,先知和哲人言语谆谆,要人们认识自己。而到了 21 世纪,这个建议的迫切性更是前所未见,因为现在已经不是老子或苏格拉底的时代,人类已经有了强大的竞争对手。你可能听说过,有人说这是非法攻击计算机的时代,但事实并非如此。事实上,现在已经是非法攻击人类的时代。

算法现在正看着你,看着你去了哪里、买了什么、遇见了谁。再过不久,算法就会监视你的每一步、每一次呼吸、每一次心跳。凭借大数据和机器学习,算法对你的了解只会越来越深。如果你还想为自己的存在、为人生的未来保留一点儿控制权,就得跑得比算法、亚马逊和政府快,在它们之前就认识你自己。如果要跑得更快,就要轻装上阵,把过去的所有幻想都放下吧,它们是相当沉重的负担。

观察自己从来不是件简单的事,但随着时间的流逝,难度还可能越来越大。历史上,人类为自己创造了种种复杂的故事,我们认识真正的自己变得越来越困难。随着技术的进步,发生了两件事:第一,过去的燧石刀已经发展成现在的核武器,社会秩序崩塌的可能性更高。第二,过去洞穴里的壁画已经发展成现在的电视广播,要迷惑大众也变得更容易。在不远的未来,算法就可能为这一切发展画下句点,人类将再也无法观察到真正的自己,而是由算法为人类决定我们是谁、该知道关于自己的哪些事。在未来几年或几十年内,我们还有选择。只要努力,我们还是能了解真正的自己是什么模样。但如果真要把握这个机会,最好从现在开始。

从理论上讲,人人都能参与这场以"人类未来"为主题的辩论并发表高见,但想要保持清晰点的认识并不容易。通常的情形是,我们根本没注意到有这场辩论,或者根本不清楚关键问题所在。很多人并没有太多的时间好好研究这件事,因为手边总有更紧急的事。要纵观全局,其实是一种相当奢侈的想法。但无论如何,首要的问题都是一样的:今天的世界正在发生什么事?各种事件背后的深层含义又是什么?

在当代各种大变革与个人的内在生命之间,其实有着重要的关联。全球化的世界给我们的个人行为和道德带来前所未有的压力,每个人都被困在许多无所不包的蜘蛛网中,这张网一方面限制了我们的活动,另一方面也把我们最微小的举动传送到遥远的地方。每个人的日常生活都可能对地球另一端的人甚至动物产生影响,某些发生在单个人身上的事可能会出人意料地引发全球性事件。

我们辩论生命的意义已有数千年之久,不可能让这场辩论无限期延续下去。迫在眉睫的生态危机、日益增加的大规模杀伤性武器的威胁,以及一些打破常规的新技术的崛起,都不允许我们再拖下去。或许最重要的是,人工智能和生物技术正让人类拥有重塑和重新设计生命的能力。就算你还没有想清楚怎样运用这股设计生命的力量,市场的压力也不会允许你一千年后再想出答案,而是会用它那双隐形的手迫使你接受它盲目的响应。除非你愿意把生命的未来交给季度收入报表来决定,否则你就应该清楚地了解到底生命有什么意义。

参考文献

[1] 赫拉利. 人类简史:从动物到上帝[M]. 林俊宏,译. 北京:中信出版社,2014.

[2] 赫拉利. 未来简史:从智人到智神[M]. 林俊宏,译. 北京:中信出版社,2017.

[3] 练志闲. "长期主义"关注人类未来发展[N]. 中国社会科学报,2023-01-09(2).

[4] 本报评论员. 共同创造人类更加美好的未来[N]. 人民日报,2023-03-25(1).

[5] 蓝江.生成式人工智能与人类未来生存境遇[N].中国社会科学报,2023-03-07(4).

[6] 赫拉利.今日简史:人类命运大议题[M].林俊宏,译.北京:中信出版社,2018.

导读人简介

申艺苑,东南大学图书馆馆员。图书馆不仅是文献信息中心,更是读者的心灵栖息地。图书馆馆员担负着文化传承与教育创新的职责。所谓读书的意义,大概就是让自己的眼界更开阔,思路更清晰,心态更平和。

科学与科普

做不到半秒看透本质，至少可以读《直击本质》

导读人：洪诚

《直击本质：洞察事物底层逻辑的思考方法》是一本专注于介绍"思考的方法"的书籍，全书介绍了四种思考方法，致力于帮助读者提升思考能力，洞察事物的底层逻辑。本书的作者艾菲是一名个人成长教练、思维导师，也是公众号"艾菲的理想"的运营者。偶然间，看到这本书的作者同时也在运营微信公众号，并且书中还提及了作者在推文标题方面的探索与感悟，不由得让我产生一种亲切感，机缘巧合之下，我便选中了这本书并开始了阅读。尽管书中提及的许多思考方法尚不能完全掌握，但读完这本书确实让我在生活中的各种情境下提起对思考的注意，也让我意识到自己在思考能力的训练和思考习惯的养成上还亟待加强。

本书通过上下两个部分的章节结构，对本质思考、迁移思考、升维思考和逆向思考等四种重要的思考方法进行了系统性的介绍。上部聚焦本质思考，着重于看透事物的本质；下部则跳出思维框架，运用迁移思考、升维思考和逆向思考的方法，从更高、更广的角度思考，旨在帮助读者破解思维困局，实现个人成长和突破。

一、本质思考——大胆假设，小心求证

本质思考是什么？不同的语境下，"本质"的含义也有着较大的差别，"本质是什么？"等效于"根本属性是什么？"；"本质上是因为什么？"等效于"导致这件事的根源是什么？"；而"本质性的问题"则表达的是"变化的形势背后所隐藏的

不变的东西"。作者通过三位名人对事物的三种不同定义方式指出了本质思考的三件事,即事物的根本属性、问题的根源以及现象背后的底层逻辑。

对于事物的根本属性,也就是一个事物之所以能够成为它的根本原因,只要能做到以下三件事中的一件便是理解了:一是给出事物清晰的定义,也就是揭示概念所反映的对象的特点或本质;二是做出准确的简单类比,只要两个事物之间有着相似的根本属性,就可以将它们类比起来;三是打出精妙的比方,即在不熟悉的事物的根本属性与熟悉的事物的根本属性之间建立起联系。

对于问题的根源,需要通过因果链分析来考虑事物之间复杂多样的因果关系,准确看到问题背后的详细原因,从而有效地解决问题,并做出正确的预测。

对于现象背后的底层逻辑,主要具有以下几个特点:抽象,简洁;是各种现象的动力来源;具有通用性。与我的日常工作相同,作者也运营了自己的微信公众号,并曾经为推文起标题而犯愁;作者通过研究他人的高阅读量推文,学习相关的教学、归纳类文章,产生了"为什么这些类型的标题能带来更高关注率与打开率"的疑惑,并找到了原因——这些标题与目标读者的痛点、爽点的关系,以及隐藏在其后的底层逻辑——符合读者的人性需求。

在看透本质的过程中,溯因推理法是运用较为广泛的一种方法。不同于归纳推理法或演绎推理法,溯因推理法是一种根据结果来推测原因,以解释已知事物的推理法,而这种方法正与本质思考的过程类似。推理游戏《逆转裁判》中最标志性的思考方式"把思维逆转过来",其实质上就是一种溯因推理,根据我们所看见的结论来推导出得到结论的原因。通过溯因推理法的大胆假设、小心求证,可以对事物的三个本质,也就是本质思考的三件事分别形成假设并验证假设,以看透事物的本质。

表1 本质思考的具体路径

本质思考的三件事	大胆假设的方法	小心求证的方法
思考事物的根本属性	(1)求同求异法 (2)先归纳后抽象法	
思考问题的根源	(1)穆勒五法 (2)5why提问法 (3)结构性分析法 (4)系统性分析法	(1)向自己提问 (2)通过试验验证 (3)举出反例
思考现象背后的底层逻辑	先归纳后抽象法	

在作者提到的这些"大胆假设"的方法中,令我印象最深刻的是穆勒五法中的剩余法和 5why 提问法。穆勒五法其实是五种假设方法的总和,包括求同法、求异法、求同求异法、共变法和剩余法。借用柯南·道尔在《福尔摩斯探案集》中的一句话:"排除了一切的不可能,剩下的不管多么难以置信,一定就是真相。"剩余法就是通过这种排除的方式来研究复合现象的原因。而 5why 提问法则是通过不断提出"为什么"来逐渐深挖问题背后存在的原因,以这样一个情境为例:

问 1:为什么这次考试成绩不及格?

答 1:因为考的内容不会。

问 2:为什么内容不会?

答 2:因为上课的时候睡着了。

问 3:为什么上课会睡着?

答 3:因为晚上没睡好觉。

问 4:为什么没睡好觉?

答 4:因为肚子饿,睡不着。

问 5:为什么会肚子饿?

答 5:因为要减肥,晚上没有吃饭。

于是,通过连续五次"为什么"的提问,考试成绩不及格的真正原因(要减肥不吃晚饭)以及解决方案(正常吃晚饭)就被找到了。当然,通过这些方式推论出的问题本质及其解决方案未必就是准确的,因此,在经过"大胆假设"之后,"小心求证"是本质思考中必不可少的一环。

而"小心求证",则有向自己提问、通过试验验证、举出反例三种方法。向自己提问,简单来说就是换个角度想想问题发生的原因,是否除了自己提出的假设以外还有其他可能,也就是"替代假设";通过试验验证,即通过实践来证实自己的假设;举出反例则与试验验证相反,是通过试图找出不符合假设的例子,来判断假设能否站得住脚。与此同时,还需要注意如人云亦云的从众效应、简化或混淆因果关系、受制于当下的认知偏见等谬误,否则也可能对小心求证的结果产生影响,导致对本质产生错误的判断。

二、迁移思考——表面不同,本质相似

迁移思考,就是借用与当前问题"表面不同,本质相似"问题的解决办法,来解决当前问题,很多领域内尚未解决的问题,在其他领域也许早已有了解决方案。被称为巴菲特黄金搭档的查理·芒格说过:"一个人只要掌握80到90个思维模型,就能够解决90%的问题,而这些模型里面非常重要的只有几个。"本书作者以自己的亲身经历为例,介绍了如何采用迁移思考的方法来运用查理·芒格的100个思维模型中的3个,即"不均衡发展策略"模型、"竞争战略"模型和"甜蜜区"模型。这三种思维模型原本分别诞生于经济、商业和体育领域,却能够适用于个人学习和工作的方方面面。

"不均衡发展策略"模型来源于印度采用的一项经济发展策略,在资源有限的前提下,先发展所需资源较少、易于取得成效的轻工业,再带动并集中力量发展重工业,从而使得印度经济整体在较短的时间内能够得到快速提升。对于我们个人来说,用于自我提升的时间总是有限的,就像考试一样,如果我们将复习的精力集中在最花时间的大题上,却忽视了单位分值较低却数量众多,实际占分值很大的小题,就会导致不仅小题的分数没拿到,大题也未必能十拿九稳。先集中精力去完成相对容易的工作,才会有更多的时间可以用来解决更难的问题。

"竞争战略"模型来源于"竞争战略之父"迈克尔·波特在其管理学著作《竞争战略》中提出的三种战略,包括总成本领先战略、差异化战略和专一化战略。总成本领先战略是一种低成本提供低价格产品的先发制人战略;差异化战略是在用户广泛重视的某一个或多个方面做到突出地位的战略;专一化战略是主攻某一个特定客户群或某一个特定市场的战略。这几种战略揭示了企业的基本目标不应设置过多,而应该专注于贯彻一种战略,本质上对于处在竞争中的个人也是一样的。

"甜蜜区"模型来源于美国职业棒球球员泰德·威廉斯的高击打率秘诀——将击球区划分为不同的区域,用数据说话,确定自己击打率最高的区域,并在今后的比赛中只击打进入这个区域的好球;巴菲特从泰德的经验中得到启发,他看出了"甜蜜区"的本质,并通过迁移思考把投资领域视作棒球场,只投资自己真正了解的生意,只做自己能力范围内的事情,从而做到最好。

除思维模型外,"熵增定律"这样的底层逻辑同样可以迁移运用。熵增会导致系统向最混乱无序的状态发展,作者将对抗熵增的两种方法——让系统成为开放系统以及远离平衡态迁移运用到了企业管理和个人、心智的成长中。从个人和心智的成长来看,将心智打造为开放系统,让自己的思维转变为成长型思维,相信通过努力可以提升自己的能力与特质,敢于应对挑战、直面困难;转变为流量思维,放下当前固守的"存量",积极与外界深入交流、勇于创新;转变为终身学习与探索,对世界、对未知的信息始终保持学习、探索的热情与好奇心,"永远年轻,永远热泪盈眶"。而远离平衡态,需要做的就是我们常说的"走出舒适区",进入"学习区"(有挑战性的内容)乃至"恐慌区"(超出能力范围的内容),只有这样才能得到快速的进步,实现颠覆式成长。

三、升维思考——对无解之题实施降维打击

升维思考,就是打破既有的层级、时间、视角、边界、位置、结构等,通过各种方法让问题得以解决的思考方式。《三体》中有一种概念叫"降维打击",指的是将三维空间降至二维空间的攻击方式,而换个角度来看,升维思考其实正类似于对我们所面对的问题实施"降维打击",使我们站在问题所处的维度之外思考问题的本质。想象一下,如果我们不是第一人称视角,而是像无人机航拍一样的第三人称俯视角,以一种全局的观念来看我们所处的环境、所在的团队,把问题看作一个整体,而非自己所感受到的局部,那么我们所看到的内容就会变得豁然开朗,这就是一种升维思考的"视角思考法"。除视角思考法外,作者还归纳了层级思考法、时间轴思考法、第三选择思考法、无边界思考法和塑造者思考法等升维思考的思考方式,而其中时间轴思考法和第三选择思考法让我印象颇深。

时间轴思考法是一种将自己的人生视作一条线段,它的两端分别是人生的起点(A)与人生的终点(B),自己在人生中遇到的每一个问题(A1)都是A点和B点之间的一部分,而我们要做的就是从时间轴上A1点之外的地方来思考问题的本质与意义。时间轴思考法又可细分为5种方法。一是站在时间轴的终点上思考,也就是假设我们的生命即将迎来终结,我们只剩下极为有限的时间,到那个时候,究竟什么对我们来说才是最重要的?

图 1　人生的时间轴

当我们站在生命的最后一天,面对眼前的问题,我们还会做现在犹豫不决的事情吗?如果我们给出的答案是"否",那么毫无疑问,这并不是我们真正想做的事情,这件事情对我们来说也并没有想象中那么重要。

二是站到更远处思考。在 A1 的时间点,也许有一个会对你的未来产生深远影响的选择难以抉择,那么不妨将视角站在 5 年后乃至 10 年后的未来(A2),假设自己已经做出了选择,回望过去,自己是否会感到后悔?

三是站到极远处思考。当我们遇到当下来看仿佛怎么也无法解决的问题、无法渡过的难关时,我们可以将视角放到人生的终点之后,这时就会发现,一切都是浮云,现在的困扰不过是沧海一粟,没有什么事情是过不去的。

四是退到时间线外思考。这种方法与视角思考法类似,也是将第一人称视角转变为第三人称视角,让身处时间轴中的自己抽离出来,纵观整个人生,当下不过是人生中的一个小小的片段,放眼望去,未来可期,这是调整自己悲观情绪的良方。

五是拉长你的时间来进行思考。A1 是当下的时间点,我们往往会把一些人生中重要的抉择与转变的 deadline(最后期限)定在不久之后的 A2,从而始终感到焦虑,仿佛那个重大的转折点近在咫尺;而事实上,给自己留出足够的时间,将目标定到更远一些的 A3,我们会有更多时间去努力实现自己的目标,"不要着急,不要着急,休息,休息一会儿"。

而第三选择思考法则是在 A 与 B 两种相互对立、非此即彼的选择中,想出一个折中的法子——C。当下的选择真的只有两种吗?"隐于山林",是否就不能"入仕为官"?维持现有工作,是否就无法追寻真正热爱的事业?

通过升维思考,我们人生中的许多"无解之题"会在崭新的视角下迎刃而解。

四、逆向思考——真理有时藏在相反的方向里

逆向思考就是把我们所探求本质的目标进行逆向,也即当我们研究如何成

功时,逆向思考教我们应当先研究如何失败,当其他人都采用一种做法时,逆向思考教我们应当采用另一种做法,因为"真理有时就藏在相反的方向里"。作者主要通过五种重要的正向—逆向模型对逆向思考的方法进行了介绍。

"成功—失败"模型就是思考有哪些因素会导致我们做出错误的判断和选择,分析已有案例的失败原因,甚至提前预演尚未实施的计划的失败,从而提前规避这些导致失败的因素,避免问题的发生。尤其对于一些失败后果相当严重,甚至可能危及生命的场合,"成功—失败"模型就显得尤为重要。比如登山队攀登珠峰之前,如果对登顶失败的原因进行预判,发现物品供应、消化疾病等方面可能存在的问题,就可以提前避免这些问题的发生,以及这些问题之间的相互作用可能导致的更严重后果。

"变化—不变"模型又涉及了一项底层逻辑"能量守恒定律"。万事万物总是在不断地发展变化,但能量的总量却是不变的,我们要关注的不是变化的部分,而是隐藏在变化之后的"不变"。具体到个人的层面来说,对爱的需求、对他人的帮助、对目标的努力,都是一个人在成功的道路上不会改变的东西;而对于个人的成长,可迁移的能力便是"不变"的,无论处于何种行业,培养好这些可迁移的能力,包括思考能力、学习能力、沟通能力、管理能力等,就能应对各种变化,"以不变应万变"。

"加法—减法"模型,就是要学会"断舍离",不能一味想着如何在现有的时间里给自己增加要完成的事情,而应该学会将其中不重要的事物舍弃。人的时间和精力都是有限的,不断增加事情和压力所导致的结果只会是时间紧张、效率低下,生活被压力和负面情绪填满。只有不断了解自己,了解自己真正想要的东西,清理掉一切繁杂的冗余,留下的才是最好的。

"幸福—痛苦"模型就是"只有规避痛苦,才能获得幸福"。我们总是会忽视生活中一帆风顺的日常,当某一件事情不顺遂人意时,它便会长久占据我们的注意力,并且影响其他事情的正常发挥。因此,要想获得幸福、保持幸福,就应该最大程度地规避痛苦;为自己整理出获得痛苦的方法,并在生活中反其道而行之,就能避开痛苦,获得幸福。

"组合—反向"模型是一个针对创新与创意的思维模型,主要运用在发明创造领域、解决一般问题领域以及商业创新领域。在发明创造领域中,法拉第的电磁感应定律是一个经典的例子。他通过"电能产生磁场",反向推测"磁场也许也能产生电",从而致力于磁生电的实验,并最终取得成功。在解决一般问题领域中,世人皆知的"司马光砸缸",就是将正向的"如何把小孩从水缸里拉出来",反向思考为"如何让水缸里的水离开小孩"。在商业创新领域中,宜家一反常规的销售人员推销、免费送货上门等服务,采用购物与就餐结合,让顾客在组装家具中感受快乐的方式脱颖而出。

通过逆向思考,那些司空见惯的事物往往会向我们展现全新的一面。

书中引用《教父》中的语句:"花半秒钟就看透事物本质的人,和花一辈子都看不清事物本质的人,注定是截然不同的命运。"同时也举例直击读者痛点的公众号文章标题"如果你读不完《失控》,至少可以读完这50条书摘";而对于我来说,则是"做不到半秒看透本质,至少可以读《直击本质》"。整本书中所介绍的洞察事物底层逻辑的思考方法及相应的实例,在工作、学习和生活的方方面面都能看见其影子,可以让我们在遇事时能够多一分思考,多一分收获。

参考文献

艾菲.直击本质:洞察事物底层逻辑的思考方法[M].成都:天地出版社,2020.

导读人简介

洪诚,情报学硕士,东南大学图书馆助理馆员。以前的生活基本由美食、游戏和二次元组成,工作后才意识到书读得太少,亡羊补牢中,可以说是"从零开始的图书馆生活"了。

架起沟通的桥梁

——金字塔原理

导读人：陈亚杨

《金字塔原理：思考、表达和解决问题的逻辑》（以下简称《金字塔原理》）是一本商业类畅销书，作者是美国管理咨询专家芭芭拉·明托。她毕业于哈佛大学，是麦肯锡公司第一位女性咨询顾问。本文更倾向于将该书视作一本实用性颇高的工具书。我们在工作和学习中常常会涉及做汇报、写工作总结、写文章等等，这就需要我们提升沟通和表达能力，包括口头沟通能力和书面表达能力。这种能力提升的关键在于思考及表达时要有逻辑，即个人具备较佳的逻辑思维能力，而《金字塔原理》这本书给我们介绍了一种独特的思考、表达和解决问题的逻辑框架——金字塔结构。金字塔的基本结构是：中心思想明确，结论先行，以上统下，归类分组，逻辑递进；先重要后次要，先全局后细节，先结论后原因，先结果后过程。这种结构重点突出、逻辑清晰、主次分明，既便于表达者思考和表达内容，又便于接受者接收到表达者所要传达的信息，在两者之间架起了一座沟通的桥梁。因此，本文希望将《金字塔原理》这本书通过详细的导读介绍给大家，帮助读者更好地理解和应用书中的内容。

《金字塔原理》全书分为四个部分。第一部分主要介绍了金字塔原理的概念，以及如何利用这一原理构建基本的金字塔结构；第二部分主要介绍了如何深入细致地把握思维细节，将思想组织成金字塔结构；第三部分主要介绍了在解决问题的不同阶段，使用多种框架来帮助表达者分析问题，从而可以更方便地使用金字塔原理；第四部分主要介绍了金字塔原理在 PPT 和写作中的实际运用。本文将沿着书的上述组织顺序来给大家做较为详细的介绍。

一、金字塔结构理论

研究表明,人类的大脑会自动对事物进行归类,将具有"共性"的事物按照某种逻辑模式组织起来。同时,人一次能够理解的思想、概念或项目是有限的,不超过7个。因此,当需要处理的项目超过4个或者5个时,大脑就会开始将其归类到不同的逻辑范畴内。例如,现在给出6个概念:苹果、土豆、橘子、胡萝卜、牛奶、鸡蛋。大脑会将苹果和橘子分在一组,它们同属于水果类;将土豆和胡萝卜归于一组,它们属于蔬菜类;牛奶和鸡蛋归为一组,它们属于蛋奶产品。但仅以逻辑方法将思想或者概念分组是不够的,因为概念并没有减少,还是6个,需要理清其中的逻辑关系,提高一个抽象层次,即水果、蔬菜、蛋奶产品3个组,减少大脑需要处理的信息量。这里我们就构建了一个金字塔结构,处于较高层次的概念(水果、蔬菜、蛋奶产品)概括了下一层级的概念(苹果和橘子;土豆和胡萝卜;牛奶和鸡蛋),下一层级的概念支撑了上一层的概念。所有的思想过程都使用了这种分组和概括的方法,将大脑中已有的无序信息组成一个由互相关联的金字塔构成的巨大的金字塔群。因此,为了让接受者能更容易地理解我们想要传达的信息,我们在进行思考和表达的时候,也要遵循大脑理解事物的规律,即利用金字塔结构的逻辑方式来传达信息。

苹果、土豆等的例子让我们初步认识了金字塔结构,那么它的内部结构具体是怎么样的逻辑关系呢?金字塔内部的结构包括向上向下中心主题(中心思想)与子主题之间的纵向关系,以及各子主题之间的横向关系。首先,纵向关系。纵向关系能够很好地吸引读者的注意力。通过纵向联系,我们可以引导一种疑问—回答式的对话,推动接受者按照我们的思路形成符合逻辑的反应。具体而言,放在金字塔结构每一个节点的就是一个"思想"。这种"思想"被定义为"向受众发出信息并引发受众疑问的语句",即引发接受者产生"为什么会这样""怎样才能这样"的疑问。但我们必须在下一个层次上横向回答接受者的问题,同时继续传递新信息引发疑问,不断按照这种方式持续至我们认为他们不再对新的表述提出疑问。其次,横向关系。各子主题之间的横向关系是一种演绎或归纳的关系,并且应用时只能选择其中一种,不能既存在演绎关系又存在归纳关系。演绎关系是一种线性推理方式,通常可以理解为三段论:大前提+小前提=结论。具体到推理过程可以概括为三个步骤:(1)提出大家都认同的一种客观存在的状态;(2)表述与这种客观存在的状态并存的相关情况;(3)如果第二点是针对大前提的主语或者谓语,那么要说清楚这两种情况相关联的状态,阐述这两种情况同时存在的内在隐含意义。或者是采用第二种推理过程的方法:(1)提出出现的问题或者存在的现象;(2)分析产生问题的根源、原因;(3)提出解决问题的方案。演绎推理要求推理过程中的第二步对第一步做出评述,并推导出一个结论。归纳关系,即归纳推理,发现若干事物(思想、事件、事实)的共性,然后将其归结到一起,加以说明。归纳推理比演绎推理在实际应用中难度更高,需要我们正确定义一组思想,找到一个能够表达该组所有思想共性的名词,同时要准确识别并剔除不相称、不属于同类、无共同点的思想。但本书的作者还是建议大家不要过多使用演绎推理的方式来表达。

结合金字塔内部结构的特征,当我们使用它进行思考和表达时,应该遵循以下四个原则:(1)结论先行:首先明确要表达的中心思想,并将其放在金字塔的最顶端。(2)以上统下:每一层的思想都应该是对下一层思想的总结和概括,形成逻辑上的层次关系。(3)归类分组:将相关的思想进行分类,并按照逻辑关系进行归组,确保每一组的思想必须属于同一逻辑范畴。(4)逻辑递进:确保思想的展开符合逻辑顺序,按照一定的因果关系或顺序进行展开。

二、金字塔结构的构建

了解了为什么要使用金字塔原理、它的内部结构特征,以及使用时需要遵守的原则后,我们可以着手构建金字塔。构建金字塔的方法主要有两种:自上而下法和自下而上法。

自上而下法适用于我们明确知道将要传递的信息的中心思想的情况,它从金字塔的顶部开始向下发展细节和支撑信息。这种方法可以帮助我们结构化复杂的思路,具体可通过以下五个步骤来实现:(1)提出主题思想。在我们明确知道要讨论什么主题的情况下,首先提出唯一的中心思想,也就是金字塔结构的塔尖。(2)确定主要主题。在中心主题之下,确定几个主要的主题,这些主题是对中心主题的支撑,将构成金字塔的下一层。我们可以通过设想接受者(受众)的主要疑问来实现。首先,我们需要确定传递信息的对象,即受众。然后,进一步明确将要回答受众的哪些疑问,并将这些疑问列出来。写出对疑问的回答,如果不能回答所有的疑问,可以先只标注出能够回答的疑问。(3)通过"背景(S)—冲突(C)—疑问(Q)—回答(A)"的讲故事方式分解次要主题。"背景(Situation)"是指以无争议的形式呈现客观信息,不包含任何分析判断或主观倾向,或者说是受众已知的信息。"冲突(Complication)"是推动故事情节发展,并引发受众提出疑问的因素。"疑问(Question)"是基于冲突,提出一个或多个问题,这些问题通常是受众最关心或最想知道答案的问题。"回答(Answer)"就是为前面提出的疑问提供答案,解决冲突,完成故事的叙述。(4)对受众的新疑问,重复进行疑问—回答式对话,为次要主题添加细节。(5)审查和完善。完成初步的金字塔结构后,进行审查和调整,确保每个层次的信息都准确、相关,并且逻辑清晰。如果有必要,可以进一步补充、修改或删除某些部分,以确保每一层都是对上一层的有力支撑,形成整体结构的连贯性和合理性。

当我们还没有想清楚,无法直接提出金字塔结构顶部的中心主题时,可以利用自下而上思考的方法构建金字塔结构,即自下而上地组织我们的思想。自下而上法主要包含四个步骤:(1)列出想要表达的所有思想要点。其中,作者将思想分为行动性思想和描述性思想。行动性思想是指介绍需要采取的行动;描述性思想是指说明背景或介绍信息。确定行动性思想的有效性比确定描述性思想的有效性更容易。这里的有效性是指思想是否被正确归类分组。(2)找出各要点之间的逻辑关系。分析各个思想之间的逻辑关系,确定它们之间的因果、比较、顺序等关系,从而找出思想之间的内在联系,为下一步的总结概括做准备。(3)总结概括。基于第二步的分析,开始向上进行总结概括。首先总结出几个主要的思想或主题,然后逐渐将这些思想或主题进行提炼和升华,直至达到金字塔的顶端,形成核心思想或主题。(4)形成结构。在总结概括的过程中,逐渐形成金字塔的结构。确保从下而上的思想或主题层次逐渐被概括,从具体的信息点逐渐提炼出更宏观的思想或主题。当然,最后还可以添加一步与自上而下法第五步一样的审查和完善。

总而言之,构建金字塔结构的具体做法是:自上而下表达,自下而上思考,纵向总结概括,横向归类分组。作者建议初学者要先尝试自上而下的方法,因为一旦思想变成了文字,我们可能就会不愿意进行修改,而实际上文章的思路可能并不连贯。

三、金字塔结构的应用

金字塔原理广泛应用于各个领域,帮助我们思考、写作、做事,更有组织更有效率地传递信息。作者在书中从表达的逻辑、思考的逻辑和解决问题的逻辑三个角度分别介绍了在实际应用中使用金字塔原理的操作方法(本文将书中第四篇演示的逻辑也融入了表达的逻辑中,演示本身也是一种表达方式)。

作者在表达的逻辑中主要围绕写文章(报告)的书面表达展开,重点介绍了序言的写法,由此可拓展应用到更多的写作过程中。我们写作的主要目的是告诉别人他们不知道的信息,而序言的目的是向读者陈述其已知的信息,不提供新的信息。序言主要是说明背景,并指出在这种背景中发生的冲突,从而引发读者的疑问,然后在文章的正文中给出答案。因此,序言的结构是以讲故事的方式呈现,采用"背景(S)—冲突(C)—疑问(Q)—回答(A)"的方式,但各部分的顺序可以变化。作者罗列了几种常见的顺序结构:标准式(背景—冲突—回答)、开门见山式(回答—背景—冲突)、突出忧虑式(冲突—背景—回答)、突出信心式(疑问—背景—冲突—回答)。由于序言的长度取决于读者和主题的需要,当序言篇幅比较长时,需要列出"关键句要点",或称要点、核心观点、一级结论、一级论点、重要结论。关键句要点不仅要回答文章主题思想引起的受众的新疑问,还要呈现文章的框架结构,让读者在阅读的最初就能了解作者的全部思路。作者强调序言必须包含"背景""冲突""回答"三个要素,顺序可以变化但缺一不可。

在序言的基础上扩展到整篇文章写作时,作者进一步介绍了写作呈现金字塔结构的方法,特别是对于长篇幅的文章。最常见的几种方法有:(1)多级标题法。不同层次的思想(观点、论点、论据、建议)要用不同的格式区分开来,而同一层次的思想应该采用同一种格式;层次越低的思想在版式上行首缩进越多。(2)下划线法。用下划线的方式标出关键句层次下所有支持性论点。(3)数字标号法。用数字序号突出文章的细节部分,便于快速准确地查找。但要避免频繁使用索引编号分散读者对文章整体或整节内容的关注和把握,最好与多级标题法配合使用。(4)行首缩进法,适用于篇幅较短的文章。(5)项目符号法,是行首缩进法的变形,与多级标题一样,层次越低的思想行首缩进越多。当然,使用方法是一方面,文章的上下文之间要有过渡,在每一组主要思想观点开始或结束的地方需要稍微做一些铺垫,保证论点之间顺畅连接,也便于读者阅读和理解。

思考的逻辑,即在思考中运用金字塔原理,深入细致地把握思维的细节,以保证使用的语句能够真实地反映希望表达的思想要点。在构建金字塔结构的方法中,作者强调要自下而上思考。最开始我们可能只是简单地罗列收集到的信息,或者无序的思想,需要找出将这些思想联系起来的逻辑框架,并且确定各组思想的逻辑顺序,然后概括总结出它们的隐含意义。思想的逻辑顺序主要有三种:(1)时间顺序,指按照采取行动的顺序(第一步、第二步、第三步)依次表述达到某一结果必须采取的行动。(2)结构顺序,指使用示意图、地图、图画或照片想象某事务时的顺序,如组织结构图、关键成功要素示意图等。(3)程度/重要性顺序,指根据事物的重要性和影响程度进行排序。任一组思想的逻辑顺序都呈现了该组思想的分组基础。如果在某一组思想中找不到以上三种顺序,大概率说明这些思想之间不存在逻辑关系,又或者是我们的思考还不够全面。为了检查每一组思想的逻辑顺序,我们可以先把每个句子改写成短句,只保留主谓宾,再把相匹配或者具有共同点的句子归为一组,最后选择适当的顺序排列。

概括各组思想是指先将各个思想进行归类分组,然后对分组后的思想进行抽象提炼和总结概括,使我们的思维形成一个金字塔结构,变得更有条理。具体来说,概括各组思想需要遵循以下五个要点:(1)避免使用"缺乏思想"的句子,比如"存在3个问题"这样的句子;(2)分组应遵守"相互独立不重叠,完全穷尽无遗漏"(MECE)原则;(3)将行动性思想分组时,要求发掘每一个行动的本质,区分行动的不同层次,明确说明行动产生的最终结果;(4)行动总是按时间顺序进行,通过说明行动产生的直接结果概括行动性思想;(5)把描述性思想归类分组,是因为归为一组的思想具有共同特征,要求找出主谓宾或含义的共同点,确定包含这些思想的最小范畴,来说明共同性隐含的意义。通过以上方法,可以将各个思想有效地进行归类分组,进一步构建金字塔结构,以便更好地做出思考和表达。

解决问题的逻辑是指如何通过逻辑框架和结构化分析方法来解决问题。解决问题的过程主要包括界定问题、构建分析框架、分析/找到解决方案等步骤。其中,界定问题是最关键的一步。问题是指已有的(现状)与想要的(目标)之间存在的差距。我们首先需要判断问题是否存在,并确定问题的性质和重要性。然后,我们需要展开问题的各个要素,要素包括:切入点/序幕(产生问题的具体领域/方面)、困扰/困惑(扰乱该领域稳定的因素)、现状、目标、回答/答案(截至当前针对问题已经采取的措施)、疑问(为了解决问题必须做什么)。

回答出上述要素的内容,我们就界定了需要解决的问题。

结构化分析问题是另一个重要的步骤。分析问题的标准流程是收集信息—描述发现—得出结论—提出方案,但在初期收集资料往往是非常耗费时间和精力的,比较高效的做法是建立诊断框架和逻辑树,用来分析和引导思维。具体来说,结构化分析问题的过程就是,首先使用诊断框架来呈现存在问题领域的详细结构,展现一个系统内的各个部分是如何相互影响的。建立诊断框架的方法有呈现有形结构、寻找因果关系和归类分组。接着,假设产生问题的可能原因,收集资料,以证明或排除这些假设。这个步骤需要强迫自己思考产生问题的各种可能原因,然后重点收集资料来证明或排除这些原因。最后,使用逻辑树进行分析,提出和检验解决方案,揭示树状图中各组思想之间的相互关系。通过这样一套系统的、结构化的解决问题的方法论,可以帮助我们在实际工作中更有效地解决问题。

《金字塔原理》是一本非常经典的、极具启发性和实用价值的书籍,它为我们提供了一种独特的思考、表达和解决问题的方式。通过学习和应用金字塔原理,我们可以更好地理解和分析问题,找到解决问题的最佳方案;同时也可以更好地组织和表达自己的思想,使我们的表达更加清晰、有条理。在团队合作和项目管理中,我们也可以运用金字塔原理来明确目标和任务、分解任务与时间点、策划如何协调和沟通等,从而更好地完成项目。阅读本书无论是对于学生还是职场人士来说都十分有益。书中还列举了很多实战的案例,如果大家想提升自己的思维能力和写作技巧,那么快去找来读一读吧。

参考文献

明托.金字塔原理:思考、表达和解决问题的逻辑[M].汪洱,高愉,译.3版.海口:南海出版公司,2019.

导读人简介

陈亚杨,硕士,东南大学图书馆助理馆员,在图书馆学科服务部工作。希望通过阅读收获智慧,修养德行,增添勇气,从而做到"知者不惑,仁者不忧,勇者不惧"。

好习惯是如何养成的

导读人：王学琴

詹姆斯·克利尔(James Clear)是美国著名习惯研究专家，习惯学院创办人，他认为，习惯是一种固定程序或定期实施的行为，微小但坚持不懈的习惯会带来惊人的力量。《掌控习惯：如何养成好习惯并戒除坏习惯》是一本如何养成好习惯和戒除坏习惯的行动指南书。当我处于一些生活和习惯的迷茫期时，遇到了这本书。一开始我是被书名吸引，读完之后，作者所提的方法确实可以为我们培养良好习惯提供一个有效的指引。

一、什么是习惯

1. 习惯的定义

《现代汉语词典》将习惯定义为，在长时期里逐渐养成的、一时不容易改变的行为、倾向或社会风尚。周士渊在《习惯学》一书中分享了在古籍中出现的习惯，例如《论语》开篇"学而时习之，不亦说乎？"将"习"变成了一种习惯，从而找到学习的乐趣。对于习惯好坏的定义，各人价值观念不同，见解不同，但习惯本身作为一种行为是客观存在的，它可能来自家庭，来自不同的教育，来自生活和社会交往等，最终是自己价值行为的体现。习惯最重要的特质是行动这一环节，无论好坏习惯，都是一种行为的表达。对于好的习惯和有价值的事情，要做到"知必行，行必恒，恒必达"，那人生也会发生质的变化。

2. 为什么要有一个好习惯

詹姆斯·克利尔在书中举例解释了为什么小的习惯会来带大变化：如果每天进步1%，到完成时，将进步37倍；相反，如果每天退步1%，很快所有能力水平都会降为零。从字里行间可以看出,詹姆斯·克利尔是一个十分有上进心之人,对于写作、健身都有自己的习惯坚持。习惯的作用和力量不容小觑,如果我们想要从行为和内心上都保持积极向上,拥有一个自洽和有能量的状态,那就要选择一个好的习惯。习惯和人的命运、事业、健康、外在形象、心理状态等方方面面都有关联。正如书中所说,专业运动员取得的巨大成绩,一部分来自天赋,另外一部分来自夜以继日的专业训练习惯,各行各业亦是如此。对于我们常人来说,拥有一个好习惯,也是保持力量的有效方法。有人说,拥有阅读和运动两大爱好,人生就能少很多烦恼。这两项爱好,选择门槛不高,但是坚持下来却并非易事。作者正是坚持了阅读和写作的习惯,才积淀出自己引以为傲的作品。习惯包含结果、过程和身份的变化。作者认为,培养良好习惯最终带来的是身份的变化,是通过良好习惯的培养变成你想成为的人,逐步满足和实现内心的愿望。

二、掌控好习惯的四大定律

习惯的养成是有章可循的,作者在书中将养成习惯的过程划分为四个简单的步骤:揭示、渴求、反应和奖励。通过这四个步骤的不断循环,形成了习惯;将这四个步骤进一步规则化、框架化,就形成了掌控好习惯的四大定律。书中运用了社会学、生物科学、神经科学等多学科的理论知识,案例丰富,虽然涉及学科众多,但作者设计的四大定律直观明了、便于理解、操作性也很强。

1. 第一定律:让它显而易见

习惯转变的第一定律是让行为容易看到、便于执行,并做好时间地点的记录。作者给出了几个让它显而易见的办法,例如习惯记分卡、执行意图、习惯叠加、环境设计等。

习惯记分卡:就是把自己所有的习惯都列出来,例如,你一天之中的习惯,如醒来、关闹钟、称体重、刷牙、穿衣服、泡茶等等,将这些习惯分成好习惯、坏习惯和中性习惯,并进行打分标注,好习惯标注"+",坏习惯标注"-",中性习惯标注"=",然后统计自己是好习惯多还是坏习惯多。习惯好坏由自己来定义,因为每个人的生活环境和目标有所不同。创建习惯记分卡是通过计分的目的来提醒自己注意发生的事情,以这种方式让自己认识到行动的必要性或某些本可以取消的不良行为。一开始设立的时候,不需要给予太多评价,只是做一个客观的行为记录。

执行意图：即打算如何实施一个特定习惯，是事先针对行动制订的计划，最常见的提示就是时间和地点，简言之，就是准备何时何地做什么事情。将习惯划分为一次次的行为，并从时间、地点做好这个行为的计划。研究和统计证明，执行意图越具体就越容易做到。例如，我准备明天晚上七点在图书馆开始写课程论文，这比没有具体时间地点的计划实现的可能性更高。再如，我准备明天中午12点去体育馆健身，那我可能就需要提前预约健身名额并做好时间上的安排，这比只是想去健身要更有动力和计划性。这就是执行意图的作用，也是"想做"和"要做"在行动力上的区别。

习惯叠加：它是执行意图的一种特殊形式，即将新行为叠加于旧行为之上。例如，起床后先去跑步然后去吃饭，健身后换下健身服并马上清洗干净，制订好一个学习计划然后开始计划中的第一项学习。习惯叠加的时机很重要，要保证这两个行为都可以按计划进行，不容易被打断，具备一定的可实施性。习惯叠加的频率也很重要，一个月或者一周才叠加一次，那叠加的作用就不够明显。在开始时，可以是好习惯和坏习惯的叠加。执行意图和习惯叠加的策略为习惯创造了鲜明的提示，并为何时何地采取行动制订了清晰的计划，是非常实用的方法。

环境设计：环境是塑造人类行为的无形之手，尽管我们有独特的个性，但在特定环境条件下，某些行为往往会反复出现。例如：在图书馆，我们会下意识降低音量；在体育馆，我们就想运动舒展一下。在生活和工作中，常常会因为环境而使一些行为提示弱化。比如我想健身，但是瑜伽垫和运动鞋被放在柜子的最里面，一时间没有找到，可能就会因此放弃健身。作者开始创业的时候，经常在沙发或者餐桌旁工作，常常到了晚上还在工作。数年之后，作者做了功能区域的界限划分，当工作和生活有了明确的分界线后，人更容易进入身心放松的状态。我们也可以把居住地设置明确的区域，如工作区、阅读区、休闲区等，通过环境来加强行为的提示。

2. 第二定律：让它有吸引力

这是行为转变的第二定律：机会越有吸引力，养成习惯的可能性就越大。为了充分利用多巴胺的作用，我们需要认识到习惯实际上是多巴胺驱动的反馈回路。在体验快乐和期待快乐时，都会产生多巴胺，某些习惯也非常容易分泌多巴胺，例如吃甜品美食、浏览社交媒体、追剧等等，这些习惯是好是坏评判自在个人。在这一定律中,作者也给出了几个路径,包括喜好绑定、加入群体和激励仪式。

喜好绑定:将需要做的事情和喜欢做的事情绑定在一起,那需要做的事情的吸引力就会增强。比如我健身后可以吃一个鸡腿,我写完课程作业后可以看一部电影等。

加入群体:要明确培养的是什么样的习惯,如果这些习惯是普适性的或是公认的好习惯,那成功养成这些习惯的可能性也会更大。人们倾向于模仿亲近的人、所在群体和有权势的人。如果这个行为能为我们赢得认可、尊重和赞扬,就会很有吸引力。

激励仪式:培养难度比较大的习惯是不容易的,需要发挥激励的作用。同时,将习惯和积极的情感联系在一起,将原本被视为负担的行为转变为机遇和积极的内心暗示,通过思维方式的转变让习惯和行为更有吸引力。例如在演讲或者重要赛事的时候,人们容易感到紧张焦虑。如果从负面解读这些感受,会更加紧张;如果正面解读,则有利于缓解焦虑,将"我很紧张"改为"我很兴奋,肾上腺素帮助我集中注意力"或者认为这是一次展示自我的绝佳机会。此外,可以创立适合自己的激励仪式,结合激励仪式,找到习惯行为的乐趣。

3. 第三定律:让它简便易行

掌握一种习惯,关键从重复开始。一开始关注次数即可,无需力求完美,重点是不断练习,通过重复促进行为的自动性。作者列举了一个拍摄照片的实验案例来说明这一点:两组实验对象,一组队员的任务是不断拍摄照片而不控制数量,另一组队员的任务是少量拍摄后深入分析照片。结果证明,重复拍摄照片的一组最终呈现的照片质量明显高于另外一组,这也部分证明了重复行为的作用,从刻苦练习到行动自如,这一过程被称为自动性,是一种下意识的行动和能力。如何让重复变成自动性,作者也提出了一些方法,如减小阻力、备好环境、两分钟准则、习惯自动化等。

备好环境与环境设计类似,区别在于更加具体,更明确地减少助力、优化环境,使行动的可能性更大。比如:想去图书馆自习,可以提前把书包收拾好;想去健身,可以把运动服准备好放在最显眼的地方等。

拖延不行动是培养习惯的阻力,两分钟准则可以有效改善拖延问题。当开始培养一种新习惯时,所用的时间不应超过两分钟。例如:将每晚睡前阅读的提示明确为阅读一页书;将健身30分钟的目标改为做一组30次的开合跳。通过专注于行为前的两分钟,从很快能完成的行动中逐步培养习惯,可以避免一开始就设定难以达成的目标,从而降低行动力。利用承诺机制、技术手段等逐步将习惯自动化,不想养成好习惯都难。

4. 第四定律:让它令人愉悦

在这一定律中,作者提到了延迟满足。很多良好习惯的养成都需要能够做到延迟满足,但这与人的本性其实是相悖的。人生来更喜欢获得即时的满足感和快感,这就是为什么有些坏习惯会持续存在。因为坏习惯带来的即时满足感很强,而不良后果可能要在很久以后才会发生。为了保持良好的习惯,作者提出了一些实用的方法,如习惯追踪法、绝不连续错过两次等。习惯追踪就是对行为习惯做文字或笔记的记录,通过习惯记录本或者运动手环等智能设备来确定计划和行动是否完成。对习惯的追踪不在于数量多少,而在于精确和坚持。然而,很多时候好的计划容易被一些意外打断,例如临时性的安排或身体不适,因此,作者建议遵循"绝不连续错过两次"的原则,即一旦错过一次,就要尽快补救并恢复行动。这是养成好习惯的有效策略,因为它帮助我们维持习惯的连续性,并防止因一次错过而放弃整个习惯。

三、习惯改变生活状态

1. 习惯贵在坚持

培养习惯也是建立身份的过程。作者提出了培养好习惯的四个定律和法则,具体方法已经给出,但关键在于坚持。只有按照定律坚持行动才能将好习惯培养起来,慢慢将习惯变成自然而然的行为。将习惯变成一种下意识的自动性行为,并为自我进步而服务,是一件难得的事情。当然,培养什么样的习惯,什么是自己认为的好习惯,需要每个人根据自身的需求和价值导向来决定。从自己擅长的领域开始培养习惯,成功的概率会增大,选择自己认为正确的习惯并坚持,进步和成功必然到来。习惯也不是一成不变的,随着阅历和判断力的增加,价值观念和选择也会发生变化。随着人生进入不同的阶段,有些习惯需要根据进步的需要调整优化,需要阶段性的总结和反思,以便明确自己的目标并为之不懈奋斗。很多习惯带来的进步或益处不会立竿见影,荀子云:"不积跬步,无以至千里。"只有经过无数微小的累积,才能够迸发出强大的力量。

2. 习惯带来进步

想要建立良好习惯的初衷就是希望能够带来好的变化,带来进步,如:通过健身获得一个更棒的身体,享受与自己对话的过程;通过阅读品味不同人生、大千智慧;通过写作记录思考的内容,表达自我;通过存钱得到更多可支配的费用;等等。史蒂芬·柯维在《高效能人士的七个习惯》一书中也分享了能够改变自己效率和状态的七个习惯,包括积极主动、以始为终、要事第一、双赢思维、知彼知己、统合综效、不断更新等习惯,很多理念与本书作者不谋而合。其中的第一个习惯——积极主动,它表达了自己的需要,强调我们需要为自己过去、现在和未来的行为负责,积极主动地为自己的行为负责。这也侧面阐释了为什么我们要建立一个好习惯,这也是为自己负责的行为。我们可以将两本书综合起来阅读,结合自我思考,从七个习惯中寻找自己需要培养的习惯,并建立习惯培养优先级,掌控习惯,提升自我。

3. 自律的自由

其实习惯也是一种自律的状态,好习惯能让我们在生活和工作中保持充沛的力量。无论是喜欢健身、阅读、画画、设计,还是其他任何活动,养成自律的习惯能够在我们感到迷茫时指引方向,好的习惯还可以变成一种精神上的强大力量,给我们带来内心的自由,也不容易让人陷入低落的状态。我们不可能永远保持高能量、高亢的状态,但是养成自律的习惯能够让我们更快地从不良情绪中恢复,从行动上带来心理上的转变。这个过程可能是重复的,但绝不是枯燥的,正如作者所说:"成为出色的人的必经之路,是无休止地反复做同样的事,且痴心不改。你必须爱上厌倦。"

4. 对抗坏习惯

更多时候,我们需要对抗的是坏习惯。坏习惯太容易养成了,因为它们能带来即时性更高的快乐感和成就感。我们该如何破除坏习惯呢?那就需要利用定律的反向规律:让它脱离视线、缺乏吸引力、难以实行、令人厌恶。首先,降低出现频率,把坏习惯的提示清除出你所在的环境;其次,重新梳理思路,罗列出戒除坏习惯所带来的益处;再次,增大阻力,增加实行坏习惯的步骤;最后,创立习惯契约,请人进行行为监督。作者在写作时极容易被社交媒体的内容打断和影响进度,后来作者请助手进行监督,在周一重置密码,周五归还密码,保证了一周的工作效率,不让浏览社交媒体的习惯影响到正常的工作状态。破除坏习惯的方法有了,最重要的就是从自我价值的角度去判断何为坏习惯,以及自己想要成为一个什么样的人。

习惯是自我提高的复利,好的习惯带来的点滴变化意义重大。怎样保持一个好习惯,摒弃一个坏习惯也是大有学问的。当我们处于一个习惯建立的迷茫期,或者希望能够有一些习惯上的变化和进步时,这本书真的是不容错过。

参考文献

[1] 周士渊. 习惯学[M]. 北京:清华大学出版社,2018.

[2] 周小青. 好习惯释义[M]. 长沙:湖南师范大学出版社,2021.

[3] 科里. 富有的习惯[M]. 程静,刘勇军,译. 北京:民主与建设出版社,2018.

[4] 柯维. 高效能人士的七个习惯:30周年纪念版[M]. 高新勇,王亦兵,葛雪蕾,译. 11版. 北京:中国青年出版社,2020.

导读人简介

王学琴,东南大学图书馆馆员,在阅读中找到思考、乐趣和方向。

读懂"上帝的语言"

导读人：王琳琳

史蒂夫·斯托加茨的《微积分的力量》也许可以让普通人"玩"转微积分。正如不必为了享用美食而学习如何做佳肴，这本书不是通过学习如何做运算而去了解微积分的重要性，而是通过激发好奇心，串起微积分发展历史上"人类群星闪耀"的每一个"星光时刻"。

当然，阅读本书也可能发生"好奇心害死猫"的情况。在本书封底处，印有《黑天鹅：如何应对不可预知的未来》作者塔勒布的书评："高能预警：这是一本危险的书。它会让你爱上数学，甚至有可能变成一位数学家。"如果成为数学家是你生命中不可承受之重，这肯定是好奇心带来的坏处。不过完全没必要担心，封底还印有斯坦福大学教授乔·博勒不那么深沉也不那么深刻的评语："这是一本引人入胜的书，哪怕你对数学及其在这个世界上扮演的角色只有一点点好奇心，我也会请求你读读这本令人惊叹的书。教师、学生、你和我，都会因为这本书而受益匪浅。"乔·博勒所言非虚，我们随便采撷几个有关好奇心的故事来看看这本书的神奇之处。

一、无穷级数

假如你对童年时代的浪漫想象仍存有温馨的回忆，那对龟兔赛跑的寓言一定不会陌生。但如果有人告诉你，即使兔子没有睡觉，只是比乌龟晚出发了一步，它也将无法赶上乌龟，你一定会好奇为何有这样的荒谬说法。

在《微积分的力量》里，讲述了一个在古意大利城邦时期开始流传的阿喀琉斯与乌龟的悖论，这是著名的芝诺悖论之一。阿喀琉斯是古希腊神话中善跑的英雄,有一天,狡猾的乌龟找到阿喀琉斯挑衅道:"假如你先让我跑一段距离,那么你永远都追不上我。"阿喀琉斯听后哈哈大笑,爽快地答应了先让乌龟跑100米。当阿喀琉斯准备比赛的时候,乌龟却说:"等会儿,我们先推演一下。"说罢乌龟便侃侃而谈:"假设你的速度是10米/秒,我的速度是1米/秒。你起跑的时候,我在100米的位置;当你跑到100米的位置,这时,我在110米的位置;当你跑到110米的位置时,我在111米的位置;当你到111米的位置时,我在111.1米的位置。以此类推,每当你到达我最后所在点的位置时,我都会向前移动一段距离,所以你永远都追不上我。"换句话说,由于追赶者首先应该达到被追者出发之点,此时被追者已经往前走了一段距离,被追者总是在追赶者前面。阿喀琉斯这位短跑健将永远不能追上慢吞吞挪步的乌龟,是否很奇怪?但所有人都知道,这实际上是不可能发生的,阿喀琉斯一定会追上乌龟,如果生活中的经验没有欺骗我们,那一定是感官之外的推理导致了谬误。

微积分是怎么对付芝诺的阿喀琉斯与乌龟悖论的呢?假设乌龟的起跑点在阿喀琉斯前方10米处,但阿喀琉斯的跑步速度为每秒10米,是乌龟的10倍;阿喀琉斯花1秒的时间追平了起跑时乌龟领先他10米的优势,与此同时,乌龟会向前移动1米,阿喀琉斯需要再花0.1秒来追平这个差距,到那时乌龟会再向前移动0.1米。如此不断重复,阿喀琉斯连续追赶乌龟所花的时间将是一个无穷级数的求和:

$$1+0.1+0.01+0.001+\cdots=1.1111\cdots(秒)$$

这个无限循环小数可以换算成等值分数,即10/9秒,这就是阿喀琉斯赶超乌龟所需的时间。虽然芝诺对于阿喀琉斯要完成无穷多项任务的判断是正确的,但计算结果表明,阿喀琉斯可以在有限时间内完成所有任务。从微积分的角度看,阿喀琉斯与乌龟的问题中不存在悖论,因为在乌龟的诡辩中有个隐含的前提假设,即空间和时间是无限可分的,认为它们可以被切割成无数个大小递减的小块。在中国古代也有这种说法:"一尺之棰,日取其半,万世不竭。"

这就是书中给出的应用微积分方法的论证过程:无穷级数的极限求和计算。想不到吧,这样一个思想实验,在数学的演化中引导出了极限与微分的概念,正如哲学家罗素所评价的:芝诺悖论为数学的复兴奠定了基础。

二、极限之谜和神秘的 e

上一节是由乌龟赛跑引发的好奇心,如果你说你是生活在围城里的成年人,对少年时代听过的寓言已不再感兴趣,只关心柴米油盐醋这些现实世界的日常琐事,比如关心银行存款利息会如何变化,那书中关于如何计算存款存期以获得最大利息的算法,一定会唤起你的好奇心和求知欲。

在银行存款中,利息是收益的一部分,而利息的计算方式则涉及复利的概念。复利是指利息不仅在本金上产生,而且在已经产生的利息上继续产生。为了更好地理解复利,让我们考虑一个理想化的情景:假设有一家银行,其一年的存款利率高达100%,并且允许我们自由选择结算利息的次数。在这种情况下,我们可以探究结算次数对最终收益的影响:如果只在年底结算一次利息,由于一年的利率是1,那么一年后我们可以连本带利得到200块钱;如果每半年就结算一次利息,由于半年的利率是1/2,那么一年后我们可以连本带利得到225块钱;如果每一个月就结算一次利息,由于一个月的利率是1/12,那么一年后我们可以连本带利得到261块钱。可以看到,利息结算次数越多,年底获得的收入也就越多。如果我们脑洞大开,要求银行时时刻刻为我们结算利息,也就是说结算利息的次数为无数次,那么我们能否得到无穷无尽的收入,实现数钱数到手抽筋的梦想呢?很遗憾,这是不可能的!因为我们最终获得的收入其实就是下面这个公式:

$$100 \times \lim_{n \to \infty} \left(1 + \frac{1}{n}\right)^n$$

根据微积分的极限概念,数学家已计算出 $\lim_{n \to \infty} \left(1 + \frac{1}{n}\right)^n$ 的值是有限的,其大小为 2.718 281 828 4…,是一个无限不循环小数,为了使用方便,我们就用 e 来代表它。所以,e 就是复利的极限,或者更广义地说,应该是增长的极限。

"e"在微积分中的作用是不可或缺的,不仅在数学上具有重要意义,而且在现实世界中也有广泛应用。它是连接理论与实践的桥梁。在金融领域,投资者可以利用 e 的特性来制定更加精准的投资策略;在生物学中,诸如细菌增长、药物在体内的分布等过程,都遵循着指数增长或衰减的规律。e 作为指数函数的底数,为描述这些过程提供了有力的数学工具。物理学中的许多自然现象,如放射性衰变、电磁波传播、热传导等,都可以通过基于 e 的数学模型来描述。在工程学领域,e 的应用同样不可忽视,在信号处理、控制系统、通信工程等方面,e 的指数函数和三角函数形式,为解决复杂的工程问题提供了有力工具。e 在微积分中远比我们熟悉的 10 重要,无论是用于指数还是用于对数,e 都是一个看似比 10 深奥却远比 10 自然的底数,以它为底的指数函数增长率恰好等于这个函数本身,即 e^x 的增长率就是 e^x 本身。因此,无论我们使用导数、积分、微分方程还是其他微积分工具,以 e 为底数的指数函数总是最简洁、最优雅和最美丽的。

三、魔戒是谁炼成的?

如果你对名人之间的八卦感兴趣,这本书定不会让你失望。众所周知,牛顿有个与苹果相亲相爱的故事,但很少有人知道微积分的发明也跟他有关。更鲜为人知的是,英国科学巨匠牛顿与德国杰出的数学家莱布尼茨,曾经就微积分的发明权展开过激烈的争执。

图 1　牛顿和莱布尼茨

这本书里提到了牛顿给莱布尼茨的一封回信,信中有这样一段话:"事实上,这些运算的基础显而易见,但由于我现在不能继续做解释了,所以我宁愿把它们像这样隐藏起来:6accdae13eff7i319n4o4qrr4s8t12vx。在此基础上,我也尽力简化了与曲线求积相关的理论,并得出了某些一般性定理。"请注意,为何信中会有这段神秘的密码?它不是中文版翻译或校订时的疏漏,也不是那种藏有密钥的通关密码,它有点像是表意隐藏、需自行脑补内容的另类代码,但更像是神秘的咒语掌控者为显高人一等的威慑性宣示。牛顿用这段无规律的字母串居高临下地告诉莱布尼茨：这是我的发明，想从我这套取机密，门都没有。

应该说牛顿的担忧不是没道理。微积分到底是谁发明的？关于微积分的成果归属和优先权，后来确实成了世界科学史上的一桩著名公案。

实际上，莱布尼茨与牛顿均独立发展出了微积分学，并为之创造了独特的符号。莱布尼茨是第一个发表该成果的人：1684年，他发表了第一篇微分论文；1686年又发表了积分论文。至于牛顿，他在1665年的时候就整理出了一份微积分的草稿，但由于害怕遭受人们的批评，他推迟了20多年才发表该成果，于1687年公布在巨著《自然哲学的数学原理》中。

1699年，英国皇家学会的成员指控莱布尼茨剽窃了牛顿的成果，单方面下定结论，认为牛顿才是微积分的"第一发明人"（不过当时英国皇家学会的主席就是牛顿本人）。这场关于微积分的争论在1711年全面爆发，在当时看来，牛顿大获全胜，莱布尼茨惨遭失败，但经过时间的洗礼，真实情况却演变为莱布尼茨成了微积分学说的奠基者，更加生动和立体地活在人们的心中。莱布尼茨创立的数学符号如 $\int$、dx、$\leqq$ 等，其表述形式和符号选择均优于牛顿，而牛顿的微积分符号则逐渐消失在历史的长河中。因此，莱布尼茨的微积分成为后世流传的主流，18世纪数学分析的成就主要是在莱布尼茨微积分方法的基础上取得的。依据莱布尼茨的微积分工具，欧洲大陆的数学家取得了飞速进步，大大超出了英国数学家。莱布尼茨虽输了短跑，但他和他的后继者们却赢了接力赛。

四、蓬门为谁而开——这本书的写作目标

《微积分的力量》不是一般意义上的微积分读物，正如前文所述，本书的能量场在于快速激发读者的好奇心。如果你对政治的演进逻辑好奇，你可以在书中探寻牛顿微积分和《独立宣言》之间的关联；如果你关心是否存在掌控宇宙命运的拉普拉斯妖，你可以从书中了解到才华横溢的俄罗斯女数学家柯瓦列夫斯卡娅如何通过陀螺的刚体动力学分析限定微积分的适用范围，从而打破了机械宇宙决定论的命运之绳；如果你着迷于我思故我在的哲学命题，你也可以在书中找到笛卡儿宁愿用圆来取得曲线切点，而不愿意承认用直线获取曲线切点方

法更优的艰难思路历程。类似的例子不胜枚举，总有一款内容可以满足你的好奇心。

当好奇心转向这本书的写作目的，我们会问：为什么作者期望借此书来呈现微积分的力量？作者在引言中讲述了这样一个故事：美国著名小说家沃克为他准备撰写的二战长篇小说做调研，他前往加州理工学院采访参与原子弹研发的物理学家们，其中大名鼎鼎的物理学家费曼，在采访结束时好心好意地鼓励沃克最好学学微积分，因为"它是上帝的语言"。沃克始终没忘记这句临别赠言，当他历经10余年时间完成了《战争风云》和《战争与回忆》两部重量级长篇小说后，他终于下决心来了解、学通以及掌握这门"上帝的语言"。他尝试通过阅读通识性读物《微积分一点通》来自学微积分，没学会，第一次失败；通过微积分的高级教材学习微积分，没学会，第二次失败；聘请一位以色列数学家一对一教学，没学会，又失败；最后，"绝望的他旁听了高中的微积分课程，但因为进度落后太多，几个月后他不得不放弃。在他走出教室时，孩子们一起为他鼓掌，他说这就像对一场可怜的表演报以同情的掌声"。

通过对沃克先生最后戏剧性场景的描述，作者揭示了写作该书的目标，那就是为成千上万的类似沃克的读者所写。他们勤于思考，知识渊博，充满好奇心，却几乎没学过高等数学，这些"沃克"们一辈子努力想了解微积分却不得其门而入。在作者看来，这本书才能真正为沃克打开通往讲解"上帝语言"的教室大门，而一旦进去了，一定会愉快地徜徉其中乐不思蜀，而不是入而复出，从此敬而远之。

在数学的广袤领域中，微积分无疑是一颗璀璨的明珠，更是推动科学进步和社会发展的重要力量。从历史的角度来看，微积分的发展过程本身就是一种力量的体现，从欧几里得的几何学到阿基米德的物理学，再到牛顿和莱布尼茨的微积分学，每一次数学上的突破都标志着人类对自然界认知的深化，微积分的出现不仅解决了众多之前无法解决的数学问题，还为科学家们提供了一种全新的思维方式，推动了自然科学的飞速发展。微积分的力量还体现在其跨学科的普适性上，无论是自然科学还是社会科学，微积分都能找到应用的舞台。它像一把钥匙，能够打开不同领域之间的隔阂，促进学科之间的交流与融合。这种普适性使得微积分成了一种通用语言，让不同领域的学者能够共同交流、合作与创新。对于个人而言,学习微积分不仅可以提高我们的逻辑思维能力和问题解决能力,还可以培养我们的耐心和毅力。微积分的学习过程需要我们不断地探索、尝试和调整,这种过程无疑是对我们意志力的锻炼。在这本《微积分的力量》中,史蒂夫·斯托加茨用深入浅出的方式向我们揭示了微积分这门学科的深邃与魅力。它不仅是一种数学工具,更是一种思考世界的方式,一种理解宇宙运行规律的钥匙。如有机会,请一定进去读一读。它不是普通的微积分教材,不是微积分的大百科全书,而是色彩斑斓、扣人心扉的微积分万花筒,它有魔力让全世界的"沃克"们化身爱丽丝,带着无尽的好奇心漫游微积分世界的瑰丽奇境。

参考文献

斯托加茨.微积分的力量[M].任烨,译.北京:中信出版社,2021.

导读人简介

王琳琳,计算学硕士,东南大学图书馆副研究馆员。

抗病毒疫苗的前世今生

导读人：唐权

自出生以来，我们就开始接种各种疫苗，但对于大多数人来说，疫苗仍然披着一层神秘的面纱。在疫情时代，疫苗受到了大众的广泛关注，也成为我们生活中必不可少的东西。尽管如此，我们却对疫苗的种类及工作原理知之甚少。疫苗最初是怎么被生产出来的？疫苗研发背后有哪些故事？疫苗接种一定安全吗？

《疫苗的史诗：从天花之猖到疫苗之殇》的作者让-弗朗索瓦·萨昌佐是世界卫生组织顾问、法国知名病毒学专家，在法国巴斯德研究所潜心工作达14年之久。他多年的科研背景及对疫苗研究的丰富经历，赋予了这本书极高的可读性与真实性。该书以朴实无华、浅显易懂的语言，向大众讲述了疫苗制备的基本原理、基础知识及研发历史，其中还不乏对近些年国际上反疫苗事件来龙去脉的叙述，结合理论和实际案例告诉读者应理性看待疫苗。该书系统地介绍了抗病毒疫苗的发展史，按病种回顾了疫苗的发展历程，从天花到狂犬病、黄热病、流感、脊髓灰质炎、乙肝、艾滋病，通过真实的故事和通俗易懂的文字，向读者展现了人类近两百年的疫苗科学史。萨昌佐为读者重现了疫苗纷繁复杂的历史，带领我们回顾曾被病毒肆虐的人间，直击疫苗发明与制备现场，一幕幕令人屏息的悲喜往事在此上演。诺贝尔生理学或医学奖获得者乔舒亚·莱德伯格曾经说过："世界之小，如一村落。无论何处，若是病毒性疾病研究失之毫厘，为这一疏忽买单的将会是全人类。"疫苗史诗中的起起伏伏正是这一忠告的明证。

《疫苗的史诗：从天花之猖到疫苗之殇》通过聚焦最重要的一类疫苗——抗

病毒疫苗,让我们对疫苗的前世今生有了一个全面的认识。该书融合故事性、趣味性和科普性,对相关历史事件保持中立态度,对疫苗的未来发展也有独到见解,其洞见堪称振聋发聩。所谓"疫苗的史诗",不仅是疫苗本身的故事,更是背后无数科学家和医学研究者的史诗。正是由于这些先驱者的不懈努力,疫苗才能从无到有、从初步研发到日渐成熟,为全人类带来了福祉。

一、讲述传奇故事,回顾艰难历程

疫苗的诞生与发展是一段充满传奇色彩的故事,疫苗研发的背后也涌现出了各色英雄人物,他们中的一些人甚至为科学事业献出了宝贵生命,人类应该铭记他们所做的贡献。

英国医生爱德华·詹纳是疫苗史上的第一位重要人物,他因成功完成第一例付诸实践的疫苗接种而被誉为"疫苗之父"。詹纳观察到患有牛痘的病牛,其局部痘疹酷似人类天花,挤奶女工为其挤奶,手臂部也容易患上牛痘,但她们似乎对天花具有免疫力。于是他意识到,接种"牛痘"可预防天花。1796年5月14日,詹纳从挤奶女工身上提取牛痘疱液,注射到一名8岁男孩的手臂上。两个月后,再给他接种来自天花患者的痘液,结果男孩只是局部手臂疱疹,未引起全身天花。1798年,詹纳公布了他的发现,并将这种接种方法命名为"Vaccination",源自拉丁语中的"Vacca"(牛),意指"接种牛痘以预防天花"。在詹纳时代,人们全然不知天花是由天花病毒感染所致,而他在实践观察中,总结出种牛痘预防天花这一发现,既安全又有效,是一项划时代的发明。后人沿着詹纳的路径,不断改进天花疫苗的制备方法,最终通过全球范围的大规模疫苗接种行动彻底消灭了天花。1980年5月8日,世界卫生组织正式宣布天花被人类根除。

法国微生物学家路易斯·巴斯德是现代免疫学的创始者,在研究复杂疫苗的过程中,他虽不幸残疾,但从未放弃对科学的探索,并勇于献身。他发明狂犬病疫苗的经历堪称传奇,而且其独特的制备方法在疫苗史上也是独树一帜。他发明的疫苗并不属于现代疫苗的任何一类,既没有减毒,也没有完全灭活,而是一种凭经验制成的活病毒与死病毒的结合体。在后世,没有任何一种疫苗是用相同方法制备的。1885年7月6日,9岁的约瑟夫·梅斯特被带到巴斯德面前,他被一只疯狗咬得伤痕累累。在听取两位医学院博士的建议后,巴斯德请格朗诗博士将放置了15天的兔延髓注射给了小梅斯特。接下来的日子里，他们给孩子注射了放置时间越来越短的延髓，最终在7月16日给他注射了仅通风过一天的兔延髓。此后，巴斯德度过了许多个难挨的漫漫长夜，终于在3个月后迎来了胜利。约瑟夫·梅斯特活了下来，他成为第一个接种狂犬病疫苗的人。这个幸运儿后来在巴斯德研究所做了门房，并在那里度过了余生。1940年，也就是梅斯特获得成功救治55年后，德国士兵逼他打开巴斯德长眠之地——地下墓室的大门，他宁死不屈，最终愤而自杀。

抗病毒疫苗大多用病毒加工而成，为的是刺激人体产生抗体反应，抵御现存或未来可能接触的病毒，而且效力将在体内维持很长一段时间，属于人工生物制品。由于其中的污染性和副作用未经长时间观察难以预测，因此具有一定风险。书中列举了很多为科学献身的例子，如1931年美国的一份报告证实，在该年度之前的5年之中，各实验室共计发生32起黄热病感染，其中5起是致命的，特别是纽约洛克菲勒基金会和波士顿哈佛大学的研究员受到了严重影响。日本科学家野口英世在非洲丛林中对钩端螺旋体进行研究时，不幸死于黄热病。不少疫苗研发出来后，科学家们首先把自己当作小白鼠进行人体试验，不惜将乙肝病病毒、艾滋病病毒制成的疫苗注射到自己体内，甚至将家人也纳入实验，这的确需要舍生取义的大无畏精神。丹尼尔·查古里博士接受了自己团队研发的艾滋病疫苗接种注射，而索尔·克鲁曼本人、他的太太和默克实验室的9名工作人员第一次测试了乙型肝炎候选疫苗。所幸6个月之后，这些勇敢的志愿者身上并未出现病毒感染的临床症状。

疫苗发展的传奇故事不胜枚举。20世纪30年代，研究员们偶然发现，黄热病病毒在动物间几经传播之后，竟失去了使人类患病的能力。于是"黄热病17-D疫苗"就这样诞生了。这件事里有偶然和运气的成分，事实上，人们之后也多次尝试在相似条件下重现这一实验，却再也没有成功地得到减毒活疫苗。另外，还有亚力克西·卡雷尔和"永生细胞"谜团、海拉细胞的长生不老传奇、韦克菲尔德自导的孤独症（自闭症）与麻疹疫苗事件，以及华沙犹太人沃尔夫茨姆奈斯如何成为美国纽约大规模乙肝疫苗的临床研究组织者等故事。通过这些传奇故事或相关事件，读者可以了解疫苗发展的艰难历程，理性看待疫苗对人类文明进程的影响。

二、揭秘病毒培养,科普疫苗知识

疫苗接种的原理是基于特异性免疫的特异性和记忆性,免疫记忆细胞使针对同一抗原的再次免疫应答强度显著高于初次免疫应答。疫苗研发的策略在于改变病原体或毒素的结构,使其毒性消失或减弱并保留抗原性。书中第一章节为我们介绍了抗病毒疫苗到底是怎么制备的、制备疫苗的原理是什么。虽然是医学话题,但从原稿到译本,文字都通俗优美,没有复杂生僻的医学术语,有的只是非常具体生动的人和事,很多疾病和事件也会让人感觉非常熟悉。疫苗的研制与改进既是一部人类的史诗,也是科学与工业的传奇。

19 世纪末,被誉为"微生物学之父"的法国微生物学家、化学家路易斯·巴斯德及其同事共同开启了微生物学革命,陆续发现了大量微生物病原体。这些微生物主要分为两大类,分别是细菌和病毒。到了 20 世纪 30 年代,针对各种细菌类传染病,已经有大量细菌疫苗投入使用,比如伤寒疫苗、霍乱疫苗、鼠疫疫苗、破伤风疫苗、结核疫苗等等,但抗病毒疫苗只有天花疫苗和狂犬病疫苗这两种。如今,抗病毒疫苗的研发已经拓展出很多技术路线,比如减毒活疫苗、灭活疫苗、亚单位疫苗、载体疫苗、核酸疫苗等等,不同的技术路线有不同的优缺点。但使用时间最长、技术最成熟、制备种类最多的技术路线,当属减毒活疫苗和灭活疫苗,这两种技术路线也是本书着重介绍的。

减毒活疫苗是用毒性减弱了的活病毒制成的疫苗,基本思路是把原本具有致病性的病毒经过多次增殖传代、减毒后"化敌为友",让病毒在失去对人体致病性的同时,还能激发人体的免疫系统。相比于灭活疫苗,减毒活疫苗的突出优势在于,病原体在宿主体内复制产生一个抗原刺激,抗原数量、性质和位置均与天然感染相似,所以免疫原性一般很强,甚至不需要加强免疫。然而,这种突出的优势也存在潜在的危险性:它可能造成免疫力差的部分个体被感染,且病毒有可能发生突变,恢复毒力。

灭活疫苗则是把病毒杀死之后制成的疫苗,因此,其制备过程简单且安全性好,但免疫原性也较弱,往往必须加强免疫。需要注意的是,并不是所有病原体经灭活后均可以成为高效疫苗:其中一些疫苗是高效的,如索尔克注射用的脊髓灰质炎疫苗(IPV)或甲肝疫苗;其他则是一些低效、短持续期的疫苗,如灭活后可注射的霍乱疫苗,几乎已被放弃。

各种抗病毒疫苗的制造原理相似,都是用经过处理的病毒来激发人体的免疫反应。各种抗病毒疫苗的制造工艺相似,多采用动物组织和细胞作为培养载体。随着疫苗接种的发展,抗病毒疫苗的应用已经从治疗性接种拓展到了预防性接种。如今,抗病毒疫苗主要用来预防病毒性传染病,一般在人感染病毒之前接种。同时,它们也被广泛应用于动物接种,以防治一些人畜共患疾病。

抗病毒疫苗的制备生产需要获得大量病毒,而要能够获得大量病毒完全依赖于获取病毒或培养病毒技术的发展。在细胞培养技术还不成熟的时代,第一代疫苗是以动物为供体制备的。天花疫苗就是一种典型的以动物为供体的疫苗(由小母牛犊的肋部制备),其他还有取自绵羊脑的狂犬病疫苗,鸡胚制成的黄热病疫苗和流感疫苗,以及取材鼠脑的日本脑炎疫苗等。时至今日,这些抗病毒疫苗依然是以上述动物为供体,流行性腮腺炎和麻疹疫苗也不例外,由鸡胚制备而成。20世纪50年代,细胞培养技术的兴起促进了病毒学的跨越式发展。从人们翘首以盼的脊髓灰质炎疫苗开始,疫苗发展史掀开了新的一页。但当时的细胞培养技术还十分原始,这限制了疫苗的大规模生产。直到1975年,得益于在发酵罐中利用微珠培养病毒新技术的发展,即利用圆形微珠颗粒立体培养病毒,病毒产量大大提高,抗病毒疫苗产业才真正成型。本书第一章节着重介绍了病毒的培养与细胞培养技术的发展历史及原代细胞、二倍体细胞、异倍体细胞在抗病毒疫苗产业中的应用。

1931年,在鸡胚内培养病毒的技术诞生,彻底改变了抗病毒的发展史。就灭活疫苗而言,比如流感疫苗,最重要的就是鸡胚的成活率,因为这直接决定着病毒的产量。供应疫苗物料的饲养区("特约饲养区",Élevages conventionnnels)应只用于疫苗生产,需要接受严格的卫生检查。里面的禽类应接受预防接种,做好主要传染病防疫工作,避免微生物的存在。而减毒活疫苗的情况就大不一样了,没有了灭活这道工序,疫苗成品就少了一组"安全阀",确保鸡蛋内无任何细菌就成了唯一一道"防火墙"。20世纪60年代初,一种遵循特定卫生规章的鸡饲养模式应运而生,这种养鸡场生产的是"无特定病原体"(Specified Pathogens Free,SPF)鸡蛋。SPF鸡蛋的产量十分有限,价格高昂。例如,约有5亿个"特约饲养区"鸡蛋被用于制备季节性流感疫苗(1个鸡蛋可得1支疫苗),而供应减毒活疫苗的SPF鸡蛋在全世界范围内却只有几百万颗。万幸的是,减毒活疫苗的物料投入产出比高得多,大约 1 个 SPF 鸡蛋能制备出 60—100 支流感减毒活疫苗。其他由 SPF 鸡蛋制成的减毒活疫苗有:黄热病疫苗、流行性腮腺炎和麻疹疫苗,还有两种灭活抗病毒疫苗也使用这种物料:狂犬病疫苗和蜱媒脑炎疫苗。

通过阅读猴肾原代细胞、二倍体细胞 WI-38、海拉细胞及非洲绿猴肾细胞(Vero 细胞)被发现的故事,读者可以追寻科学家先辈的足迹,了解疫苗极尽曲折的诞生历程和传奇历史。脊髓灰质炎疫苗病毒在猴肾细胞(原代细胞)中迅速繁殖,给疫苗的批量生产带来了一丝曙光,并于几年后成为现实。索尔克研发出了灭活的脊髓灰质炎疫苗,而萨宾研制出了减毒的口服脊髓灰质炎疫苗。这两种疫苗是第一批采用细胞培养研制出的疫苗,堪称病毒学和现代免疫学的里程碑事件。一段段故事就此展开,成为疫苗学历史上不可抹去的一页。

三、叙述疫苗纷争,预见科技蓝图

疫苗是不确定性的产物,并时刻被不确定性缠身,"完美疫苗"也仅仅是有违客观条件的主观臆测。1939 年至 1956 年间,约有 5600 万人次接种、为抗击黄热病大流行立下汗马功劳的 FNV 疫苗(撒哈拉以南非洲地区曾强制接种),在二十世纪五六十年代被查出有致儿童病毒性脑炎的风险。受此影响,FNV 疫苗最终黯然退场。"二战"期间,超过 30 万名美军士兵通过接种黄热病疫苗得到了保护,但其中有 62 人死于或与疫苗有关的急性肝炎。经过科学家的全面调查,发现罪魁祸首竟然是在当时能实现的最佳条件下加工的捐献血浆内残存的乙肝病毒。

不管是灭活疫苗,还是减毒活疫苗,制备的方式听起来好像并不复杂,可实际上,疫苗的研发和制备往往都是极其困难的,在疫苗的研制与使用过程中,也会遇到不少困难和质疑。研制疫苗存在困难的根本原因,是我们对疫苗的工作机制知之甚少。黄热病疫苗的研制就是一个典型案例。黄热病是一种由蚊子传播的急性病毒性出血疾病,主要流行于非洲和拉丁美洲的热带地区,感染黄热病病毒后,一小部分患者会出现严重症状,其中近一半会在 7—10 天内死亡。南非微生物学家马克斯·泰雷尔从 1934 年起,便着手研发黄热病疫苗。在此之前,他的导师已经研制过一款黄热病的减毒活疫苗,虽然效果明显,但因为这款疫苗是由小白鼠的大脑制备的,这种技术路线存在先天性缺点,可能会让人体的神经系统受到攻击,引起脑炎。所以,泰雷尔决定另辟蹊径,通过其他方式制备疫苗。为了制成黄热病的减毒活疫苗,泰雷尔首先要做的是减弱病毒的毒性。他的方法是让一株致病力很强的毒株,先适应老鼠的胚胎细胞,然后适应鸡的胚胎细胞,最后在鸡胚里培养出很多代病毒,其间每一次传代他都会用猴子测试病毒的毒性。最终传代到第89—114代时,奇迹发生了,这个黄热病毒株突然失去了对猴子的致病性。科学家们至今都没找到其中的原因,我们只能把它归因于运气。

泰雷尔的疫苗测试成功后不久,便在1937年开始进行大规模接种。但到1941年,意外发生了,原本相当安全的疫苗开始陆续引发一系列接种事故,陆续有200多人在接种疫苗后患上了脑炎。经查,原因出在病毒的传代上。泰雷尔制备的第一批疫苗,是把原始毒株传代了大约200次得到的,这些培养出来的病毒已经失去了对人体的致病性,非常安全。但1941年生产出来的疫苗批次,使用的病毒已经传代到350多次,而就在这个传代过程中,病毒又"变坏"了,通过基因突变重新具有了致病性。所以,人们在接种这批疫苗后会患上脑炎。这一事件的教训非常深刻。此后,为了避免这类意外,科学家们规定,制备疫苗时,使用病毒的传代次数必须是固定的,比如统一使用第200代的病毒,绝不能随意增加传代次数。在采用了这一策略之后,至少对黄热病疫苗来说,就再也没有出现过类似的事故。

除了技术上的困难,疫苗还要面对来自社会各方面的质疑。比如,很多人怀疑疫苗是导致孤独症的罪魁祸首。英国胃肠病学专家安德鲁·韦克菲尔德就表示,孤独症是由疫苗引起的。虽然后来的一系列证据表明,孤独症与疫苗之间没有关系,韦克菲尔德学术造假和收受好处等行为也被揭露,但社会上针对疫苗的偏见,在一次次捕风捉影后已然形成。现代医药行业也伴随着纷纷扬扬的丑闻,近如我国长春长生疫苗事件,远如书中所提爱德华·霍普、MMR疫苗事件等,都有人利用监管漏洞和社会舆论谋取巨额利益。

如同守住人性底线一样,如何让科研人员把握住科研伦理的标尺,是一直困扰科研界的问题。总有人铤而走险,或是太过狂热,或是寄望试验成功后荣誉可掩饰一切,本应长驻科研人员心中的科研伦理被锁进小黑屋。而且,科研伦理本身是一个比较飘忽的概念,随着社会经济的发展,其标准也会有所变化,且只有行为总则,缺乏具体规则,总会让有心人有隙可乘,也让科研人员模糊不清、越轨而不自知。在疫苗研发过程中，科研人员执着于目标，在科研伦理底线上游走的事件时有发生。如威斯塔研究所在狂犬病疫苗研发过程中，曾在阿根廷使用实验性疫苗，该实验未得到阿根廷及美国的同意，接种的动物没有按要求圈禁，技术人员也未提前接种疫苗，存在感染风险。虽然万幸此事未对公共卫生造成危害，但威斯塔研究所因此留下了不光彩的历史。

疫苗是最经济、最有效的公共卫生干预措施之一，但在罕见情况下，个别疫苗[如甲醛灭活呼吸道合胞病毒疫苗、甲醛灭活麻疹疫苗、重组四价登革热减毒活疫苗、人类免疫缺陷病毒（HIV）疫苗等]产生的抗体却可以增强病原的感染，加重疾病病情，即抗体依赖增强作用（antibody-dependent enhancement，ADE），进而导致疫苗增强性疾病（vaccine-enhanced disease，VED）。ADE 发生机制复杂，可增强许多病毒的毒性或感染性，这已成为某些病毒疫苗研发的一大阻碍。这些疫苗所致增强型疾病的典型案例和动物试验结果，为未来这些病毒疫苗的研发和上市后的安全性监测提供了参考和启示。

天花疫苗的成功得益于牛痘病毒只能在人之间传播的特性、成熟的天花疫苗技术及世界各国的通力合作，因此天花得以被人类根除。由于脊髓灰质炎病毒比天花病毒善于隐藏，且时常发生变异，再加上减毒活疫苗有感染风险及国际合作不顺利，小儿麻痹症至今无法彻底消灭。人类已尝试了 200 种以上的艾滋病疫苗设计，包括灭活疫苗、减毒疫苗、亚单位疫苗、多肽疫苗、载体疫苗、核酸疫苗等，迄今尚无有效的 HIV 疫苗问世。

不论技术如何迭代，更好疫苗的研发将是一项长期甚至是永久的系统创新工程。这意味着疫苗创新绝非在现成"程序"里修改"代码"，而是集诸学科前沿技术的进步过程，在"先进—落伍—再先进"的螺旋上升里进行创造性破坏的科学活动。诺贝尔化学奖获得者卡尔·巴里·夏普莱斯曾说过，人类目前只不过发现了生命科学的冰山一角，还有太多奥秘等待揭示。生命科学向前进步一点点，都会给人类治愈疾病带来更多希望。只有生命科学取得突破性发展，人类的思想和生活才会发生根本性的变革。

全球化背景下，瘟疫的传播速度更快，范围更广。一趟国际航班就可以将疫情传播到地球的另一端，给人类的安全和健康带来新的威胁，而防止瘟疫扩散和毒害最重要的途径之一就是接种疫苗。但是疫苗的研制和推广从来不是一帆风顺的,技术上的障碍、测试上的烦琐和社会上的质疑一直如影随形。每支疫苗的诞生都极其不易,每支疫苗都凝结着科学家的集体努力,每支疫苗的背后都是一部史诗。疫苗在未来还会继续谱写史诗,造福人类。抗病毒疫苗是人类战胜病毒性疾病的重要武器。不过,在疫苗的研发和推广上,人类仍然任重道远,这需要全世界合力去完成。

参考文献

[1] 萨吕佐.疫苗的史诗:从天花之猖到疫苗之殇[M].宋碧珺,译.北京:中国社会科学出版社,2019.

[2] 窦骏.疫苗工程学[M].3版.南京:东南大学出版社,2020.

[3] 曹雪涛.医学免疫学[M].3版.北京:人民卫生出版社,2015.

[4] 王亚丽.疫苗增强性疾病风险探讨[J].中国药物警戒,2021,18(4):338-340.

[5] 夏兰芳,王华庆.病毒病疫苗的抗体依赖增强作用及其对疫苗研究的启示[J].中国疫苗和免疫,2020,26(6):725-736.

导读人简介

唐权,免疫学硕士,东南大学图书馆馆员。长期从事医学信息素养教育及科技查新工作。近几年也尝试参与阅读推广工作,希望给大家推荐好的书目,一起分享阅读的快乐。

探秘量子生物学

——神奇的量子生命

导读人：常娥

初中时阅读到的第一本物理课外书给我留下了深刻的印象。当时对于书中介绍的分子、原子、中子、夸克等物理知识并不是很懂，却读得津津有味，了解到微观物理世界是如此的有趣！正是那本书，在我幼小的心灵埋下了科学的种子。虽然长大后没有继续从事物理学专业的学习与工作，却时常关注物理学领域的最新研究进展，时常阅读物理学家人物传记和相关科普书籍。

在整个科学领域，量子力学是继牛顿力学、电磁学、热力学、相对论之后最具影响力的重要理论。正如著名物理学大师薛定谔在《生命是什么》一书中所言："物理学的新发现已经推进到了主观与客观的神秘分界线，并且告诉我们这根本不是一个明显的界限。它使我们明白，对一个物体的观察永远无法不被自己本身的观察行为所修改，它同时也让我们理解，在改进观察方法和对实验结果进行思考之后，主客观间的那种神秘界限已被破坏。"这里的物理学新发现指的就是包括量子纠缠、量子隧穿与量子相干性在内的量子力学。

量子力学已经诞生一个多世纪了，但其中提到的理论还有很大部分没有转化为技术。只有科学家们不断研究、突破，把量子力学里面的技术完全展示出来之后，物理学才可能取得突破而进入下一个阶段。多年来，科学家们小心翼翼地将量子力学引入生物学领域，发现量子力学可以解释一些令人惊奇的生命现象，由此发展出了一个全新研究领域。这个领域把生命科学与量子力学结合起来，这就是量子生物学。可媲美薛定谔《生命是什么》的著作《神秘的量子生命:量子生物学时代的到来》,是量子生物学奠基之作,这本书的出版预示着量子生物学时代的到来。

作者从动物大迁徙现象谈起,试图揭开万物背后的量子真相。该书不仅梳理了量子力学的一些重要概念,包括波粒二象性、量子隧穿和量子纠缠等,而且阐述了生命科学的前世今生,揭示了生物酶和生命死亡之谜。该书核心内容在第二部分"量子世界中的生命",作者试图用量子力学理论知识解释诸多奇特的生命现象,例如,知更鸟和帝王蝶在长途迁徙中如何导航,光合作用的能量转化效率为何如此之高,等等。总之,《神奇的量子生命:量子生物学时代的到来》一书不仅是量子生物学奠基之作,而且作者的洞见将有助于回答人类的终极问题之一:生命是什么。让我们一起从这本书中领略生命活动的量子效应,感受生命的神奇与伟大!

一、量子力学理论基础

几乎每个人都听说过"量子力学",不过,认为"量子力学是一门艰深而难以理解的科学,只有极小部分非常聪明的人能够理解它"的想法一直很普遍。但事实上,从20世纪早期开始,量子力学就已经成为我们所有人生活的一部分。基于玻尔、海森堡、泡利、薛定谔、狄拉克、玻恩、约当、费米等人的努力,量子力学在20世纪20年代中期发展成为一种解释微观世界的数学理论。原子构成了我们眼睛所见的一切事物,而量子力学描述了原子的行为以及构成这些原子的更小粒子的性质。比如,通过描述电子运动所遵循的规则以及电子在原子内部如何安排自己的行为,量子力学奠定了整个化学、材料科学甚至电子学的基础。

如果没有量子力学对电子如何在材料中穿梭的解释,我们就无法理解半导体的行为。如果没有对半导体的理解,我们就无法发明出硅晶体管,以及后来的微芯片及现代计算机、智能手机、卫星导航或核磁共振成像扫描仪等等。然而,这一切都仅仅是个开始,发端于20世纪的量子革命将在21世纪持续加速,以不可想象的方式改变我们的生活。那个时候,人类将从可控核聚变中获得近于无限的电能;量子计算机将开始提供人工智能;从前只在科幻作品中出现的远距离传物技术将很可能成为信息传递的常规方式。但是,量子力学究竟是什么呢?它有哪些特征?对这些问题的解答将有助于理解该书所揭秘的生命活动中的量子效应。

波粒二象性,这是量子世界中最奇特的决定性特征。20世纪早期,科学家发现亚原子粒子可以像波一样运动,同时又表现出粒子的特征。亚原子粒子像波一样向外扩散,会像大海里的波涛一样,形成波峰和波谷。"电子具有波的性质"这一发现直接催生了电子显微镜。

量子隧穿,指的是电子等微观粒子能够穿入或穿越位势垒的量子行为,尽管位势垒的高度大于粒子的总能量。太阳内部的氢原子核所做的正是如此:它能让自己传播出来,像幽灵一样穿透能量壁垒,使自己与墙另一边的伙伴靠得足够近来完成聚变反应。如果没有那让粒子"穿墙而过"的奇异量子隧穿性质,太阳根本不会发光。从本质上讲,正是粒子的波粒二象性使得粒子能够完成隧穿。

量子叠加态,指的是亚原子粒子可以叠加多种量子态,同时完成2件、100件甚至100万件事情。比如著名的思想试验"薛定谔的猫"可以既是活的,又是死的,"死"与"活"叠加在一起。"量子态叠态"是一个理论概念,是不能被测量(观测)并验证的,因为任何的测量都会导致叠加态的坍缩。比如著名的双缝干涉实验,在未装感光仪器前,光子表现为波动态,发生干涉现象;而在装了感光仪器之后,光子受到了感光仪器的扰动,所以又坍缩为粒子态。

量子纠缠,指的是处于纠缠态的两个粒子不论相距多远都存在一种关联,其中一个粒子的状态发生改变,另一个的状态会瞬时发生相应改变。也就是说,处于纠缠态的两个粒子,在未观察前它们各自的状态既可以是左旋,又可以是右旋,如果我们观测其中一个粒子,发现它是左旋,那么另一个粒子,一定是右旋。爱因斯坦把这个不可思议的纠缠,叫作幽灵般的超巨作用。虽然理论上感觉不可思议,但量子纠缠的真实性,是被实验验证了的。它可以存在于电子之间,也可以存在于光子或其他粒子之间。

简言之,量子力学让我们看到微观尺度下的量子世界充满了怪异的事情:一个粒子可以同时出现在多个地方,粒子可以像波一样传播出去,穿过一道密不透风的壁垒,甚至两个粒子彼此相距很远却存在着某种瞬时作用(如图1所示)。

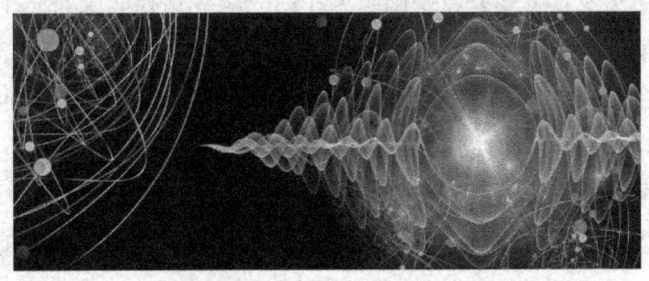

图1 神奇的量子力学现象

二、生命科学的谜题

在过去很长一段时间里，人们认为生命体与非生命体的主要区别在于生命体内有一种特殊的"生命力"，即活力论。后来，活力论渐渐让位于机械论、系统论等。但是，至今生命中仍有许许多多的待解之谜。

生命的第一谜题是活细胞内生化反应的极度复杂性。在人类对生命精密结构的探寻中，第一次重大进步来自17世纪的"自然哲学家"罗伯特·胡克与荷兰显微镜研究者安东尼·范·列文虎克，他们观察并发现了动植物体内的细胞结构。后来，人们知道除病毒外几乎所有的活体组织都有细胞结构，细胞是构成生命体的基本单元。在功能日益强大的显微镜的帮助下，人们对活细胞的研究逐渐深入，细胞内部结构显示出高度复杂性。在每个活体细胞中，在一个仅仅容纳着一微升液体的百万分之几的单一反应室内，每时每刻都在合成数以千计各不相同的生化物质。究竟是什么让细胞持续运作？又是什么让细胞有了生命？起初，普遍观点认为，细胞内充斥着"生命力"。活力论是19世纪生物学领域的主流观点，在此观点视角下，对细胞内神秘活性物质的描述渲染着神秘主义色彩。随着科学进步，人们发现组成生命体的物质似乎与构成非生命体的化学物质是相同的，并因此遵循相同的化学规律。活力论渐渐让位于机械论、系统论等，尽管如此，现有任何一种理论都无法解释生命科学的所有谜题。

生命的另一个谜题是死亡。化学反应的一个特征是它们是可逆的，但生命却迥然不同。无论是动物还是植物，从出生、生长到死亡，这一生命过程几乎是不可逆的。正是这个谜题让我们的祖先提出了灵魂的概念。虽然我们不相信一个细胞中会包含任何形式的灵魂，但是当一个细胞或是一个人死去时，不可逆转地失去的东西又是什么呢？也可能你会想：新兴合成生物学不是饱受赞誉吗？合成生物学最著名的实践者可能要数基因组测序的先驱克雷格·文特尔了，他在2010年宣称自己创造出了人造生命，并由此掀起了一场科学风暴。虽然文特尔和他的团队成功地合成并插入了细菌染色体的替代物，这项工作无疑是一项技术上的杰作，但是他们的工作可以看成是早期基因工程的进一步发展，不过是修饰了一个现存的生命形态，而不是完完全全地创造了一个新的生命。请牢记，即使有了文特尔的非凡成就，在这样一个基因工程与合成生物学的时代，人类还从来没能用完全非生命的物质创造出生命。生命的根本谜题一直还在对着我们微笑。

三、量子世界中的生命

诺贝尔奖获得者、物理学家理查德·费曼曾经说过,"凡是我们做不出来的,就是我们还不理解的",因此我们还不理解生命。每一秒都有数以兆计的最低级的微生物毫不费力地创造着生命,那我们为什么做不到呢?我们是缺了什么原料吗? 70 多年前,著名物理学家埃尔温·薛定谔也曾思考过这一问题,尝试将生物学与量子力学结合起来,提出了一种对生物学的全新解释,其至今仍是量子生物学领域的核心,也是《神秘的量子生命:量子生物学时代的到来》这本书的核心,让我们一起了解一下生命活动中经典的量子效应。

1. 酶的量子隧穿效应

酶是生命的引擎,地球上每一个活细胞中的每一个分子都是酶催化合成或分解的。酶可以加速细胞中的化学反应,没有它们的话,细胞的活动过程可能会需要数千年的时间,所以说生命离不开酶。问题是,酶是如何催化加速细胞中的化学反应的呢?这在过去一直困扰着生物学家。最近几十年的实验显示,酶原来可以在分子内或分子间操控单个的原子、质子和电子,利用量子隧穿效应来加快化学反应。从本质上讲,酶在活性中心可以使得电子和质子从生物分子中的一个位置消失,直接跳过两个位置之间的任何障碍,并立即在分子中的另一个位置出现,从而完成催化反应。这就好像粒子挖了一个秘密隧道穿过去一样,所以被称为量子隧穿效应。生命离不开酶,而酶是利用量子隧穿效应来发挥作用的,所以量子隧穿效应在生命活动中扮演了极为重要的角色。

2. 光合作用的量子节拍

光合作用是地球上最重要的生物化学反应,植物之所以被称为食物链的生产者,是因为它们能够利用光合作用把无机物转变为储存着能量的有机物,这是动物食物链的第一环。植物的光合作用发生在叶绿体中,其中第一步是色素分子捕获阳光中的一股能量,然后这个光能会在这些色素分子中迅速传递,并抵达叶绿体的反应中心。在反应中心那里,光能会最终转变为化学能并存储在有机物分子中。光能在色素分子中传递非常快,在 10^{-12} 秒到 10^{-9} 秒内就完成了,而且能量传输效率极高,接近 100%,高于任何人造的能量传输设备。另外,光能总是能快速地找到抵达反应中心的最快路线。问题是这个路线是如何找到的呢? 2007 年,来自美国加利福尼亚大学伯克利分校的科学家通过实验才发现,这背后其实是一种量子力学效应。光能并不是像一个粒子那样从一个一个色素分子跳过去,而是像波一样传播开来,根据量子力学,也可以说光能可同时走各种路径,这样就会迅速找到最快的路径。

3. 小丑鱼嗅觉的量子计算

气味的传播依赖物质的挥发性,形成气味分子飘散在空气中,被动物嗅觉感受器捕获而识别出种类繁多的气味。那么,这个步骤的机理是什么呢?科学家们经过了长期探索,提出了形状模型、锁钥模型、振动模型、刷卡模型等嗅觉理论模型,并积累了大量的研究数据。然而,任何单一理论都无法解释嗅觉产生过程中的所有问题,诸如为什么形态迥异的分子会有相同的气味;反之亦然。为什么在相同的分子框架上有相同化学基团的分子,仅仅是化学基团的排列顺序不同,就会有完全不同的气味?既有研究可以为所有将形状模型与振动模型结合在一起的嗅觉理论提供有力证据,但目前还没有实验直接检验量子隧穿是否参与了嗅觉作用。原因在于,尽管一些全世界顶级的结构生物学研究小组奋战多年,依然没有人能成功分离出嗅觉感受器分子,并使科学家们可以像研究酶或光合色素蛋白中的量子机制一样研究它们。不过,至少到目前为止,电子的非弹性量子隧穿是唯一一个已知的能合理解释"蛋白质如何感知气味分子振动"的机制。电子能在空间中的某一点消失,并瞬时出现在另一点——人类、果蝇、小丑鱼和许多动物,可能正是利用了量子隧穿的这个性质,所以才能截获"来自物质实在"的信息,找到食物、配偶甚至返乡之路。

4. 帝王蝶和知更鸟的地磁感应

帝王蝶和知更鸟的迁徙究竟是依靠什么导航的呢?科学家发现,触角中的隐花色素通过感知地球磁场校准了体内的生物钟,让帝王蝶在从加拿大飞往墨西哥的路上不会迷路。一种感光色素怎么会与看不见的磁场有联系呢?科学家最终在知更鸟的身上找到了答案。知更鸟的眼睛里有隐花色素,隐花色素是一类在光的激发下能够产生自由基的蛋白分子,其中的光敏色素分子吸收蓝光分子的能量后激发自身分子内的电子,形成同时具有自旋单态和自旋三重态的电子纠缠对。自旋单态和三重态之间微妙的平衡性对地球磁场的震荡强度和角度十分敏感,这类化学反应的最终产物向鸟类大脑传递信号,决定鸟类的飞行方向。这些杰出的研究激发了人们对生物磁感应的浓厚兴趣,现在人们已经在许多种鸟类、龙虾、鲨鱼、长须鲸、海豚、蜜蜂甚至微生物中都发现了磁感应的存在。在多数情况下，人们对这种生物磁感应的原理知之甚少，隐花色素介导磁感应体系是目前的主流研究。最新研究表明，与知更鸟类似，美洲大蠊的定向能力也需要隐花色素参与。

除此之外，科学家们还热衷于借助量子力学探索基因遗传复制、生命起源，甚至是人类意识之谜，但量子力学是否在其中扮演了重要而直接的角色以及是如何工作的，还是一个个待解之谜，目前很多研究仅处于理论推导阶段。

人类智慧的进化，源于好奇心的驱使。正是因为自然界存在着无限的奥秘，才驱使人类的心灵去探索不止。在植物和微生物温暖、潮湿而混乱的系统中发现量子相干性震惊了不少科学家，大量研究工作随即出现。量子生物学是最前沿的研究领域之一，旨在探索生物到底是如何保护和利用脆弱的量子相干性的。现在我们明白生命就像一台复杂的分子机器，生命有序性的自我维持需要依靠酶、色素、DNA、RNA 和其他生化分子的协同合作，而这些生化分子的性质则多数建立在正如隧穿、相干性和纠缠态等量子现象上。虽然量子生物学进展迅速，势如破竹，但仍有许多秘密留待我们去探寻，这里充满机遇和挑战！

参考文献

[1] 薛定谔. 生命是什么[M]. 上海外国自然科学哲学著作编译组，译. 上海：上海人民出版社，1973.

[2] 艾尔-哈利利，麦克法登. 神秘的量子生命：量子生物学时代的到来[M]. 侯新智，祝锦杰，译. 杭州：浙江人民出版社，2016.

导读人简介

常娥，理学博士，东南大学图书馆研究馆员。热爱生活，热爱工作，专注于知识组织与发现领域研究十余载。工作之余，喜欢阅读历史、哲学、艺术、中医药等方面的经典书籍，尤其喜欢阅读物理、化学、生物等领域的科普书籍。通过广泛的阅读，希望有一天可以寻找到不同学科之间蕴含的阅读密码本。

星海探索之旅

——《宇宙》导读

导读人：王旭峰

当你仰望夜空中的繁星，是否曾感到一种无法言说的渴望，想要理解那些遥远星辰背后的故事？如果是这样，卡尔·萨根的《宇宙》就是你的星海之钥。阅读这本书不仅是一次对宇宙无垠美景的巡礼，更是一场心灵的觉醒，让我们在茫茫宇宙中找到自己的位置。

本书以卡尔·萨根特有的平和与智慧，邀请我们跨越了时间与空间的界限，以一个个鲜活的故事与科学事实，为我们编织出了一个关于宇宙的浩瀚史诗。在书中作者详细叙述了从太阳系到遥远星系，从黑洞到宇宙起源，从有机物到域外生命的科学知识，更重要的是，他还以诗人的笔触、哲学家的深思，将这些知识提升到了一个全新的科普叙述高度。全书以一种近乎宗教的敬畏，描绘了人类与宇宙间微妙而深刻的联系，让人不由自主地产生共鸣，每读一页，都仿佛有一颗星星在心中点亮，让人的内心世界因为理解了宇宙的奥秘而变得更加辽阔。在书中，我们看到了宇宙的壮丽，感受到人类在其中的渺小，同时也认识到了自身所承载的无限可能，不由自主去拥抱那份对未知世界的热爱，迫不及待去进一步探索无边的宇宙知识。这本书不仅是一篇优秀的科普读物，它还是作者为我们精心准备的一部科学思考之作，是每一个星海下渴望探寻宇宙奥秘之人的必读佳作。

在这本书中，作者以通俗易懂的语言和生动的例子，向我们揭示了人类宇宙探索的起源、宇宙的演化规律、生命的形成机制、域外文明的探索等方面的知识。通过阅读这本书,我们可以更好地了解我们所在的宇宙,并思考人类在其中的地位和意义。

一、星海之滨

"宇宙的规模和年龄远超常人想象。我们的行星家园只是迷失在永恒和无限间的小小一点。"(p.10)在广袤无垠的宇宙中,地球显得如此微不足道,我们只是银河系中一个普通恒星系统中的微小行星。而在宇宙尺度,星系的数量甚至多达几千亿(10^{11})个,每一个都包含了几千亿恒星。当我们把目光投向银河系,地球的渺小更加显而易见。银河系包含着数以千亿计的恒星、行星、星团和星云。地球所在的太阳系则位于银河系的一条旋臂上,距离银河系中心约 2.6×10^{17} 公里。相对于银河系的巨大尺度,地球几乎可以忽略不计,这个距离上,它们根本无法观察。"即使凑到近旁,地球也不过是岩石和金属构成的小点,微弱地反射着阳光,丝毫不像一颗有文明存在的星球。"(p.12)就算在太阳系中,我们也并不特殊,太阳系中的太阳占据了太阳系质量的 99.86%,而地球仅仅是围绕太阳旋转的八大行星之一。地球的质量仅为太阳的 0.0003%,体积仅为太阳的 0.0001%。

地球的渺小不仅仅体现在它与宇宙中巨大天体的对比中,还体现在它所面临的宇宙灾难和未知力量面前。例如,彗星、小行星和流星等天体时不时地威胁着地球的安全。此外,地球还面临着来自宇宙射线、黑洞、暗物质等未知力量的影响。在这些未知力量面前,地球显得如此无助与脆弱。

尽管如此,星海之滨的地球对于我们人类来说却仍然是独一无二的。这颗渺小的星球孕育了多种多样的生命,造就了我们共同的家园,是我们赖以生存的源泉。她为我们提供了适宜的气候、丰富的资源和独特的生态环境,让我们有了生命、文化和历史,也始终激发着我们对地球、太阳系、宇宙的探索欲望。"从宇宙的角度来看,人类的关注无关紧要,甚至微不足道。但这个物种年轻、好奇、勇敢,而且充满希望。"(p.10)正是这种对宇宙的好奇和对地球的热爱,驱动着人类孜孜不倦地探索宇宙的奥秘。人类短暂的历史上不断涌现出了一批又一批杰出的天文学家、物理学家和哲学家,他们通过观测、研究和思考,不断地揭示着宇宙的神秘面纱。从公元前 3 世纪埃拉托色尼对地球的测量与中国古代天圆地方的假说到哥伦布大航海的冒险,再从哥白尼日心说的提出到现代哈勃望远镜、旅行者号探测器对宇宙的探索,人类对于宇宙的认识在不断地深入和拓展。如今,随着科技的不断进步,我们已经能够走出地球,登上其他星球,甚至穿越星际空间,这一切成就都离不开那些勇于探索的先驱们,也离不开人类对未知不断的继承学习与求知。正如书中引用的赫胥黎的名言一样——"已知有涯,而未知无涯;我们如同立于荒岛之上,被苍茫大海所困。每一代人的任务,都是填出一小块新的陆地。"(p.9)正是这种愚公移山般的精神,才使得我们对地球、太阳系、宇宙有了初步了解,使得我们这粒星海之滨的渺小尘埃绽放出了耀眼的探索曙光。

二、宇宙演化

"如果我们生活在一个什么都不会改变的星球上,那就没多少事情可做。少了需要解决的新问题,科学会失去发展动力。如果我们生活在一个无法预测的世界里,所见的一切都在以完全随机,或者太过复杂的方式变化,抓不住事物背后的规律,科学同样会停滞不前。"(p.44)现实中,我们生活的宇宙既不完全无序也并非一成不变,万物时时刻刻处于变化之中,而这些变化却又遵循着一定的规律。通过观察与探索这些规律,可以逐步揭示出自然的奥秘,进而发展科学,再用科学来改善我们的生活。

自然界的万事万物都被规律所约束,看似浩瀚复杂的宇宙自然也不例外。在本书中,卡尔·萨根以通俗易懂的语言,向读者介绍了宇宙的起源、结构和演化,以及星体的生命周期。根据大爆炸理论,宇宙起源于一个高热密度的状态,随着时间的推移,它开始膨胀。这个理论认为,宇宙的膨胀是持续不断的,而且速度还在加快。通过这个理论,我们可以了解到宇宙是如何从一个微小的点逐渐演化成我们今天所看到的广阔宇宙的。除了宇宙的起源,作者还介绍了宇宙的基本结构,解释了星系、恒星和行星等天体的形成和演化过程。例如星系是由数十亿颗恒星组成的巨大集合体,它们之间通过引力相互作用。它们因宇宙大爆炸后物质密度不均匀引起的吸积作用与持续的引力坍缩、角动量守恒而形成。恒星是宇宙中最重要的天体之一,它们通过核聚变反应产生能量并发光。恒星的形成是通过星系内部物质云的坍缩和核聚变反应实现的。当恒星耗尽了核聚变所需的燃料时,它们会进入老年阶段,最终可能会默默无闻成为矮星,也有可能爆发成为超新星,甚至坍缩成黑洞。行星则是围绕恒星运行的天体,它们有不同的大小、形状和组成。行星的形成是通过星际固体颗粒之间的碰撞和吸引实现的。行星的演化受到多种因素的影响,包括宇宙辐射、撞击和引力作用等。不同构成类型,不同位置,不同形成时间的行星具有不同的特性和生命周期。例如,地球是一个宜居的行星,而火星则是一个干燥且寒冷的行星。

从古至今,人类都在不断想象、探索、理解宇宙现象及其演化规律。对宇宙演化的探索既是人类对未知的挑战,也是其与生俱来对宇宙本质了解的渴望。对天空的祛魅,使得地球真正成为宇宙的一部分,使得人类成为宇宙的一部分,正如作者引用的开普勒所著《宇宙的奥秘》中说的一样:"我们不该问鸟儿为什么歌唱,因为那是它们与生俱来的欢快天性。同理,我们不该问为什么人类要费尽心思探寻天空的奥秘……自然的参差多态之美,天空无穷无尽的奥妙,都是为了使人类的大脑永远不会缺少新鲜的营养。"

三、生命乐章

"生命出现前,地球曾经一片荒芜,而现在到处绽放着生命。这是怎么发生的?没有生命的情况下,碳基有机分子是怎么生成的?生命如何起源?又是怎么不断演化,甚至产生出人类这种精细复杂,还喜欢探索自身起源奥秘的生物的?"(p. 24)在本书中,卡尔·萨根深入地探讨了生命起源的奥秘,揭示了这个宏大主题下隐藏的无数细节和复杂性。他从化学的视角出发,详细解释了构成生命的基本物质——蛋白质和脱氧核糖核苷酸是如何在地球早期大气中形成的,证实了这一过程的随机性与普遍性。书中指出生命在约莫40亿年前,就在早期地球的池塘和海洋里登台亮相了。原始生命远不及后来的单细胞生物复杂,甚至可以说非常简陋。那段日子里,地球电闪雷鸣不断,异常炽烈的阳光不断分解原始大气中的富氢分子,而那些碎片重新结合成越来越复杂的分子。这种早期化学反应的产物不断溶解在海中,把它变成了一锅日渐稠密的有机汤。终于有一天,可能只是机缘巧合,一种分子出现了。它能以汤锅里的其他分子作为材料,粗略地复制自身。演化与自然选择则通过进化与淘汰奠定了现如今地球多姿多彩的生命乐章。

卡尔·萨根还对生命起源的研究方法进行了深入探讨。他指出,生命起源是一个既神秘又复杂的问题,需要多学科的合作和综合研究。科学家们通过实验模拟早期地球的环境,寻找生命起源的线索;通过分析陨石和彗星等天体,探索外星生命的可能性;通过研究基因和蛋白质的结构,揭示生命的本质和演化规律。这些研究方法不仅让我们对生命起源有了更深入的了解,也让我们对科学的探索精神有了更深刻的认识。

在探索生命起源的过程中,卡尔·萨根不仅关注地球上的生命,还放眼宇宙,思考其他星球上生命存在的可能性。生命的诞生可能是一个普遍现象,宇宙中存在大量与地球相似的行星,其中一些可能拥有与地球相似的生命起源过程。虽然没有明证,但让地球演化出生命和智慧的机制可能同样存在于宇宙各处。群星之间,飘荡着气体、尘埃等有机物组成的云团,也许只要有足够的时间,生命必然出现。银河的恒星系数以千亿计,其中大多数可能从来没有生命萌芽,另一些恒星系中,生命可能曾经兴起又消亡,或者始终停留在最简单的结构上。只有很小一部分世界才诞生了智慧生物,他们的文明程度说不定远超我们。如今所有地球生命都血脉相连,我们有着相同的有机化学机制和遗传系统。从这个角度来讲,地球上的生物学家其实受到了极大的限制。他们只能研究一种生物学,那是生命乐章诸多复调的其中之一。但"这微弱的笛鸣,真的是方圆数千光年里唯一的响声吗?还是说,其实存在一种宇宙赋格曲?它有主题,有对位,有不和谐音,也有和声?整个银河里,是不是正有10亿不同声音在奏响生命的乐章?"(p.25)这种观点为我们打开了探索外星生命的可能性,也让我们对生命的本质有了更深入的理解。

迄今为止,我们听见的生命之音只回荡在这个小小的世界里。但我们终于开始侧耳倾听宇宙赋格曲的其他声音了。通过不断探索和发现,我们一定可以逐步揭开生命的奥秘,为人类的未来发展和宇宙的探索开辟更广阔的道路。

四、域外寻踪

"无尽群星散落在宇宙无垠的黑暗中。它们有的比太阳系更年轻,有的更古老。虽然没有明证,但让地球演化出生命和智慧的机制同样存在于宇宙各处。仅银河系,眼下应该就有以百万计的世界存在与我们截然不同的生物,且智慧程度远甚于我们。"(p.252)本书中作者利用大量篇幅阐述了域外文明的寻找,详细讨论了人类如何寻找和理解其他文明的存在,以及我们可能遇到的挑战和机遇。

作者通过对现有宇宙观测结果与规律理论的分析,论证了域外文明存在的可能性。书中提到宇宙中存在着数量庞大的类似地球的行星。据估计,仅在我们银河系中,就有数十亿颗可能适宜生命存在的行星。其中一些行星与地球极为相似,拥有类似的大气、水和温度等条件。这意味着生命在其他星球上孕育和演化的可能性是相当高的。在确定域外文明存在可能性的基础上,作者向我们展示了寻找域外文明的方法和技术,包括使用望远镜观测遥远星球的大气成分、探测外太空的微生物,以及解析可能来自外星文明的信号等等。另外,作者也对寻找域外文明的意义和影响进行了阐述。他认为,寻找域外文明不仅可以帮助我们了解宇宙的其他生命形式,也可以帮助我们更好地理解我们自己和我们的文明,可能会对我们的社会和文化产生深远的影响。

寻找外星生命也不仅仅是为了满足我们的好奇心,它还可能为人类的未来发展提供新的可能性。如果我们在其他星球上发现了生命,那么这不仅证明了地球生命并非宇宙中的孤例,还可能为人类提供新的生存空间和资源。这也意味着人类有可能与其他生命形式进行交流和合作,学习他们的生存和演化经验,甚至与他们合作共同探索宇宙的奥秘。这种跨星际的交流和合作将拓宽我们的认知和视野,打破人类自身的局限,"到那时,我们会理解其他文明的本质。我们会发现地外文明数量繁多,而每个文明社会的成员都有迥异的生理结构。这导致他们的宇宙观不同,艺术和社会也不同。他们会对我们完全想象不到的东西着迷。通过对比双方的知识,人类将获得难以估量的成长"(p. 291),使我们能够更好地理解和应对宇宙中的各种挑战。

正如书中所说的一样:"仅银河系就有3000多亿或者5000亿恒星系,地球真的是唯一一颗有生物存在的星球吗?"(p. 277)更可能的情况是宇宙中技术文明并不鲜见,银河系里到处都是熙熙攘攘的发达社会,人类距离最近的外星文明并不遥远——没准我们将来某天接收到的广播,源头就在某颗肉眼可见的恒星系里,从星际尺度来看这几乎就在隔壁。也许当我们仰望星空时,某个微弱的光点附近,有个与我们截然不同的生物,也正悠闲地望着那颗被我们叫作太阳的恒星。

宇宙是未经探索的神奇之所,充满了以星辰为尺度的奇异事物。我们才对它进行了初步的探索,就增长了不少见识。它们有的正如先哲所预料,有的却超越了人们最狂野的想象。过去的发现之旅已经表明,还有许许多多奥秘隐藏在星海中。宇宙的瑰丽景象,无疑令人屏息:在无垠的宇宙画布中,巨大的螺旋星系、坍塌的气体云团、凝结中的行星系统、闪亮的超新星、稳重的中年恒星、红巨星、白矮星、行星状星云、新星、中子星和黑洞等奇景交相辉映。倘若我们能够跳脱出去,从那些遥远异星的角度来反思自身,就能更清楚地理解:我们不是宇宙的旁观者,也不是自然规律的仰视者,我们就是宇宙的参与者,与宇宙的其他部分紧密相连。在广阔无垠的宇宙中,人类是渺小的,但同时我们也是宇宙中不可或缺的一部分。我们的行为和决策不仅会影响到我们自己,还将影响到整个宇宙的未来。

参考文献

萨根.宇宙[M].虞北冥,译.上海:上海科学技术文献出版社,2021.

导读人简介

  王旭峰,管理学硕士,东南大学图书馆助理馆员。喜欢各种科普与文学作品,但由于不是专业人员,理论知识水平有限,导读中若有错误,请多多包涵。

科学的宇宙漫游指南

——关于《极简宇宙史》的二三事

导读人:罗亮

这本书的作者——克里斯托弗·加尔法德,是剑桥大学理论物理博士,2000—2006年师从史蒂芬·霍金从事有关黑洞信息悖论的研究,常年致力于向公众传播现代科学知识,与史蒂芬·霍金及其女儿合著的儿童文学作品《乔治开启宇宙的秘密钥匙》在全球45个国家发行出版。

加尔法德的研究领域是理论物理学,我们所熟悉的"科学家"里与他研究领域相近的大概是"谢耳朵"了。这个领域的研究,不要说是普通人,就是非该专业方向的物理学研究者也很难理解得清楚。具体的难度大概就如美剧《生活大爆炸》里谢尔顿向佩妮解释他的研究工作那样吧。在这里,我不得不称赞加尔法德是一个非常成熟的有经验的科普作者,他在本书的前言中向读者做出了两个许诺:书中会且仅会出现一个公式——爱因斯坦的质能方程式"$E=mc^2$";他会不放弃地带领每一位读者开启一段令人难以忘怀的宇宙旅行。在我看来,这简直是不可思议但又异常美好的事情,一本近400页的理论物理学科普读物,只用到一个质能方程式!这意味着没有谁会在翻开它的时候被艰涩的数学公式和物理定律给吓傻或者吓跑,而是会跟着我们的作者在他为读者描绘的广袤而壮丽的宇宙中展开一场波澜壮阔的旅行。这也是本次导读的题目《科学的宇宙漫游指南》。

一、《极简宇宙史》不是宇宙史

先从它的书名说起,这本书在如今流行的一众"极简某某史"中口气也算极大的了,在它之前我看到的时间跨度最长的"极简史"是 2016 年国内引进出版的由美国作家大卫·克里斯蒂安创作的《极简人类史》,大致跨度是 700 万年的人类历史。现在较为公认的宇宙的年纪约是 138 亿年,如何写好这两千倍于人类史的巨量时间是我对这本书最初的好奇,也是我翻开这本书的最初的动力。但是,翻开这本书以后,我就明白了,这本书的中文书名就是不折不扣的"标题党"行为。因为这本书既不是编年史,也不是断代史,甚至它都不是一般意义上的历史书。毕竟对于深邃的宇宙,人类能认识到的部分还是非常非常有限的。它其实是一本理论物理学的科普读物,而理论物理学刚好是我们人类认识宇宙的最有力的工具。所以,虽然这本书不是直接讲述宇宙的历史,但是在理解理论物理学各个概念的过程中,我们会自然而然地了解到这个宇宙的过去、现在与未来。

在准备写这篇导读文章的时候,我查到了它的英文书名——*The Universe in Your Hand: A Journey Through Space, Time and Beyond*,原版的英文题名应该是更加贴切作者的本意的。在书中作者的引导下,读者就像是超脱于宇宙之外的存在,随意地玩弄着手中的那个名为"宇宙"的玻璃球一样,既可以无限长大一眼望到宇宙的尽头,也可以无限缩小去探寻基本粒子的奥秘;既可以以光速穿行于宇宙空间,也可以深入炽热的恒星内部。因此,将此书冠名为《极简宇宙史》想必是出版社的编辑为了蹭上"极简某某史"的热度而为的吧。

《极简宇宙史》这本书除去前言、后记、译者的话之外,全书共分为七个部分,而这七个部分大体上只讲三个内容:宏观世界的宇宙、微观世界的宇宙、弦理论。作者兑现了他在前言中对读者的承诺,在只用到质能方程式的前提下,作为一个宇宙导游,为每位读者带来了一个壮丽的宇宙漫游之旅。

二、《极简宇宙史》也是宇宙史

在全书开篇的第一部分,作者带领我们重新认识了最基本的宇宙——太阳、月亮、行星、恒星以及宇宙。在作者的引导下,我们化身为不受宇宙物理法则束缚的精灵,去到了宇宙的"边界"——从地球出发,离开太阳系,冲出银河系,挣脱超星系团,最终来到目前人类可认知的宇宙边界——临界最后散射面,距离观测点 138 亿光年的位置。临界最后散射面是人类可知宇宙的最远处,也是可知宇宙的最古老处,我们不经意间的这次旅行就回溯到了宇宙历史的尽头。

然后，我们回过头来以一个宇宙外的视点观察那些我们更加熟悉的宇宙物体。太阳，是因自身引力坍缩而产生轻核聚变的一团分子云。在过去的50多亿年中，太阳依靠着聚变产生的向外的能量扩张抵消了本身的引力坍缩而维持着。在聚变材料燃烧殆尽的50亿年后的将来，太阳将不可避免地带着自己的星系走向死亡。地球以及行星，是在太阳燃起的同时，由分子云不断凝结成的体积质量比较小的物体，由于太阳引力的作用被约束在绕太阳的轨道上。月亮，是地球被撞击后被抛向宇宙又被地球引力吸引的一块地球物质。

当我在作者构建的壮丽宇宙图景中徜徉的时候，不经意间我们已经对宇宙有多大，宇宙从何而来，有了自己的认识。虽然作者没有刻意讲到历史，但138亿年的历史就如同一部有着极致特效的电影一般，在我的眼前一一划过。在我"亲身"体验着宇宙历史的时候，一个概念的出现频率高到让我无法忽视——那就是"引力"。

就算没有了解万有引力公式的人，大概率也会听说过那个完全是杜撰但又流传极广的故事"苹果砸头导致万有引力被发现"。作为严肃的物理学科普读物，在书中作者当然没有提到这个故事，但是讲到了另外一个震撼所有人的冷知识——虽然是艾萨克·牛顿爵士发明了微积分，并用微积分计算了引力轨迹并进而提出了万有引力公式，但是他却无法解释引力自何方而来以及产生的原因。也许这就是牛顿爵士晚年开始热衷于神学的原因之一也说不定。

当问题就一个科学巨匠解决不了的时候，那就再来一个科学巨匠——爱因斯坦带着他的相对论理论走来了！作者用了理论物理学和天体物理学中的经典"橡皮膜"比喻来向读者介绍了相对论理论中引力的来源与成因。当宇宙空间中空无一物的时候，宇宙就像一张无限伸展的光滑橡皮膜，当一个有质量的物体放在橡皮膜上的时候，就会在橡皮膜上根据自身质量的大小压出一个或大或小的坑。当别的物体出现在这个坑的坑壁上的时候就会沿着坑壁落向坑底——引力就是在光滑坑壁上的物体落向坑底的趋势。在相对论理论的引力解释下，地球表面上的水会落向月亮、水星轨道不完全符合计算出的理论值问题都迎刃而解。而与此同时，我们也发现宇宙中的所有物体既会被宇宙构造影响，也会对宇宙构造造成影响。由此，作者向我们道出了宇宙构造的本质，它是一个几何实体，是时间和空间的混合体，被自己包含的东西塑造。

读到这里，我突然想到"宇宙"一词，最早可以追溯至战国时期尸佼的著作《尸子·卷下》篇："四方上下曰宇，往古来今曰宙。"上下四方是空间与物体，古往今来是时间长河，战国时期的先贤就用宇宙二字包含了全部的空间、物体与时间，与相对论理论中的宇宙图景竟然是如此的相似。我只能感叹我们的祖先是如此的智慧。

三、天上一日，地上一年

作者提出了一个令人不安又有着充分证据的结论——每个人都有自己的宇宙大爆炸起点，宇宙是一个多重宇宙。这个结论是否听起来非常的匪夷所思？其实，作者在这里传达了这样几个意思：(1)宇宙是从一个极小的未知状态膨胀到如今的规模的，这个过程被称为"宇宙大爆炸"；(2)每个人都是自己可观测宇宙的主人；(3)每个人都有属于自己的宇宙大爆炸起点，宇宙是多元宇宙！

宇宙大爆炸理论，一开始的时候只是一个假说，在人类对宇宙不懈的探索中，越来越多的发现——临界最后散射面、远处宇宙图景的红移现象等——无一不在证明着大爆炸的可能性。我们可以想象，"大爆炸"的宇宙向四周扩散开去，又将自己的信息以光的形式发射到各处。我们人类经由接收这些光来了解宇宙。这些光从宇宙深处来，走过几万、几亿、上百亿光年的旅程，为人类带来了几万、几亿、上百亿年前的宇宙图景，我们现在所观测到的宇宙其实就是宇宙的历史。因为对宇宙的认识是依赖于观测的，因此可观测的宇宙是以观测者为中心展开的，每个人都是自己可观测宇宙的中心。到这里，有大爆炸存在的多元宇宙论得以成立。虽然不可思议，但是又证明得相当严密。到这里，我已经被理论物理学的精妙打动。

讲到历史，绕不过去的一个概念自然是时间。而在我们的固有印象里，时间是永恒不变的东西。人们常常把时间比作河流，它不受任何限制地从过去向未来奔流而去。但是，在书中，作者再次给了我们一个巨大的震撼：光速才是恒定不变、不可超越的东西，而时间却是依照个体速度变化而变化的东西。时间是具有相对性的东西——这对于习惯于日常的我们几乎是不可思议的，毕竟百米飞人博尔特看起来也没有比我多出或者少一秒时间，在普通人看来时间无疑是普适的。在这里，作者提到了一个非常著名的实验——1971年的原子钟坐飞机实验。理查德·基廷和乔·哈费尔设计了这个这样一个实验，分别将三个铯原子钟放置在机场和向东、向西飞行的喷气式飞机上,让两架飞机以各自的方向绕地球飞行,最后检查三个铯原子钟时间是否相同。结果,经过漫长的绕地球飞行,向东飞的原子钟相对机场的原子钟变慢了,而向西飞的原子钟相对机场的原子钟变快了。这个实验一举在经典物理学的范畴,成功验证了相对论理论的相关结论,证明了时间的相对性和相对论理论的普适性。

在极高速领域中,时间的相对性才更加明显。什么是极高速呢? 大约就是当速度的单位是光速的时候。毕竟,以人类现如今的科技水平仍然无法触及近光速。哪怕作为科幻作品的《流浪地球》也只能设想在 21 世纪中叶,人类可以用 500 年的时间将地球加速到光速的 0.5%;而在《三体》中,可以对人类在科技层面进行降维打击的三体人,也需要近 200 年时间才能将星际舰队加速到光速的 10%。

在理论物理学中用"双生子佯谬"来描述物体接近光速时引起的时间膨胀现象——"如果双胞胎中的一个被送上火箭,以 99.995% 光速从地球出发做一次 6 个月的旅行,在地球的那位得等 50 年才能见到他的兄弟回来"——相对于在地球的那位,火箭上的那位时间膨胀了。这意味着火箭上的人一秒可以比地球上的人走更远的路,做更多的事。只要维持高速的时间够长,地球上的人的一生甚至可以在火箭上的人面前徐徐展开。这就意味着,依靠高速状态下的时间膨胀效应,人类是有可能做到向一定时间后的未来进行穿越的。比如双生子佯谬中坐上火箭的兄弟,当他完成 12 个月宇宙旅行回到地球后,会发现自己用了 1 年时间"穿越"到了离出发约 99 年后的未来。

在这里我又要再一次感叹于中华先祖对宇宙的深刻认识了,经常看《西游记》的朋友一定记得书里的老神仙们经常会放在嘴边的一句话——"天上一日,地上一年"。中国古代神话的描述中,天上的神仙的时间流逝是远慢于地上的凡人的,神仙和凡人都是遵循着自己的时间变老的。神仙在天庭的时候,按照天庭时间变老,而神仙下凡以后,就是按照凡间的时间变老了。面对先进到不属于那个时代的时间观,除了遥遥领先我还能说什么呢? 老祖宗里有能人啊!

四、量子狂潮、深远之暗与弦理论

结束了对宏观宇宙的探索,作者又带领着我们向微观世界进军了。作者向我们介绍了一个现在社会非常热门的概念——量子! 就是那个"遇事不决,量子力学"的量子。本书的第四部分到第六部分,分别介绍了量子的基础知识、量子场的相关知识,以及引力和量子理论的糅合。这部分内容,对于大多数的读者而言就非常的抽象了,毕竟对于星球尺度的宏观领域,读者尚且可以通过各种科幻影视作品获得想象的基础,但到了微观领域,除了对理论物理学有一定了解的读者,其他人可能很难建立起一个明确的图景。在这里,作者提出了两个有趣的问题,将读者带入微观世界:物体到底是由什么构成的呢?冰箱贴是如何贴在冰箱上,既不会落下又不会穿冰箱而过的?

  在这部分里,作者首先向读者们介绍了基本粒子和场的基础知识,并且明确了牛顿经典物理学是用来描述我们熟悉的日常生活尺度的世界的,爱因斯坦的相对论理论适用于巨大而且能量密集的世界,而量子理论适用于极其微小的世界。然后,作者就基于这些基础知识给出了在量子理论层面的宇宙图景。由三种量子场(电磁场、强相互作用场、弱核力场)所形成的一团物质(例如地球),被引力聚在一起,飘浮并穿行在时空中。我们像海里的鱼,在这个由场构成的海洋里游来游去,时间、质量、速度、距离,都在这些场纠缠在一起,场连接起了一切的一切,宇宙中所有粒子都是量子场(三个场)的表现。接着,作者结合相对论理论和量子理论为我们解释了一系列可能听说过但很难理解的概念:"海森堡测不准原理""薛定谔的猫""量子计算"以及广义相对论和量子场的矛盾之处。

  在解释量子世界的种种之后,作者再次把视角转向了宏观宇宙,因为在宏观宇宙中也有一个与爱因斯坦的引力理论有巨大矛盾的现象——"要稳住银河系里任何一颗恒星按现在的速度运行而不飞走,银河系的质量远远不够"。以此为引子,暗物质和暗能量出现在了我们的视野中。暗物质,它确实地存在着,却又无法被观测,到现在为止人类仍然对它的构成一无所知。暗能量,它布满整个宇宙,还能产生类似反引力的作用力,让物质与能量之间相互排斥而非吸引。根据现有理论和观测数据推算,暗物质和暗能量超过了宇宙构成物质的90%!当我第一次读到这里,心中的震撼完全无法用语言来描述,被描绘得宏伟壮丽的可见宇宙图景只是整个宇宙的冰山一角而已。

  全书的最后一个部分里,作为理论物理学者的作者向大家介绍了目前还称不上完善,但是确有相当理论支持的一个纯理论——弦理论。追过美剧《生活大爆炸》的朋友应该会知道,如果你能把这部分理解透彻,就可以在一定范围内理解"谢耳朵"的工作和研究内容并与之对话了。很可惜,这部分我读了三遍,但是仍然无法在脑内建立出一个清晰的弦理论的图景,至多只能记住一些概念性的东西,以及弦理论可以完美地融合广义相对论和量子力学这个结论。在这里提一下,在前面的那个部分里,作者告诉了我们广义相对论也是有缺陷的,而它的缺陷刚好可以被量子力学指出和填补。虽然到目前为止弦理论仍然是一个尚未被证实的纯假说性质的理论,但是科学就是这样,一个理论有可能它是对的,也有可能是错的。不要害怕错误而不敢大胆假设,为了找到正确,我们需要错误,这样我们才能向前进步。我想我们每个人的人生也是如此吧,只有勇于踏出尝试的脚步,才能在自己人生的画布上涂满绚丽的色彩。

到这里,关于这本《极简宇宙史》的话题也接近结束了。正如我在书的最后看到的译者的话一样,如果这篇导读能够吸引你翻开这本书,那一定是作者的妙笔生花能将如此复杂的理论用简单如放电影一般的形式展现出来的功劳,也一定是译者中文功底深厚,能够将一本外文冷门科学的科普书翻译得如此有趣味的功劳,而我只是用着笨拙的语言,局促地向朋友推荐一本极其有趣的书籍的人罢了。希望看到这篇导读的你可以在工作、学习、生活之余,抬头仰望星空,再翻开这本书,看看我们的宇宙的过去、现在和未来!

参考文献

加尔法德.极简宇宙史[M].童文煦,译.北京:北京联合出版公司,2022.

导读人简介

  罗亮,计算机科学与技术专业硕士,东南大学图书馆技术支持部馆员,历史学业余爱好者,对中国史、军事史比较有兴趣。作为工科出身,对自然总抱有天然的敬畏,希望自己可以触碰到自然之理,所以会去读一些看起来可能没什么用,但是有意思的书。